浙江大学教育学院院史
（修订版）

赵卫平 张　彬 主编

Zhejiang University
College of Education: A History

(Revised Edition)

ZHEJIANG UNIVERSITY PRESS
浙江大学出版社

①	②	③
④	⑤	
⑥	⑦	
⑧	⑨	

①著名教育家郑晓沧教授
（1892－1979）

②著名教育家俞子夷教授
（1886－1970）

③著名教育家孟宪承教授
（1899－1967）

④著名心理学家黄翼教授
（1903－1944）

⑤著名心理学家陈立教授
（1902－2004）

⑥著名教育史专家陈学恂
教授（1913－1991）

⑦著名比较教育专家王承
绪教授(1912－2013）

⑧著名体育教育专家舒鸿
教授（1895－1964）

⑨著名体育教育专家胡士
煊教授（1912－1994）

遵义第一届各界运动大会高级组总锦标队合影（中：竺可桢校长，右1：舒鸿，1942年5月4日）

浙江大学教育学系第十八届毕业生合影（1949年5月）

体育专修科学生杨梅琳取得浙江省第三届运动会女子五项全能冠军并破省纪录（1954年5月4日）

杭州大学教育学系1977—1981级同学合影（1981年冬）

浙江大学教育学院与英国布里斯托大学东亚研究中心合作签约仪式（左起：徐小洲、莫家豪、丛湖平、周谷平、许迈进，2005年10月18日）

浙江大学教育学院与宁波市江东区教育局全面合作签约仪式（2006年3月20日）

浙江大学教育学院举办第一届大学创新力评价国际学术咨询委员会会议（左起：Prop. Philip Actbach、周谷平、潘云鹤、徐小洲、Prof. Mark Bray，2006年5月9日）

浙江大学教育学院举办中意教育创新和学生发展论坛（2006年4月21日）

浙江大学教育学院举办知识
创新与创业型大学国际会议
（左起：徐小洲、王一兵、
杨卫、周谷平、莫家豪、吴
晓波，2007年4月3日）

浙江大学教育学院庆祝
浙江大学建校110周年
华诞大会体育系分会场
（2007年5月21日）

浙江大学教育学院庆祝
浙江大学建校110周年华
诞大会教育学科部分校
友合影（2007年5月）

美国国家自然科学基金会教育和人力资源
学部一行访问浙江大学教育学院（2008年
10月）

"国际大学创新力评价研究"鉴定会专
家合影（2008年11月）

中国教育学会比较教育分会第15届学术年会暨庆祝王承绪教授百岁华诞国际学术研讨会部
分与会代表合影（2010年10月）

浙江大学校友总会教育学院校友分会成立（2011年5月21日）

浙江大学教育学院举办"2011世界大学联盟（WUN）杭州论坛"（2011年5月）

浙江大学教育学院承办第十五届全球华人计算机教育应用大会（2011年5月）

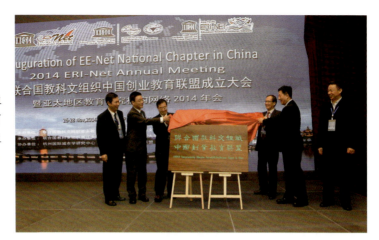

联合国教科文组织中国创业教育联盟落户浙江大学（2014年11月）

浙江大学艺术体操队代表中国出征世界大学生运动会（2015年7月）

浙江大学教育学院参与承办二十国集团智库会议（T20）"创新、新经济与结构改革"国际会议（2016年6月）

浙江大学教育学院主办第十届海峡两岸及港澳地区教育史研究论坛（2016年11月）

浙江大学教育学院与杭州市
滨江区教育局举行"浙江大
学教育学院附属学校"签约
仪式（2017年1月6日）

浙江大学教育学院举行庆祝浙江大学120周年华诞大会（2017年5月21日）

浙江大学教育学院组织开
展学生赴海外交流活动
（2017年8月）

浙江大学教育学院体育学系民族
传统体育专业学生在全国大学生
武术锦标赛中斩获22金7银11铜
（2017年10月）

浙江大学教育学院与加拿
大多伦多大学安大略教
育研究院开展全面合作
（2017年10月）

浙江大学教育学院承办第四届海峡两岸暨港澳地区比较教育论坛（2017年11月）

世界休闲组织贵宾到访浙江大学教育学院（2017年10月）

浙江大学教育学院首任
院长（1999—2005年）
田正平教授

浙江大学教育学院常务副院长
（2005—2008年）周谷平教授

浙江大学教育学院院长（2012—2017年）
徐小洲教授（此前曾任常务副院长）

浙江大学教育学院现任领导班子合照（左起：党委副书记包松、副院长阚阅、院长顾建
民、党委书记吴巨慧、副院长周丽君）

①	②
③	
④	⑤

① 著名排球运动员周苏红（浙江大学教育学院教育学专业2009级本科生）

② 2012年伦敦奥运会冠军孙杨（浙江大学教育学院体育学系运动训练专业2010级本科生）

③ 中国百米新"飞人" 谢震业（浙江大学教育学院体育学系运动训练专业2012级本科生、2016级硕士研究生）浙江大学

④ 2006年多哈亚运会冠军毛亚琪（浙江大学教育学院体育学系民族传统体育专业2006级本科生）

⑤ 第13届世界武术锦标赛冠军王地（浙江大学教育学院体育学系民族传统体育专业2012级本科生、武术与民族传统体育专业2016级硕士研究生）

前 言

不忘初心，砥砺奋进

由周谷平、许迈进、张彬主编的《浙江大学教育学院院史》（第 1 版）于 2012 年 2 月出版。该书系统梳理了自 1928 年教育学系成立至 2007 年这 80 年间教育学院的发展历程。从 2007 年到今天，时间又过去了 10 年，教育学院也经历了很大的变化，但全体师生始终不忘初心，与时俱进，坚持建设"综合实力强、特色鲜明、具有国际先进水平的教育学院"这一发展总目标不动摇，努力做好各方面工作，取得了许多新的重大突破。今天，我们比历史上任何时期都更接近以上这一总目标。

10 年间，根据学校的安排，原来隶属教育学院的思想政治教育系、公共体育部和现代教育技术中心等部门先后整体转出，因此学院的规模和教职工人数明显缩减。但这也促使学院更加聚焦教育学科和体育学科的发展，聚焦人才培养和科学研究工作，更加坚持走精品化发展的道路。

学院这 10 年来所承担的重要工作包括：经学校党委批准，2012 年年底开始承担"五好"院级党委创建活动的试点工作；2014 年上半年开始承担经学校批准的综合改革试点工作。这些工作既是学院自身改革发展的需要，同时也为学校做出了积极的贡献。

学院这 10 年来所取得的重要标志性成绩主要包括：2009 年获批成为国内最早开展教育博士专业学位教育的试办单位之一；2011 年体育学一级学科获批取得了博士学位授予权；2015 年"经济转型升级中的创新创业教育研究"课题获批国家重大招标项目立项，实现了学院在国家社科基金重大项目方面零的突破和高层次科研项目立项的历史性转折等。

2017 年，浙江大学迎来了建校 120 周年华诞，同时也站在了一个新的历史起点上。学院领导此时决定修订院史，尤其认真回顾这 10 年跨越式发展的历程，盘点所取得的骄人成绩，探寻新时代的办学规律，总结经验及教训，以启迪后人，其意义是非常深远的。

第一版前言

求是育英,薪火相传

1928 年,现代大学意义上的浙江大学成立一年后,教育学系在浙大应运而生,成为这所学校最先拥有的系所之一。80 年漫长而坎坷的发展道路,让今天的浙江大学教育学院积累了宝贵的精神财富,这其中最根本的,无疑是"求是育英、薪火相传"八个大字。

教育是立校之本。现代大学,承载着现代教育最高端和最重要的使命,由此,对教育的尊重,对教育规律的探究,对教育蓝图的谋划,是大学教育的题中应有之义。所以,"教育"是大学的灵魂,是大学精神的核心体现,大学教育学科因而也成了体现这一根本的重要载体。

教育更是立人之本。古老的东方观念里,大学之道,在明明德,在亲民,在止于至善,在培养造就理智而良善的人。所以,教书育人是古今教育的共同目标。大学教育学科,探究的就是教育立人的经验、智慧、途径和方法。

浙江大学教育学院这部 80 年的院史将告诉我们的,就是教育学科这两大沉重的使命——

第一,探求教育之道。

教育是数代人为之努力的事业,数代人为之求索的理想,故"教育"之道,可谓"薪火相传"是也。

浙大教育学科诞生于 20 世纪 20 年代,随浙江大学这一母体,一起经历过战争,经历过流亡,经历过曲折,更经历过多次的起起伏伏、分分合合。但是,无论怎样坎坷,无论怎样动荡,人们对教育理想的坚守始终如一,"供实验参考的 30 多种外文的心理学杂志和外文心理学学报,即便抗战期间几经迁移,也没有丢失过一本"。这一学科的精髓、灵魂、学脉、师承,更是经百变而不衰,历千辛而不竭,始终保持着旺盛的生命,在复杂的境遇中拓展、延宕、壮大、自强,书写着自身的传奇。在 80 年的学科沿革中,可谓时出硕果、代有传人。一代代学人为着共同的事业和理想,矢志教育而终生不渝,以自己的成就和影响,书写着院史的骄傲与荣光。

第二,探求教育之本。

浙江大学的历史,可追溯到求是书院和育英书院。"求是"求真理,"育英"育英才,正巧对应着高等教育"求是""育英"两大根本诉求。在 1928 年设立国立浙江大学文理学院之初,即有"注重教育学之研究及教育方法制度之试验,以改进浙江全省之中小学及社会教育"和"造成通达明敏之社会服务人才"的治学初衷,这些简单的陈述,明确包涵着大学教育的根本任务,即探求教育真谛、培养社会领袖。所以,作为现代教育之根本,"求是""育英"始终浸润在浙江大学一个多世纪的教育实践中;而以教育研究为己任的教育学科,更是这一理念的第一践行者。

教育学院每一代教授,多为既勤于教学又精于研究的学者。他们在课堂上或温和谦逊,或庄重谨慎,或认真细致,或扼要明晰,个个学有专攻,风采绝尘,在长期的教学实践中培养了大批教育人才。即使是战火纷飞的抗战时期,在辗转西迁的途中,浙大师生仍尽最大可能坚持教学、安心上课,而且在这个过程中,尝试实行西方大学教训合一的导师制,从方方面面加强学生的教导和培养。在科学研究上,早在教育学科诞生之初,学者们就注重开展实验,采取观察和实验相结合的科学方法,从事教育心理、国民教育和基础教育等的实证研究,以尊重事实的方式接近真理、探求教育的真谛,为推进中国教育的现代化进程做出了自己的贡献。

本部院史系统梳理了浙江大学教育学院这 80 年辉煌凝重的学术成就和起伏曲折的发展历程,既为回顾优良的教育传统,更为瞩望未来的拓展与进步;同时也希冀这一个学科、一个院系的艰难成长,能折射和观照现代中国教育的得失,尤其为中国高等教育发展的转折与变迁,积累一些史料,分享一些经验,审视一些问题,反思一些值得吸取的教训,在这个过程中,体现教育工作者传承文明的热忱和索求真理的艰辛。

1998 年,四所同根同源的学校走到了一起,浙江大学开始了向世界一流大学迈进的新的征程,教育学院也迎来了更好的拓展空间和发展机遇。新浙大教育学院拥有教育学系和体育学系,还设有高等教育研究所、现代教育技术中心、公共体育部、军事教研室等学校公共教学与科研机构,并将更加致力于传承、发扬 80 年的学科文脉,履行、实践"求是育英"的教育宗旨,在融合与协作中实现自身的跨越式发展。我们期待并祝愿教育学院有更加美好的明天!

目　录

第一章

浙江大学时期(1928—1952年)

浙江大学的前身是成立于 1897 年的求是书院。由求是书院改称的浙江高等学堂至民国初年因与学制不符而停办，直到 1927 年试行大学区制时才恢复建制，扩充为大学，时称国立第三中山大学，下设工学院、农学院（初名劳农学院）。1928 年，国立第三中山大学改名国立浙江大学，增设文理学院。教育学系初属文理学院，后主要归属师范学院，是浙江大学最早设立的文科系之一。浙江大学的体育教学与学校的历史共生共长，注重学生体质、蓬勃开展体育活动是浙江大学办学的一大特色。

第一节　教育学系的成立和发展

浙江的高等教育自清末以来虽不断有所发展，但与较为发达的基础教育相比，一直处于滞后的状态，尤其是 1914 年浙江高等学堂停办后显得更为薄弱，致使中学毕业生无法在省内继续升学，不得不远赴外地求学。南京国民政府成立后，接受蔡元培提议，在全国试行大学区制①，并将浙江作为试行大学区制的省份，在杭州成立国立第三中山大学（后改名国立浙江大

---

① 1927 年 6 月，蔡元培呈请国民政府变更教育行政制度，仿照法国的做法推行大学区制，即将全国依现有之省份分若干大学区。每大学区设高等教育部、普通教育部和扩充教育部，分别负责区内大学、专门学校、公立中小学校以及社会教育的一切事项。这一提议经国民党中央政治会议讨论通过，由国民政府批准"在粤浙苏三省试行"。因广东省的中山大学改办时间未久，不宜变更太速，故实际试行的是浙江、江苏两省，后来河北也作为试行的省份。

学),使停办多年的浙江高等学堂得以恢复和发展,浙江的高等教育也因此跃上一个新的台阶。

1927年8月,国立第三中山大学正式成立,改组浙江公立工业专门学校为第三中山大学工学院,浙江公立农业专门学校为第三中山大学劳农学院,同时设普通教育管理处和秘书处,负责全省普通教育和教育行政管理事宜。1928年4月,第三中山大学改名浙江大学,7月接大学院令冠以"国立"二字,8月增设文理学院,并于秋季招生开学。学校设文理学院之目的,在于"一、提倡科学方法,以革新自由思想之习惯;灌输科学知识,以确定高等学术之基础;致力学术研究,以推广知识之界线。二、注重教育学之研究及教育方法制度之试验,以改进浙江全省之中小学及社会教育。三、搜集及整理浙江省自然及社会方面之材料……四、养成忠实勤敏之士风。五、造成通达明敏之社会服务人才。六、提高一般民众之知识"[1]。至此,国立浙江大学既有"研究高深学术"的文理学院,又有"养成专门人才"的工、农学院,也符合"三院以上(须包括理、工、农、医各学院之一)得称大学"[2]的规定,由此奠定了综合性大学的基础。

文理学院成立之初,分设10个学门,即中国语文、外国语文(先设英文组)、哲学、数学、物理、化学、心理学、史学与政治学、体育学、军事学。其中,除哲学、心理学、体育学、军事学外,其余均为主科学门。1929年9月,中国语文、外国语文、数学、物理、化学、史学与政治学6个主科学门及心理学门改称学系,其他3个仍称学门,同时增设生物学、教育学、经济学3个学系。[3]

1938年8月,浙江大学增设师范学院,下设国文、英语、教育、史地、数学、理化等系。当时,文理学院仍有教育学系。1939年8月文理学院分立后,文学院也设教育学系,但人数不多,且课程设置与师范学院教育学系完全相同。

---

① 孙祥治:《浙江大学校史初稿》,1963年,未公开出版。

② 中国第二历史档案馆:《中华民国史档案资料汇编》,江苏古籍出版社1994年版,第19页。

③ 关于教育学系成立的时间也有1928年一说:据国立浙江大学秘书处编辑兼发行的《国立浙江大学校刊》第30期(1930年11月8日出版)的统计表显示,1928年8月浙江大学文理学院招生40名,其中教育学系招收本科新生5人(男4人,女1人);另据浙江大学档案馆所藏资料,1947年教育学系向教育部递交请设教育研究所的呈文时,称"本校教育学系自民国十七年(1928)设立以来,迄今廿载",郑晓沧是教育学系的创办人,筹建教育研究所也是其亲力亲为,因而颇能说明问题。

一、文理学院教育学系

虽然,教育自古以来就已有之,但将其作为专门学科进行研究则开始于近代欧洲。19 世纪末 20 世纪初,西方教育学理论伴随着"西学东渐"的大潮传入中国。随后,各类高等学校陆续设置以研究教育理论、培养教育科学人才为宗旨的教育学系。浙江大学教育学系是我国高校中较早设置的教育系科之一,并于很短的时间内在全国各大学的教育学系中确立了自己的地位。

浙江大学教育学系成立之初规模并不大,但拥有一批知名教授担任教职,诸如郑晓沧(1892—1979 年)、孟宪承(1894—1967 年)、俞子夷(1886—1970 年)、庄泽宣(1895—1976 年)、黄翼(1903—1944 年)和沈有乾(1900—?)等。他们大多有留学欧美或出国考察的背景,以及在国内著名高校任教的经历。郑晓沧 1914 年从清华学校毕业后赴美留学,曾经在威斯康星大学和哥伦比亚大学师范学院攻读教育学,获教育学硕士学位,1918 年秋学成回国,先后任南京高等师范和国立东南大学教育学教授以及中央大学教育学院院长,达 10 年之久,随后到浙江大学创办教育学系,是教育学系第一任系主任。庄泽宣 1916 年从清华学校电机工程科毕业后赴美留学,在俄亥俄州立大学和哥伦比亚大学等校学习,获美国哥伦比亚大学哲学博士学位,回国后历任清华大学和厦门大学心理学教授、国立中山大学文学院教育学系系主任兼教育研究所主任,1934 年到浙江大学,曾任教育学系系主任。孟宪承 1918 年留学美国华盛顿大学,获教育学硕士学位,1920 年又转赴英国伦敦大学教育研究所深造,攻读哲学、心理学、教育学和教育史等,1921 年 11 月回国,先后在圣约翰大学、上海光华大学、清华大学、东南大学、中央大学和蓝田湖南国立师范学院等校执教,他与浙江大学的缘分更深,三度(1929—1933 年、1938—1941 年、1946—1951 年)在教育学系任教,共计 12 年。[①] 俞子夷曾赴日本和美国进行考察,在南京高等师范学校和国立东南大学担任过教职。沈有乾于 1922 年起先后留学美国的斯坦福大学、哈佛大学和哥伦比亚大学,研究实验心理学、统计学和数理逻辑学,后获得斯坦福大学哲学博士学位。黄翼 1924 年毕业于北京清华学堂,后赴美国的斯坦福大学和耶鲁大学专攻心理学,1930 年获耶鲁大学哲学博士学位,归国后即应聘于浙江大学,为当时全校最年轻的教授之一,可惜因病英年早逝。

[①]　金锵:《殚精研究,锐意发明——忆孟宪承教授的治学精神》,《华东师范大学学报》(教育科学版)2007 年 4 期。

　　教育学系的教师都学有专攻,他们在从事研究的基础上分别开设教育概论、初等教育、中等教育、教育心理学、儿童心理学、教育社会学、教育统计、教育行政、教育史、比较教育、学科教学法等课程,并在教学上形成了各自不同的风格。据当时的学生回忆:郑晓沧上课"总是那样温和、谨慎、谦虚、庄重和周到","从不疾言厉色,他要纠正我们的时候,总说'你看,假使这样做是不是会更好一点'";沈有乾"个子很高,声音低沉,颇有磁性","他在授课时,一开口便入正题,绝少不相干的话";黄翼"翩翩年少,风采绝尘",他所教的儿童心理学和变态心理学是"非常叫座"的;俞子夷"口齿清晰,讲解扼要,对小学教学有丰富的经验,他所讲的,差不多都是实例";庄泽宣"授课和指导研究极为认真","对社会组织与教育之间的关系十分注意,因此他所指导研究的几篇毕业论文都是有关这方面的"。[1]

　　教育学系成立的头几年,规定本科四年的课程分为院共同必修课、本系必修课、本系选修课三类。一年级新生的院共同必修科目有国文、英文、伦理学、哲学概论、中国通史、中国文化史、经济学、政治学、社会学、初等数学、无机化学、普通地质、地形学等,本系必修课为教育原理。文理学院十分注重一年级学生的基础课程,均派各系相关的教授任课。从二年级开始,教育学系开设教育类专业课程,其中二年级教育类课程包括教育概论、初等教育、理论心理学、教育社会学等;三年级教育类课程主要有教育统计、教育概论、教育心理学、教育社会学等。[2] 学生除了修习院、系规定的必修课程外,还可以选修其他课程。

　　1936 年 4 月竺可桢出任浙江大学校长后,针对严酷的社会现实,提出大学教育的目标"尤在乎养成公忠坚毅,能担当大任,主持风会,转移国运的领导人才",大学生必须具有"清醒而富有理智的头脑"和"明辨是非而不徇利害的气概"。在大学教育的方法上,他认为现行制度中最大的缺点是"专重知识的传授而不注重训练智慧,过重于用授课方法来灌输各国学者已发明的事实,而对于思想的训练方面全未顾及"[3],并强调"大学所施的教育,

---

　　① 周洪本:《郭校长和几位教授》,载国立浙江大学台北校友会:《国立浙江大学》,1985 年印,第 166—170 页。

　　② 《文理学院本学期每周课程表(9 月 9 日起实行)》,《国立浙江大学校刊》第 26 期,1930 年 10 月 11 日。

　　③ 竺可桢:《大学生应有的认识与努力》,见《竺可桢文录》,浙江文艺出版社 1999 年版,第 96 页。

本来不是供给传授现成的知识,而重在开辟基本的途径,提供获得知识的方法,并且培养学生研究批判和反省的精神,以期学者有主动求知和不断研究的能力"①。本着这样的指导思想,学校通过以下途径对学生加强智能方面的训练:一是频频举办学术讲座、学术讨论会,在学校形成浓厚的学术研究氛围,使学生置身其中耳濡目染,从而提高求知欲望,养成思考习惯,达到训练思维方法之目的。二是要求高年级的学生在教师的指导下,参加研究工作,熟悉研究过程,掌握一定的研究方法,为日后从事独立研究打下基础。三是注重教学中的实验环节,以提高学生的实践能力。因此,教育学系自1936 年起也相应出台了几项措施:一是设立各年级指导,一年级由庄泽宣、沈有乾负责,二、三年级由黄翼负责,四年级由郑晓沧、俞子夷负责。二是要求学生进行教育专题研究,由教师具体进行指导。三是重视教学实习,1936年度第一学期教育学系四年级的小学学科教法由俞子夷担任指导,该课程排定每周参观或实习 3 小时、讨论 1 小时、演讲 2 小时,于第一周周三上午到杭州市立横河桥小学参观,从第四周起指派同学分班实习(见表 1-1)。

表 1-1　1937 年度第一学期教育学系课程一览②

| 学程 | 学额 | 教员 | 每周时数 | | 每周上课时间 | | | | | | 学分 | 期数 | 修习年级 |
			讲演	实习	一	二	三	四	五	六			
统计方法	9	沈有乾	3		9—10		9—10		9—10		3	1	2
教育史	7	庄泽宣	3			11—12		11—12		11—12	3	2	2
普通教学法	6	俞子夷	3		9—10		9—10		9—10		3	1	3
儿童心理学	4	黄翼	3		10—11		10—11		10—11		3	1	3
高等测验法	2	沈有乾	3			11—12		11—12		11—12	3	1	3/4
中等教育	7	郑晓沧	3			3—4	3—4		3—4		3	1	4

---

①　竺可桢:《大学教育之主要方针》,《国立浙江大学校刊》第 248 期,1936 年 5 月 9 日。

②　见民国 26 年度(1937 年度)《国立浙江大学文理学院课程一览表》。

续表

学程	学额	教员	每周时数		每周上课时间						学分	期数	修习年级
			讲演	实习	一	二	三	四	五	六			
比较教育	6	庄泽宣	3			10—11		10—11		10—11	3	1	4
教育行政	5	俞子夷	3	2	10—11		10—11		10—12		3	1	4
乡村教育	16	蒋振	3			1—2		1—2		1—2	3	1	2/3/4
教育专题研究		全系教师									2	2	4
学习心理学	4	黄翼	3		8—9		11—12		11—12		3	1	3/4
学科心理学	4	沈有乾	3			9—10		9—10		9—10	3	1	3/4

二、师范学院教育学系

抗日战争时期,为保存国家高等教育的实力,沿海地区很多大学纷纷迁往内地。在内迁的过程中,有的大学经过合并组合,各自的优良传统和学科优势得以进一步发扬,如北京大学、清华大学与南开大学合并而成的西南联合大学;有的大学克服重重困难,坚持独立办学,使学校在逆境中仍得以发展壮大,最为典型的是经辗转搬迁、行程万里,从一所地方性大学崛起成为全国著名高校的浙江大学。

1937 年 8 月 13 日,日本军队大举进攻上海。紧接着,敌机频繁地在上海至杭州、上海至南京的铁路沿线进行轰炸,空袭警报声不绝于耳。当时,杭州许多学校已经开始疏散或向内地搬迁,但浙江大学仍于 9 月 20 日照常开学,只是将一年级新生暂时安排到远离城市、环境幽静的天目山禅源寺上课。11 月 5 日,日军在距杭州只有 100 余公里的全公亭登陆。为使学校教学能够继续进行,浙江大学师生于 11 月 11 日至 13 日分 3 批离开杭州,开始了两年多时间的搬迁历程。

学校搬迁的第一站是距离杭州西南约 240 公里的建德县城,1000 余名师生夜间登船沿富春江西行,11 月 15 日全部到达,借用当地的林场、天主堂、孔庙及民宅作为教室和宿舍,19 日便开始复课。此时,战火仍在继续扩大,日军占领上海后步步向南推进,浙江省政府也已离开杭州迁往浙江南部。12 月 24 日,杭州沦陷。这一天,浙江大学师生再度踏上征程,从建德向江西吉安迁移。因战时流亡人数多,车船难找,大部分学生沿铁路步行,平均每天只能移动 30 公里,到达吉安时正值放寒假期间。学校就借用白鹭洲的中学安排学生进行期终复习和考试,稍作休整后继续南迁到泰和县城郊的上田村。

对一路颠簸的师生来说,泰和县上田村可算得是“世外桃源”。他们以大原书院为校总部,以宗祠作大礼堂,以乡里富豪的藏书楼为图书馆,开始正常的教学和研究。乡间条件虽然艰苦,却十分安静,是读书的好地方。教育学系的学生和大家一样,“黎明即起,在朝阳之下,漫山遍野,朗诵默读。此番景象,凡曾参与其间过的,当会没生不忘。白日既匿,又复三更灯火,埋头苦读”①。是年,教育部派员赴各地大学进行巡视,得出的结论是“浙大最能安心上课”②。

1938 年 8 月,浙江大学为解决浙江及东南沿海各省缺乏中等师资的困难,增设师范学院,下设国文、英语、教育、史地、数学、理化等学系。此时文理学院仍设教育学系,不过教育学系的师资归属于师范学院。学校办师范学院的宗旨是重实质轻形式,许多基础课的教学由文理学院的教师担任,行政机构亦力求简单,但对学生质量的提升从不放松。

不久,因战火蔓延到江西北部,浙江大学被迫于 1938 年 9 月中旬进行第三次迁徙,10 月底到达广西宜山,以当地原工读学校为总办公室,以文庙、会馆为礼堂和教室,另在东门外标营搭盖草屋为临时教室和学生宿舍,于 11 月 1 日开始上课。在宜山时,师生们经受了生死的考验:三分之一的人感染疟疾,有的甚至丧失生命;1939 年 2 月 5 日日军飞机以浙江大学为目标投弹 100 多枚,幸未伤及生命,但物质上遭受很大损失。这一时期,浙江大学在坚持教学的同时,实施了几项重大决策:一是经竺可桢校长的提议和校务会议的决定,以“求是”为浙江大学校训;二是在恢复成立中文系的基础上,将文理学院分立,独立后的文学院仍设教育学系;三是全面实行导师制。

导师制是西方大学实行的教训合一的制度,即由一个导师带若干个学

---

① 李洁非:《浙江大学西迁纪实》,载国立浙江大学台北校友会:《国立浙江大学》,1985 年印,第 396 页。

② 《竺可桢日记》第 1 册,人民出版社 1984 年版,第 241 页。

生,既进行学业上的辅导,又对学生的生活和道德行为负责。竺可桢对此极为赞赏,他一到浙大就在演讲中向全校师生做了专门介绍:

> 英国大学如同剑桥、牛津均用导师制,师生之间,接触极多。就是德法大学,虽是大学生极为自由,寻常连考试也极少,但是在实验室里,每个教师所收的学生,为数很少,学生很有机会能与教师接近。就在美国,最近七八年来,在几个有名的大学里,如耶鲁哈佛,也慢慢通行导师制了。从哈佛大学历年校长报告,我们可以晓得该校实行了导师制后,学生成绩比前优越。[①]

为了改变以往大学教育中"教师在校上课,退了讲堂以后,就与学生分手不见面"的现象,竺可桢于1937年秋季率先在一年级新生中试行导师制。当时,战争的硝烟已临近浙省,浙江大学开始考虑迁校的问题,这一年进校的250余名新生暂时被安排到浙西名胜之地——天目山禅源寺上课。在竺可桢看来,天目山远离城市,环境幽静,加之师生朝夕相处,融融一堂,不仅课业质疑极为便利,德行陶冶尤可砥砺,是实行导师制的理想之地。导师制试行了一年后,1938年冬便在全校全面铺开。

浙江大学在广西宜山实行导师制时,广西教育厅厅长雷沛鸿(1888—1967年)热心相助,教育学系的教授也积极参与其中。为了使全校师生对导师制的实施有明确认识并有章可循,学校组织制订了《导师任务案》和《训导目标案》,其中《训导目标案》由雷沛鸿、郑晓沧、孟宪承等拟订。《训导目标案》将训导目标分为学、服务、持躬接物3项,具体又分24目:(1)实事求是,探究真理;(2)以学问贡献民族、利益人群为志节(学问为济世之本);(3)抱独创发明之宏愿;(4)尊重智慧及其运用;(5)博学(广博、宽容);(6)审问(好奇、虚心);(7)深思(精密、透彻);(8)明辨(颖悟、正确);(9)忠爱民族、坚贞不移;(10)见义勇为;(11)相爱相助(有合作精神);(12)负责任,守纪律;(13)能服从,能领导(有组织力);(14)守信(守信无伪);(15)有恒持久,精进不懈;(16)注重工作效率;(17)仁爱(仁爱为接物之本);(18)孝悌(孝顺为齐家之本);(19)和平;(20)愉悦;(21)勤俭;(22)整洁;(23)谨慎威仪;(24)从容中礼。导师制实施的具体方法为:各导师须每周至学生膳堂内与学生会餐一次,餐时及餐后留意学生生活并与学生交谈;全体导师每月举行会议一次;各导师领导学生人数,暂以12人为原则;三、四年级学生以本系教授为导师,二年级学生以本系教授或任课教员为导师;各导师定时或随时

---

① 竺可桢演讲词,见《国立浙江大学校刊》第250期,1936年5月23日。

与学生谈话,解答启导。

1939年11月15日,日本军队在北海龙门港登陆,南宁很快失陷,宜山也天天处在警报声中。11月28日,校务会议决定立即迁校贵州,于是浙江大学又进行了第四次迁徙。桂黔之间,山峦重叠,交通运输极为困难。当时正是隆冬季节,师生们一路顶风冒雨,在赶路的同时,还得协助学校搬运图书,行进得十分艰难。1940年2月,浙江大学正式迁到遵义,一年级在青岩上课,二、三、四年级在遵义上课,又以遵义以东75公里的湄潭县城作为分部。1940年冬,学校的布局又做了如下调整:文学院、工学院和师范学院的文组设在遵义;理学院、农学院和师范学院的理组设在湄潭;一年级设在离湄潭县城15公里的永兴,原青岩的临时校址不再使用。遵义地处贵州北部乌江支流的河谷盆地,北有娄山关作屏障,南有乌江天险阻隔,是该省经济和文化较为发达的地方。1935年,中国工农红军长征到达此地,召开了举世闻名的遵义会议,成为中国革命发展的转折点;而今,饱受颠沛流离之苦的浙江大学师生也辗转来到这里,在革命的圣地找到了安静、稳定的教学和科研环境。

这一时期,教育学系的规模在逐渐扩大,学生数量维持在50～70人,教师队伍中虽有人未随校迁徙(例如俞子夷),有人因故调离,但也不断得到新的补充,例如在广西宜山时陈立的到来,加强了心理学教师的力量。陈立(1902—2004年)1928年毕业于上海沪江大学,1930年去英国留学,1933年获伦敦大学理科心理学博士学位,回国后曾任中央研究院和清华大学合聘的工业心理研究员。至1943年,教育学系有教授7名(郑晓沧、陈立、黄翼、胡家健、李相勖、朱希亮、王倘),副教授1名(吴嶸),讲师2名(陈学恂、计克敏),助教2名(周淮水、黄友松)。当时,全系分设教育和心理两组,对心理组的教师和学生来说,实验室与实验设备是至关重要的。为了不影响教学和研究,在系领导和心理学教师的共同努力下,心理组将遵义老城子弹库的10多间小房子作为实验室,在大房间中存放试验仪器及书籍。特别值得一提的是,教育学系的心理实验室一直珍藏着可供实验参考的各种外文的心理学杂志和外文心理学学报,共计30多种,即便抗战期间几经迁移,也没有丢失过一本。

在遵义的近7年中,没有敌机的轰炸,也无跋涉之劳顿,但物质条件仍是十分艰苦:"教授们大多租住民房,一家人住一二间屋,瓦木结构,没有电灯和自来水,冬冷夏热;桌几床铺将就借用,为数也不多;天雨时泥泞屋漏,也是司空见惯的事。上课教室远,要走几条街,没有任何交通工具。学生们住在大宿舍里,双人上下铺,自习多有坐在床上的;自习桌子很小,用桐油灯照明,灯油不多,有的为多一点自习时间,常两人合点一盏灯以节约用油。三更灯火中大家都是一双被烟熏过的黑鼻孔。教学和试验用品也很简陋,光线很差,又必须仔细作笔记,用的是土纸和自制的墨水,书写要有较高的技巧才行。"①

尽管如此,学校对于教学的要求丝毫没有降低,一方面强调基础课教学,要求学生有坚实的基础;另一方面鼓励跨院、系选修课程,以达沟通文理和扩大知识面的目的。当时,教育学系的教学体现以下四个特点:

第一,注重基础课教学,英语、国文、人文科学(包括中国通史、西洋通史及地理)等课程,均由文科各系有名望、教学经验丰富的教授执教。如英语教师由英文纯熟的郑晓沧担任,国文教师是古典文学修养很高的薛声震,教中国通史的是学识渊博的历史系教师黎子耀。

第二,重视专业课训练,普通心理学、儿童心理学、教育心理学、教育概论、教育统计、心理测验、中外教育史、比较教育、训育原理等课程,均由教育学系教师执教。如教育概论由孙祈任教,普通心理学、教育统计由朱希亮任教,教育心理学、发展心理学、心理测验由陈立任教,西洋教育史由王倘任教,中国教育史由陈学恂任教。

第三,注意学生兴趣,开设选修课。选修课的范围很广,有道德哲学、德育原理、儿童文学、青年训导、乡村教育、社会教育、职业教育、女子教育、生理学、卫生教育概论、中国伦理思想史等(见表1-2)。为了增加毕业生的就业机会,教育学系还要求学生在主修教育学科的同时,在别的系辅修一门学科。

第四,注重理论结合实践,开设一些结合实践的课程,如初等教育、中等教育、训育原理、教材教法等。这些课程的执教者均为有实际经验的老师,如教中等教育的胡家健同时兼任师范学院附属中学校长,教训育原理的李相勖行政经验十分丰富,教初等教育的吴嚼常带领学生去中小学参观访问。

---

① 贵州省遵义地区地方志编纂委员会:《浙江大学在遵义》,浙江大学出版社1990年版,第34页。

表 1-2　1941—1942 年度教育学系课程一览①

年　度		课　程	
		必　修	选　修
1941 年	第一学年	国文、英文、中国通史、教育概论	无
	第二学年	普通哲学、国文、英文、统计方法、哲学概论、社会科学、西洋通史	
	第三学年	普通教学法、教育心理学、西洋教育史、小学教育、儿童心理、儿童训导、心理学	
	第四学年	中等教育、中国教育史、师范教育、学校及地方教育、学科心理学、分科教材教法	
	第五学年	教育哲学、心理学说、专题研究、教学实习	伦理学、道德哲学、德育原理、社会教育、乡村教育、教育视导、图书馆学、职业指导、测验编造、高级心理实验、儿童文学、青年训导、第二外国语
1942 年	第一学年	自然科学、国文、英文	无
	第二学年	教育概论、西洋文化史、普通心理学、教育心理学	
	第三学年	普通教学法、中国教育史、小学教育、心理及教育测验、西洋教育史	
	第四学年	教育行政、学校行政、教育统计、师范教育、图书馆学、分科教材教法	
	第五学年	教育社会学、教育哲学、心理卫生、学校训育、论文讨论、教学实习	青年心理、儿童心理、幼稚教育、实验教育、地方教育行政、教育视导、乡村教育、女子教育、职业教育、职业指导、体育概论、生理学、卫生教育概论、德育原理、伦理学、中国伦理思想史

----

① 《师范学院(各院系课程)课程:师范教学科目》,浙江大学档案馆藏,L0-2006-001-1075-001,第 26—27、72—73 页。

在遵义的几年中,由于教学秩序稳定,教师授课认真,学生获益很大。有一位当年的校友在回忆文章中如数家珍地谈起母系的教师:

> 黄翼老师治学严谨,教学法极好,所举例证生动有趣,"考试时问答题与新式测验题并用,非有充分准备,不易通过,且能考出学生们的真才实学"。陈立老师"来浙大任教之初,据说因求教学方法的改进,当他上课的时候,陈师母常来旁听,以观察学生们的反应,退而提供意见,以供参考"。李相勖老师"曾做过国立中学校长,行政经验丰富。讲课时有条不紊,而板书尤为工整。他还有一个习惯,闻铃即下课,从不迟延"。胡家健老师兼任附小及附中校长,"行政经验丰富,教学极为认真。他是一位富有高度智慧且具行政长才的教授"。王倘老师早年曾在江西省教育厅任科长,"深悉基层教育,且具行政经验。他为人和善诚恳。而躯体昂藏,不失为一健者"①。

1945 年 8 月 14 日,日本宣布无条件投降,抗日战争遂告胜利结束,西迁黔北的浙江大学也准备复员东归。是时,杭州原浙江大学校舍已被日军破坏得支离破碎:刀茅巷"化学系及生物系原有房屋全部被毁,已成一片瓦砾之场",罗苑仍为军队占领,华家池农学院"昔日之辉煌大厦、暖房,全遭拆毁,连钢骨水泥底脚之建筑亦无余存",大学路的大礼堂、图书馆、体育办公室等完全被毁,唯有"校长公舍、会议室、文院教职员宿舍、外文系、培育院、教育系、数学系及新教室大厦各屋,虽已破残不堪,尚可加以修理应用"。②经过半年的突击建设,1946 年 9 月浙江大学师生重返校园时,"大礼堂、大办公室及单人宿舍与工学院之北大楼,图书馆,工院礼堂,化工、电机诸室大致修竣"③,华家池农学院也已新建,师范学院则搬入罗苑。

浙江大学迁回杭州后,依然处于不安的环境之中,时局动荡,物价飞涨,师生们的生活极其困难。尽管如此,学校始终维持正常的教学秩序,教育学系在艰难中仍然有所发展。据 1948 年统计,教育学系教师在原有基础上有所增加,共计有 16 人,其中教授 9 人(陈立、李相勖、孟宪承、郑晓沧、俞子夷、潘渊、朱希亮、王倘、王承绪),副教授 4 人(陆永福、吴嶽、沈金相、赵端瑛),讲师 1 人(陈学恂),助教 2 人(曾明州、周淮水)。1946—1949 年,教育

①　林子勋:《青岩遵义忆师门》,载国立浙江大学台北校友会:《国立浙江大学》,1985 年印,第 343 页。

②　见《浙江大学校刊》复刊第 132 期,1945 年 10 月 11 日。

③　《竺可桢日记》第 1 册,人民出版社 1990 年版,第 940 页。

学系的学生人数维持在 110 人左右,其中 1947 年第一学期人数最多,共有
119 人(一年级 33 人,二年级 31 人,三年级 25 人,四年级 27 人,另有文学
院教育学系 3 人)。

　　这一时期,全国学生反饥饿、反迫害、反内战的声势空前高涨。1947 年
5 月,浙江大学与南京、上海、北平、武汉等地的大学一起联合罢课,要求政
府停止内战,增加学生膳费和教育经费,后因武汉大学 3 名学生惨遭枪杀,
北平、上海发生多起学生被捕事件,风潮扩大,延续至一月余。当局对于学
潮采取严厉镇压的态度。是年 10 月,杭州警察二分局秘密逮捕浙江大学农
艺系学生于子三、郦伯瑾及来自上海的浙江大学毕业生陈建新、黄世民,并
杀害浙江大学学生自治会主席、地下党外围组织新民主青年社华家池分社
负责人于子三。1948 年 8 月,省政府派特种法庭的警察到浙江大学来抓捕
进步学生吴大信。不久,教育学系二年级女生李雅卿也在其寓所被捕。

　　教师们对政府所采取的暴力手段极为愤怒,如舒鸿教授曾陪同竺可桢
校长到监狱探望被捕学生,并在教授会上痛斥国民党政府杀害于子三的罪
恶行径。浙江大学学生集会公祭于子三时,一批暴徒冲进会场大打出手,他
挺身而出,号召学生拿起棍棒进行自卫。① 教育学系的学生和其他学生一
起投身到抗议国民党暴行和营救进步学生的活动中,尤以耕耘社的成员最
为活跃。耕耘社是 1946 年秋教育学系部分学生成立的进步社团,其中有中
共地下党的成员。该社团成立后,组织其成员学习毛泽东的《新民主主义
论》《论联合政府》及艾思奇的《大众哲学》等著作;成立"叮嗤歌咏队",演唱
《种瓜得瓜,种豆得豆》《南泥湾》和声讨蒋介石的歌曲《你,你,你这个坏东
西》等;团结并发动全系同学积极参加学生运动。据当事人回忆,1948 年下
半年,耕耘社的成员有王绮、丁国祥、董远骞、孙开源、张再兴、宋淑持、郑明
霞、刘季会、冯紫仙、舒锦华、张琯文、姜之簴、金锵、朱祖祥和彭喜盛。②

---

① 赵善性:《我国第一位奥运会篮球决赛主裁判舒鸿》,载杭州大学校史编辑委员
会:《杭州大学校史》,1997 年印,第 405 页。

② 参照教育学系 1951 届毕业生姜之簴(1924—2017 年)撰写的回忆文章《回忆建
国前浙江大学的学生运动和"耕耘社"》(手写稿)。姜之簴曾任华东政法学院副教授,
1987 年 3 月退休。

第二节 学术研究的开展

大学不仅要承担培养人才的责任,还应肩负科学研究的使命。一所大学也只有重视开展学术研究,才能提高教学质量,培养出高素质的人才。浙江大学校长竺可桢在美国留学期间亲身感受到国外大学中浓厚的科学研究气氛,因而充分认识到科学研究对于国家发展的重要意义,以及大学与科学研究之间不可分割的必然联系。他执掌校务后,十分强调教授不仅要勤于教学,而且要精于研究,并想方设法增设研究机构,创造研究条件。教育学系的教师置身于综合性大学良好的学术氛围之中,潜心研究,成果突出。21世纪初年,由华东师范大学瞿葆奎、郑金洲主编的"二十世纪中国教育名著丛编",收入了一批影响较大、领学科风骚的著作,其中包括当时浙江大学教育学系教师庄泽宣、孟宪承、俞子夷和沈有乾等人的研究成果。

一、教育与心理学研究

教育学系从开始成立之时就拥有一批知名教授,他们通过到国外留学或考察接受了西方先进的教育思想,具有很强的科研意识和研究基础,因而在"传道、授业、解惑"的同时,将自己所具有的专业知识和聪明才智倾注于教育和心理学的研究之中。他们所从事的研究不但与自己的专业方向紧密结合,而且十分关注当时社会对教育的需求,在促进西方教育理论中国化的过程中做出了创造性的贡献。

郑晓沧留学美国期间,曾在哥伦比亚大学师范学院学习,深受杜威实用主义教育思想的影响。他回国以后翻译了杜威的《我的教育信条》《儿童与教材》《兴趣与努力》等著作,为学校编译了《杜威教育哲学》等多种教材。他在1930年撰写的《杜威博士治学的精神及其教育学说的影响》一文中说:"现代教育学说中握世界上最高权威的——即得到能够努力于教育事业多数人或大多数人之信仰的,便要算杜威博士的教育学说了。"郑晓沧到浙大后,行政工作十分繁忙,但一直坚持从事教育科学研究。他于1932—1935年间翻译了美国女作家露易莎·梅·奥尔珂德(Louisa May Alcott)的著名小说《小妇人》《好妻子》《小男儿》,在《小男儿》的"译序"中写道:"凡有事于教育者——教员、师范生及一般父母——从本书应可得到不少有益的启示。"1936年9月,他发表《大学教育的两种理想》一文,把以英国大学和德国大学为代表两种理想的目标,用中国人惯用的语言概括成"君子"和"学者",指出"今之大学学生,不可不勉为绩学之士,不可不勉有君子之风"。1939 年在广西宜山时,他连续举行一系列学术讲座,内容有"知识之伟力""求知之途径""发挥群力""国士之器""孔子对于学问及其教人为学之方"等,就大学教育的诸多问题发表自己的见解。

庄泽宣的研究领域十分广泛,不仅在比较教育方面颇有建树,而且对中国的国民教育、职业教育和民众教育均给予很大的关注。他撰写的《教育概论》共 16 章,"所论之范围极广,其精神悉以最新之教育学说为准",且注重各国的比较,以至在某种程度上可以说,它"既是一本中外教育史学,又是一本比较教育学"。① 他撰写的《各国教育比较论》和《各国学制概要》分别于 1929 年和 1931 年出版,前者是我国最早的比较教育专著,对英、美、德、法四国的学校系统、教育行政、初等教育、中等教育、高等教育、师范教育、职业教育和成人教育进行了比较研究。他注重研究民族性与国民教育的关系,在探讨"教育中国化"的过程中,提出了四个标准,即教育必须合于中国的国民经济力、合于中国的社会状况、能发扬中国民族的优点和能改造中国人的劣根性。在浙大任教期间,庄泽宣与青年教师陈学恂合作完成了《民族性与教育》,该书于 1938 年由商务印书馆出版。他还组织学生翻译 1933 年出版的美国比较学者康德尔(I. Kandel)的著作《比较教育学》。

孟宪承在文、史、哲方面有很深的造诣,对教育的研究也涉及甚广。他于 20 世纪 30 年代先后撰写了《新中华教育史》《教育概论》《西洋古代教育》《大学教育》《民众教育》等著作,不仅着眼于中外教育发展历史的研究,而且注重探讨如何将国外先进的教育理论与中国国情相结合。其中,《教育概论》1933 年由商务印书馆出版后发行 29 版,在教育界产生很大的影响,堪称我国教育理论近代化发展过程中的经典性教育学教材;《大学教育》一书借鉴美国、英国、法国和德国的大学教育经验,就大学的理想、设置与管理、内部结构、教授与学生等问题逐一进行探讨,是当时国人研究大学教育的代表作。1946 年,孟宪承与陈学恂一起对 1933 年撰写的《教育概论》进行增订,定名为"教育通论",于 1948 年由商务印书馆出版发行。《教育通论》在《教育概论》的基础上增加了教育史部分,包括中国教育的演进、各国教育的普及和大教育家的思想三章,其余部分也增添了资料,使论述更为充分。

俞子夷一直致力于小学教育研究,并努力将杜威、桑代克、克伯屈及赫

---

① 瞿葆奎:《教育概论》,福建教育出版社 2006 年版,第 8—10 页。

尔巴特的理论和小学教学实践结合。他在教育学系执教的同时坚持到师范学校兼课，以便更好地积累相关的经验。20 世纪 30 年代，俞子夷与师范学校的青年教师朱晸旸合编《新小学教学法》《新小学教材研究》《新小学教材和教学法》，与小学校长沈寿金合编《小学教材和教学法》，还编写出版多种有关算术教学法的书，其中以《小学算术教学之研究》最有特色。1948 年，北新书局出版了他主编的一套国民教育辅导丛书，他亲自执笔的有《初级珠算教材》《低级算术游戏方法》《低级算术游戏用具》《珠算新方法》等；商务印书馆和正中书局出版了他编写的《小学教育实际问题》《算学概要》《民教班算术教学研究》《怎样训练心算》。

教育学系的教师在心理学研究方面也取得很大的成绩。沈有乾从事教育统计和教育心理研究，他撰写的《教育心理》一书 1935 年由正中书局出版，另一本代表作《教育统计学》1946 年由世界书局出版，后者在写作中以实例引入理论和方法，对推动教育统计学的广泛应用起了很大的作用。黄翼悉心于儿童心理学和实验心理学研究，主张从生物学、物理学角度研究心理现象。为此，他创建了心理学实验室，后来学校西迁时虽条件不具备，但仍坚持请机械系教师帮助制作简易的实验设备，继续从事实验和研究，先后写出 7 篇实验报告，辗转带至美国发表。陈立是我国介绍并运用因素分析的第一人。他于 1939 年应聘到浙大后就开始从事智力发展规律的研究，共编了 10 种测验，对小学、初中、高中、大学近 800 名学生进行测试，计算了近 400 个相关数据，进行繁复的因素分析，结果证明因素组成随年龄增长而简化。他所写的论文《一套测验在不同教育水平的因素分析》1948 年在美国《发展心理学》杂志发表后，受到国际心理学界重视。1947 年，他的另一篇论文《配对测验的校正公式》在美国《教育心理学》杂志发表。

二、教育与心理学实验

值得注意的是，教育学系的教师在教育科学化思想的指导下，注重开展实验，用科学的方法从事教育学和心理学的研究。如为使儿童心理学研究有一个观察和实验的基地，在黄翼的建议下，教育学系于 1935 年创办了培育院。该院招收 2 岁半至 5 岁的幼儿 20 人，每半岁一个阶段，每阶段各有 4 人，便于教育学系学生进行儿童心理和儿童教育等方面的观察和实习。院内教师除了要按卫生心理的原理对幼儿实施教育外，凡关于儿童的身心发育、生活习惯、情感运动及社会态度等，都加以相当的观察、检验、调查及记载，编成个案，以此作为个别指导的准备。主任及教师每周聚会一两次，先讨论所得材料,再决定所做的工作。而教育学系选修儿童心理学的学生,每人必须选定一个孩子,对其进行系统的追踪观察和记录。培育院活动室后面有一观察室,仿效美国耶鲁大学的布置,使观察室里的人可以看到活动室,活动室里的人无法看到观察室,从而有利于获得真实的观察效果:"室在活动室之东,两室间隔墙板壁,挖去一截,长与墙等,高约三尺嵌以两层铁纱。观察室里面墙壁,全部漆黑,门缝用黑纸糊密,门内悬深黑帷幕两层,使出入时亦不甚透光。活动室一面之铁纱,则加白磁漆,使尽量反射光线,自观察室隔纱视活动室,人物动作,了如观火。自活动室视观察室,则白沙一片,两层映出幻文而已,纱后人物,一无所见也。观察自内铁纱下安置木板一长条,下设条凳,观察者可安坐作记录。室南北通两廊门上,装有木制通气箱各一具。"①教育学系的学生在对幼儿进行观察的基础上从事专题研究。当时学生在培育院收集研究素材并完成专题研究,而发表的文章有祝其亲的《儿童语言之功用》(载《中华教育界》)、邱壁光的《儿童性格评估法》(载《教育杂志》)等。

抗战结束后,为加强国民教育的实验研究,浙江省教育厅于 1947 年 2 月在杭州西湖区设立"浙江国民教育实验区",并会同浙江大学师范学院和杭州市教育局成立实验区指导委员会和推行委员会,由俞子夷担任主任。作为实验区的负责人,也作为我国近代小学算术教学研究的开拓者之一,俞子夷具体主持小学各科教材教法改革的实验研究工作。实验区自 1947 年 5 月开始在各校轮流举行研究会,每次研究会事前有预定的研讨范围,由相关学校先行准备,研讨时实验区的指导委员到会进行指导或教学演示。俞子夷为实验算术随机教学而设计的一批游戏方法和用具,以及珠算笔算混合教学实验均在研究会中得以讨论和推广,取得了"易学易教"的效果。1947 年 7 月中旬,俞子夷主持消夏进修会,指导教师如何开展实验研究工作,作了"随机教学""怎样教学读书""珠算笔算混合研究""常识教学实际问题"等专题讲座,还布置研究课题,让教师结合教学实践制订计划,为开学后开展实验做好准备。实验区在成立的一年多时间里,在以俞子夷为首的实验区指导委员会的努力下,很好地发挥了推进实验研究和提供办学示范的作用。1947 年,实验区从事的实验研究和推广事业见表 1-3。

----

① 　中国学前教育史编写组:《中国学前教育史资料选》,人民教育出版社 1989 年版,第 300 页。

表 1-3　1947 年浙江国民教育实验区的实验研究和推广一览①

实验领域	研究成果及推广情况
国语	1. 在暑期消夏进修会的分组活动中完成中低年级各一学期所用的标准国语说话教材一套,并训练教师关于国语说话的练习
	2. 在实验区发行的双月刊《基本教育》中按期介绍关于说话教学注音符号的教材教法
	3. 在相关的中心国民学校举行教师注音符号短期训练若干次
	4. 绘制《天下一家》等 4 种改良连环图说进行试用
算术	1. 制作、下发随机教学用的玩具 15 种,并介绍游戏方法 10 余种
	2. 在研究会上对教具和游戏的使用情况提出书面报告,以供改进推广
	3. 印发并试用《初级珠算教材》,废除珠算口诀
常识	1. 举行常识单元教学展览一次,并讨论读书与常识教学分合问题
	2. 各校为下一年度全面实施常识课不用教科书,而根据地方实际情形采用单元教学做准备
民教工作	1. 绘制 4 种与小学中低年级合用的连环图说
	2. 试行识字与常识混合教学
	3. 对中心学校附近 3 校的学生家长进行父母教育,传播家事卫生常识
辅导教师进修	1. 7 月中旬举行消夏进修会,组织 59 名教师分 12 组讨论试验相关教材教法,并组织专家讲座和参观等活动
	2. 组织 4 次教学研究会议,并在 3 所学校进行教学演示
	3. 发行《基本教育》双月刊 4 期,《同人通讯》半月刊 12 期,出版《算术教学实际问题》和《初级算术教材》两种辅导丛刊
	4. 实验区指导委员会开会 9 次,到各校视察 2 次
	5. 设置 12 箱教师文库和 24 箱儿童文库,在各校巡回使用
	6. 在两所学校试办种茶等生产事业,以提高教师福利

三、教育学会和研究会

为了加强学术研究和学术交流,教育学系先后成立教育学会和研究会,并鼓励学生参与其中,通过举办各种学术活动,达到开拓学术视野、培养研究能力的目的。

---

① 《浙江国民教育实验区三十六年工作报告》,浙江省档案馆第 32.2133 号档案。

1931 年 10 月 9 日,文理学院举行教育学会成立大会,教育学系全体学生皆为会员,教育学系教授皆为名誉会员。教育学会的宗旨是"使会员间于知识上能互相攻错,于行动上能互相砥砺,以期养成精神和理智的结合"。根据会章规定,教育学会的重要事务包括聘请专家举行学术讲座,指定会员作专题研究或读书报告,进行参观访问,举行定期茶会及郊游,发表本会研究成绩等。教育学会成立后,经常组织各种学术讲座,开展互访学习、交流座谈等活动。如 1935 年接待中山大学教育考察团,并组织学术报告和讲座;1937 年 4 月在浙江大学召开中国教育学会全体理事会议,同时组织四年级同学报告考察京沪教育实况并展览各种教育照片;1937 年与之江文理学院教育学会举行联欢,并作"如何使教育发展创造之能力"的专题演讲等。教育学会为达到"研究教育学术,联络会友感情"之目的,还发行刊物以做宣传。起初的刊物名为《教育通俗》,后因学校西迁,印行困难而终止。在贵州遵义时又出版《教育论坛》,分甲、乙刊两种,均系半月刊,以研论教育问题为宗旨,内容分教育论著、教育文艺以及教育名著介绍等。

1936 年 10 月,为了推动学术研究的开展,经郑晓沧提议,教育学系系务会议决定每月举行研究会一次。随后,教育学系连续举办了多次研究会,除教师外三、四年级的学生均须参加,外系学生有兴趣也可参加。研究会有时作专题演讲,如聘请梁漱溟讲演"中国农村建设"、沈有乾讲演"各种汉字改革建议之比较"等;有时进行专题讨论,议题内容广泛,如庄泽宣主持讨论"教育社会学的客观基础"、郑晓沧主持讨论"教育与政治"、蒋伯谦主持讨论"从大学入学考试成绩中讨论中学生之学业指导"、黄翼主持讨论"完形心理学与教育之关系"、俞子夷主持讨论"小学教师的专业训练"等。

四、成立教育研究所

大学欲充分发挥学术研究的功能,必须成立相应的研究机构,形成专门的学术梯队,在组织上、人员上得以保证。浙大原先并无研究机构,是竺可桢任校长后才逐一成立起来。当学校西迁至广西宜山时,文科研究所史地学部、理科研究所数学部和史地教育研究室率先成立;定居遵义时,工科研究所化工学部、理科研究所生物学部、农科研究所农业经济学部先后成立,同时浙大研究院成立。抗战结束,学校复员回到杭州后,又陆续成立了物理研究所、化学研究所、教育研究所、中国文学研究所和人类学研究所。

1947 年,教育学系向教育部呈请设立国立浙江大学教育研究所,提案中关于设立教育研究所的理由有三:

其一,教育学系自设立以来已二十载①,素以研究工作为重。图书设备,年有添置,抗战播迁,幸未损失,于研究设备已粗具始基。过去的研究成绩,因乏相当组织,均由各教授自行交与书局印行及在各杂志发表,数量亦已不少。故就设备及教授之研究成绩而言,为促进研究工作,实有设立研究所之必要。

其二,我国教育学术宜亟谋独立,为时论所重。我国教育之理论及制度,绵续二千余年,可资探究发扬者,靡有穷尽,清末西制东渐,新旧理论制度,如何构合交融,以符国情而宏教化,应待研究之问题,既迫切而又浩繁,本校教育学系愿尽设备人才之可能,分任一部分教育理论、教育史、比较教育及教育心理之研究,以期于我国学术之独立作一得之献替。

其三,本校今岁奉部令与浙江省教育厅会同在杭州市设立浙江国民教育实验区,从事国民教育各项问题之实验研究与推行,初办以来,规模粗具,各项研究工作之进行亦尚顺利。惟求实施推行之有效,若干问题必付诸较为专精之研究,非藉研究所之设立不可。实验区之设备与人力实不足以求此,设研究所与实验区能相互辅翼,则功效自可期其较著也。

此提案经校务会议决议通过,上报教育部。经批准,教育研究所于1948年正式成立,由郑晓沧任主任。教育研究所拟定的规程包括以下内容:(1)研究所分设教育史与比较教育组、课程教法组、基本教育组、测验与测量组和发展心理组,每组设导师一人或二人,负指导研究生之责;(2)研究所每两月举行所务会议,由主任及各组导师组成之;(3)研究所接受其他政府机关之资助,及学术团体或私人所捐助之奖学金;(4)研究所接受公私团体之委托,研究教育上之特殊问题;(5)研究所应研究之需要举行调查及考察;(6)研究所导师及研究生之著作,经所务会议认可,得由本所出版,刊物分甲、乙两类,皆为不定期刊物。

教育研究所自成立后每年招收研究生,并制订相应的培养计划,设公共必修学程4门,各组专门学程各两门,每门各4学分。学程分类、名称及任课导师情况见表1-4。

---

① 呈文中原称"本校教育系自民国十七年设立以来,迄今廿载",因与1929年成立教育学系的说法不一致,故隐去。

表 1-4　国立浙江大学教育研究所 1948 年度课程设置及任课教师一览

课程性质	课程分类	课程名称	任课教师
公共必修学程		教育研究法	郑晓沧等
		高级教育原理	孟宪承
		高级教育心理学	陈立
		高级教育社会学	王承绪
各组专门学程	教育史与比较教育组	教育思想史	孟宪承、陈学恂
		教育制度	王承绪、陈学恂
	课程教法组	课程研究	郑晓沧、李相勖
		教法研究	郑晓沧、俞子夷、孟宪承、李相勖
	基本教育组	国民教育研究	俞子夷、吴鬻
		社会教育研究	王倘、王承绪
	测验与测量组	高级统计学	陈立
		心理测量法	陈立
	发展心理组	高级儿童心理	朱希亮、赵端瑛
		变态心理学	朱希亮、潘渊

第三节　服务社会的实践活动

现代大学自诞生以来,其肩负的使命经历了从单纯的保存知识、传播知识,发展到教学、科研并重,继而转变为具备社会服务、教学、科研多方面的功能。而且,20 世纪三四十年代的中国正处于内忧外患的艰难时期,人们把提高民族素质与改变国家命运紧密联系在一起,教育界更是将发展国民教育和民众教育视为分内之事。因此,教育学系的师生不仅认真教书、学习,从事科学研究,而且积极参与服务社会的实践活动,他们无论在杭州还是在学校西迁途经的各地,都利用自己所拥有的文化知识,协助推进当地的国民教育和民众教育事业。

一、创办民众实验学校

鉴于民众教育的实施无成规可循,施教形式也多种多样,办理人员须受专门训练方能胜任,省立民众教育实验学校于1930年9月在杭州成立。教育学系的孟宪承参与筹建,并任校长。该校设社会教育行政专修科和师范科。专修科招高中毕业生,学制一年;师范科招初中毕业生,学制三年。学校课程分必修和选修两种,必修科目又分基本训练学科和专业训练学科。基本训练学科有公民、国文、军训、伦理学、体育、生物、理化大意、历史、地理、工艺、图画、音乐、社会组织和社会问题、心理学概论、教育心理学、教育概论等。专业训练学科有民教概论、民教实施法、社教行政、民教实际问题、民教实习、教材研究及教学法、乡村建设等。选修学科有英文、日文、民众文学、教育史等。

省立民众教育实验学校师资阵容强大,水平很高。建校之初,在校长孟宪承的努力之下,有美国哥伦比亚大学博士尚仲衣、浙江大学教育学系系主任郑晓沧、省教育厅第三科科长赵冕、中央大学教育学学士沈金相等一批专家学者到校任教,实验指导教师、生活指导教师也均至少具有师范学校学习的经历。据1931年秋季统计,该校40名教职员中师范学校以上毕业者共35人,其中7人有海外留学经历。[①]

民众教育是一项全新的事业,其理论、方法、各项事业,包括人才培养均无成规可寻,因而重视实验、开展实验是十分必要的。为此,省立民众教育实验学校专门设立实验部负责该项工作,下设实验民众教育学校和实验民众教育馆。两者均创立于1930年10月,前者以杭州市新民路一部分为实验区,主要从事民众学校研究,研究课题有民众学校的各科教材与教学法、训育实施法、招生与留生问题等;后者以杭县第六区为实验区,以研究民众教育馆的组织与实施为中心,主要从事民众教育馆的组织与活动方法、民众茶园、生计教育等方面的研究。孟宪承曾于1930年11月15日专门写了《怎样做民众教育的试验?》一文[②],强调要"集中精力,用严密的方法,做一

---

① 浙江省立民众教育实验学校:《浙江省立民众教育实验学校·浙江省立民众教育实验学校概况》,浙江省图书馆古籍部藏书,1931年。
② 原载《民众教育季刊》(杭州)第1卷第1号(1930年12月),后收入周谷平、赵卫平、盛玲:《孟宪承集》(第1卷),浙江大学出版社2010年版。

点科学的问题的试验工作"①。

浙江省立民众教育实验学校通过设置师范科为全省培养了一定数量的民众教育师资,通过实验研究为全省的民众教育,主要是民众学校教育做出了贡献。同时,浙江省立民众教育实验学校所设的实验机构在开展实验的过程中,直接为实验区扫除了一定数量的文盲,提高了区内民众的健康水平,一定程度上改善了区内民众的生活。

1948 年,教育研究所成立后,也首先将民众教育的实验和研究列为重点,成立城市实验民众学校,以学校附近的三堡为实验区域,以 15 岁以上 45 岁以下的失学成人为实验对象,设男女各一班。其实验要项有:举行实验区失学民众调查,注重工人职业需要之调查;基本字汇之实验;识字教学,应用感官辅助教具之研究;编辑以生计为中心之妇女课本等。城市实验民众学校的实验人员除教育研究所工作人员外,另添实验民校教员专任 1 人,兼任 2 人。

二、参与民众教育实践

随着民众教育的兴起,教育部于 1929 年 2 月令各地在最短时间内举行大规模识字运动宣传,以唤起民众对识字读书的兴趣。同年 6 月,浙江省识字运动宣传委员会成立,以指导各地开展识字运动宣传,并于 1930—1933 年间在杭州举办大规模的识字运动宣传周共 4 次。每次宣传周均聘请名人演讲,组织讲演队进行巡回演讲,举行相关游艺会,向民众分发识字运动宣传材料等。浙大积极参与这一活动,教育学系的孟宪承、俞子夷等教授多次在宣传周期间发表公开演讲,宣传识字的重要性,指导民众识字的方法,详见表 1-5。

1932 年,第二届识字运动宣传周后,识字运动委员会因宣传之后民众要求入学识字者增多,函请浙江大学协助发展民众教育。时任校长的邵裴子决定筹设民众学校一所,由文理学院教育学系承办,经费在秘书处余款项下酌发,教员由该系学生轮流担任,酌给名誉学分,以资鼓励,教材由浙江省立民众教育实验学校供给。此后几年中,教育学系师生与杭州市识字运动宣传委员会一起进行识字运动宣传,并负责讲演、招生等各项事宜。庄泽宣曾依据科学方法拣出常用字 3000 个,再精选各种有价值而富于兴趣的故事,编成读本 8 册,前 4 册的目的在于引起阅读兴趣,后 4 册在于养成阅读习惯。

---

① 周谷平、赵卫平、盛玲:《孟宪承集》(第 1 卷),浙江大学出版社 2010 年版,第 205 页。

表 1-5   1930—1933 年浙江省识字运动宣传周概况①

届次	时间	讲演者	中心
1	1930 年 5 月 19—25 日	张静江、陈布雷、邵裴子、孟宪承②、傅葆琛等 18 人	唤起民众注意识字的重要性并引起其对于识字的兴味
2	1931 年 2 月 22—28 日	孟宪承、傅葆琛、雷沛鸿等 10 人	指示民众识字的方法
3	1932 年 5 月 15—21 日	孟宪承、俞子夷等 15 人	介绍识字教育推行方法
4	1933 年 5 月 16—22 日	历家祥、汤济沧、赵步霞等 7 人	宣传识字的重要性

　　同时，教育学系师生还通过各种途径参与民众教育活动。如 1931 年暑假，浙江大学与浙江省教育厅组织教育服务人员进修讲习会，郑晓沧、俞子夷等教授参与此事。又如 1931 年，浙江大学与浙江省广播无线电台及浙江省立民众实验学校联合设立的民众学术讲座，改名为播音教育委员会，播音节目除原有之民众学术讲座外，又增加民众通俗讲演、小学教育讲座、儿童教育、音乐讲座等项，郑晓沧、俞子夷等教授参与演讲。自 1931 年起，浙江大学文理学院学生开办求是暑期学校，实施失学民众的补习教育，一方面帮助失学人员识字，另一方面也为自己提供实习机会。1935 年，教育学会与省立图书馆合办民众夜校，同时在东南日报刊行《教育园地》周刊。

　　在浙江大学西迁至广西宜山时，教育学会为了更好地参与为社会服务的活动，专门成立了社会服务股。社会服务股为解决基础学校教师的进修问题，特设"初教通讯部"，对从事初等教育工作人员所提的疑难咨询予以解答；为协助推广成人教育，受宜山县政府委托创办妇女成人班；此外还举办"宜山民众抗战论文竞赛""宜山中小学学生抗战图书竞赛"，并与浙大图书馆合作创设"集体儿童图书馆"。在贵州遵义时，教育学会对社会教育工作也向称努力，所办民众夜校、民众茶园、民众阅览室等成绩颇佳，为校内外人士所称誉。如 1941 年年初教育学会第一届就开设民众夜校七班，学生达

---

　　①　资料来源：《浙江教育行政周刊》1931 年第 27 期、1932 年第 39 期、1933 年第 22 期、1933 年第 39 期。

　　②　孟宪承于 1930 年 5 月 25 日在浙江省政府广播无线电台发表演讲《识字教学的两个问题》，原载《教育与民众》（南京）第 1 卷第 10 期（1930 年 5 月），同时刊于《浙江教育行政周刊》第 39 期（1930 年 5 月），后收入周谷平、赵卫平、盛玲：《孟宪承集》（第 1 卷），浙江大学出版社 2010 年版。

300 余人。从第二届开始,教育学会主办战时民众学校。据当时人描述,"教育学会主办第三届战时民众学校自四月初开学以来教学推行异常顺利,而因以往该会办理民校之优异成绩的结果,民众报名入学者拥挤不堪,惟因人力、物力、地点关系,本届仅开设三班,共计百数十人,分设于遵义何家巷、本校教室及西蜀小学,于每日晚间六时至八时上课"①。由教育学会主办的第三届战时民众学校结业学生共 120 余人。1941 年 1 月 5 日,教育学会将遵义师范学校作为会场,与遵义城区各推行社会教育机关团体举行社会教育座谈会,交换意见,提出具体有效办法,使社会教育的推行更为顺利。届时,教育学会还聘请教育部王仲和先生讲"民众教育经验谈",并将座谈会和演讲内容等印成小册子送与各界以为参考。

三、协助推进地方教育

教育学系师生在开办培育院的同时,注重为家长服务,普及儿童教育方面的知识,如帮助种牛痘、进行智力测验等。为增进院方与家庭之间的联络和合作,他们除家庭访问外,又有接见家长及家长会之活动,并聘请部分学生家长如大夏大学教育心理学系主任章颐年先生演讲《儿童睡眠问题》等。郑晓沧、黄翼、庄泽宣等教育学系教授均参与这一工作,每周接见家长一两人。1936 年,杭州市儿童幸福促进会筹备发展儿童生活指导活动,用以改善儿童生活,教育学系推举黄翼与该会理事会负责人员洽谈,并担任一部分工作。

浙江大学在西迁途中,每到一处都承担起改良社会、服务地方的责任,为当地人民留下了"永久不灭的影响",教育学系的师生也积极投身于其中。1938 年上半年在江西泰和时,因上田村的小学设备简陋、教学水平低,竺可桢便与县政府商妥,决定接办原有小学,修葺校舍,改名澄江学校,由浙大和上田村派人共同组成校董会加以管理,郑晓沧为校董会主席,庄泽宣为校董会成员兼校长。该校课程悉照部颁办理,教师除聘请专任 2 人外,其余均由浙大各系学生担任。澄江学校因办理优良,后奉江西省政府令,改名为县立上田村小学。

浙江大学从江西泰和迁至广西宜山后,教育学会于 1939 年年初联合宜山县政府发起"国民基础教育座谈会",定时召集各镇国民基础学校教员、县

---

① 《教育学会主办第三届战时民众学校期满结果》,《国立浙江大学校刊》复刊第 95 期,1941 年 6 月 7 日。

教育行政人员与教育学系师生一起座谈,一来可以充分了解国民基础教育的状况,并能帮助解决一些实际问题。第一次座谈会在文庙举行,到会者30余人,由县政府的行政人员讲述以前在平南县任职时筹集教育经费的经验。第二次座谈会在永庆镇国民基础中心小学举行,聘请广西教育厅厅长雷沛鸿作讲演,并讨论关于国民基础教育的辅导办法。

　　浙江大学暂居遵义期间,对当地教育的发展十分关心。遵义原来只有一所师范学校,难以承担较高层次的师资培训任务,师范学院即把贵州和广西的中等教育辅导承接下来,在教师培训、教学大纲制订及教学示范等方面,做了大量工作。1940年7月,浙江大学与贵州省教育厅合作办理暑期贵州省中等学校暑期讲习讨论会,派出国文、英语、数理化、生物、教育等5个组,教育组注重国民教育与社会教育两种讲习,由陈剑修先生等3人担任讲师。1941年,由浙江大学主持,在遵义召开黔桂两省中等教育辅导会议。事先,学校筹备中等教育辅导委员会,教育类主要有王倘、黄翼、舒鸿等教师参与。中等教育辅导委员会后根据所在辅导区中等教育之实际需要,制订师范学院中等教育辅导计划,规定主要研究问题包括:(1)中学及师范学校课程之研究;(2)中学及师范学校各科教材教法之研究;(3)中等学校训导问题之研究;(4)中等学校普办社会工作之研究;(5)中等学校教师任用、退休及保障办法之研究;(6)中学学生升学及职业指导之研究;(7)中等学校奖学金、贷金、工读服务等办法之研究。

第四节　体育教学与体育活动

　　国立浙江大学时期,学校对体育课与课外体育活动一直很重视。1928年,学校所设本科的10个学门中就包括体育学门。1932年4月,浙大统一行政组织,在秘书处下设6个课,并在校长直接领导下设立军训部和体育部。1933年4月,学校设立秘书、总务两大处,秘书处下设文书、注册、图书、军训、体育5课。1934年10月,军训课和体育课又改称军训部、体育部,体育部主任由早年毕业于美国斯普林菲尔德学院(即春田大学)体育学系、既而获美国克拉克大学卫生学硕士学位的舒鸿教授担任。1936年4月,竺可桢任校长后更是把体育视为人才培养的重要方面,即便在西迁期间也千方百计地创造条件,不影响体育教学和体育运动的开展。

一、文理学院的体育学程

国立浙江大学成立之初,在加强学校各门课程建设的同时,对体育教学也十分重视。教育学系所在的文理学院于 1929 年拟订《国立浙江大学文理学院体育学程草案》,提出实施体育学程的宗旨为:供给全体学生身体活动之机会,以期得到最丰富之生活;使学生明了体育之意义及价值,以发达其正当之体育观念、技能及兴趣,为将来服务社会时有优尚之生活;充分利用现有之设备及环境,以施行最合科学及教育原则之体育学程。该草案规定体育学程应设置多种学科供学生选择,如普通体育(凡一年级生非经体育教授特别许可者均须选修之)、各人体育(凡需特别矫正身体经体育教授许可者得选修之)、竞赛运动(此科注重竞赛运动技能之养成)、游戏(此科专授各种团体游戏)、技巧运动(此科专授各种重器械及个人与团体之技巧活动)、武术、舞蹈、摔跤、游泳等,各学科的教学时间均为每周 3 小时,每学期 1 学分。此外,除体育正课之外每人至少每日应有 1 小时之身体活动,并组织校内比赛、校外比赛、远足等课外活动。该草案还规定凡本院学生毕业前不能通过体力测验、效能试验、技术试验(本院所授之各种活动须选择两种以上及格其技术试验)者不得毕业。

虽然,文理学院在《国立浙江大学文理学院体育学程草案》中对如何加强体育教学做了较为全面的设想和规定,但限于当时师资力量缺乏,基本设施也不全,故实际所设的体育学科只有普通体育和普通卫生学。文理学院在《国立浙江大学文理学院一年级体育学程说明》中称本年度所设体育学科为:

普通体育,每周 3 小时,每年 2 学分,一年级必修。此科以提高学生运动兴趣及使之认清体育价值为主要目的。凡本院设备所能允许之各种自然活动均择要教授之。有形式的活动,除对于矫正身体姿势有部分贡献者外,概不采用。男女分班教授。遇全班体育成绩不整齐时,按照体能再分班上课。教法采分组制。技能的教授采用自然体操。

普通卫生学,每周 1 小时,每学年 2 学分,一年级必修。此科内容分普通卫生及个人卫生两部分。普通卫生教授健康的意义及要素,训练高尚的健康观念及科学的健康态度。个人卫生包含营养、运动、血液循环、呼吸、精神性疾病预防、抗毒、救急及消毒法等。教授用演讲及讨论式。材料均取与生活有切实关系者,目的在养成良好习惯,教材与学生之身体检查及生活状况均设法有相当联络。解剖及生理学非于必须用以说明身体组织及机能时,概不讲授。各器官之异常状态,只论及其普通预防法,特殊疾病亦不加讲讨。但对于结核及花柳病,则加以详细讲解,以便避免。①

同时,文理学院还将学生早操也放在重要的位置,专门颁布了《早操规程》。《早操规程》的主要内容有:凡住院学生须一律实行早操,目的在于振奋精神、健全身体,并改掉睡懒觉的习惯;早操学分每学期定为1学分;平时热心练习足球、篮球、网球及田径赛之一,而曾经体育主任选为本院对外比赛之代表者,及各本科最高年级,得以早操为随意科;女生通校生每周须习2小时之普通体育以补早操之不及;凡早操不及格之学生非将其应得之早操学分补尽时不准毕业;早操时间以15分钟至20分钟为度,定每晨6时50分起至7时10分止;凡学生对于早操有完全不缺课、姿势优良、动作努力、不迟到早退、在场不与他人交谈喧噪、绝对服从指导诸条款之三者,至学期终时由体育主任、训育主任联名请院长保荐。②

二、体育教学和课外活动

自1934年起,全校的体育教学和课外活动由体育部负责。在舒鸿主任的带领下,浙大在国内首先实行全体学生一律参加课外体育活动的制度,还规定凡体育课缺课超过限额或考试不及格者必须补修,否则即便其他学分都修满也不能毕业。当时,学校开设体育课的内容包括7大类,有竞技运动(球类、田径)、个人体操(身体姿势不良需特别矫正者或因病不能做剧烈运动者选修)、重器械操(单杠、双杠、木马及其他器械上之活动)、垫上运动(简易之率角、翻斤斗、叠罗汉及其他个人或团体之技巧活动)、游泳、国术、舞蹈及团体游戏。体育课又分为体育正课与课外活动。体育正课安排3年,每周2小时,每学期1学分,第三学年不能达到毕业标准者必须续修,第四学年仍不及格者不得毕业。学生体育成绩含平时考查及学期试验两种,平时考查注重上课之精神及技术之进步,学期试验依据技术测验。课外活动也是体育学程中的重要部分,因学生每日均应运动,而体育正课每周2小时仅能指导各种运动的方法,因而在体育正课之外的各种课外活动能使全校学生达到经常运动的目的。

---

① 国立浙江大学秘书处:《国立浙江大学文理学院一年级体育学程说明》,1929年5月13日。

② 国立浙江大学文理学院公函第57号:《早操规程》,1929年5月13日。

1936 年 9 月,体育部根据各年级学生其他课程之分配情形,对体育课程的实施做了相应的调整:(1)一年级男生,因有军事训练关系,体育课程只规定每周正课 2 小时,免除课外运动,惟女生不在此限;(2)二年级和三年级体育课程,正课每周 2 小时,课外运动每周两次;(3)四年级体育课程,正课免修,课外运动每周两次;(4)高工高农各年级体育课程,正课每周 2 小时;(5)凡体育正课及课外运动,均按时点名。体育部对于体育课请假制度的规定也相当严格,学生如因事或因病必须于课前亲持证明至体育部登记,不得课后补假;如有自感体格缺陷需避免剧烈运动者,须经医务科诊断明确开证明书至体育部。

1937 年,浙江大学关于体育课的选课办法出台。根据规定,体育课上课时间一律安排在每日上午 9 时至 11 时,下午 2 时至 4 时(周六、周日不排课)。学生所选课程须满 20 人方可开班,否则应改入他组。每位学生每周所选之两小时体育课程至少须相隔一日,不得在同一日或连续之两日内。

竺可桢是一位对学校体育有着独特且深刻理解的校长。他在《就职演辞》中明确宣布学校应贯彻德、智、体三育并重的办学方针,要求学生努力于学业、道德、体格各方面的修养,并在各种场合多次强调:"运动之目的,最主要者是增进健康","吾人提倡运动,非以运动本身为目的,而是使读书作事之能效加多","学生终日下帷苦攻,课余首当讲求体育"。竺可桢本人也是一位体育活动的积极参加者,其一生有两项活动始终未曾间断,一项是科研,一项便是体育。他常常到操场巡视,为全校越野比赛担任总裁判并亲自鸣枪发令。他发动教职员康乐社开展各种体育活动,组织教工去葛岭登山比赛。竺可桢 1936 年 11 月 22 日的日记中有这样的记载:"……浙大教职员康乐社作登山比赛(登葛岭),待至九点四十分,共到男女老幼约六十人之谱。由小孩领先,即开始迈步前行。第一个到者为王淦昌。由陈柏青发令,舒鸿作终点纪录。王抵山巅只八分钟,余到山上为第十三名……"高年级的学生因毕业在即,往往忽视体育锻炼,竺可桢只要有机会总忘不了对他们多加关照。一次与四年级学生座谈时,他叮嘱他们要注意健康问题,须知"青年时代本不易生病,至 40 以后健康与不健康乃有重大关系"①。有一次,四年级的学生代表声称经集体讨论决定不上体育课,竺可桢坚决不同意,他说上体育课"一方于学生健康有益,一方为国家法令,势在必行。如全体不上

---

①　《竺可桢日记》第 1 册,人民出版社 1990 年版,第 234 页。

体育,即全体停学亦所不惜也"①。

　　体育部主任舒鸿对于篮球运动及裁判工作造诣很深。1936 年夏天发生了一件令浙江大学乃至整个中国为之骄傲并永载体育史册的事件。8 月16 日,上海《新闻报》头版头条刊登了"美、加篮球决赛,由舒鸿任裁判之职,我国在国际裁判席位上获得无上荣誉"的特大新闻;《时报》《申报》的号外也刊登浙江大学体育部舒鸿教授当上第 11 届奥运会篮球决赛裁判的消息。人们争相购报,喜讯很快传遍浙江大学校园。翌日,全国各大报都用显著的版面、特大的字号,刊载在德国柏林举办的第 11 届奥运会美国对加拿大篮球决赛由中国舒鸿出任主裁判的报道,还详细记述在各国篮球主裁如林、我国奥运项目与奖牌无缘的背景下,舒鸿如何争得中国历史上第一个奥运篮球决赛主裁判的资格。舒鸿回到学校受到师生们的热烈欢迎,当天的《国立浙江大学日刊》有如下记载:

　　　　我校师生赴车站候迎舒鸿凯旋归来,并在健身房举行盛大欢迎会。由浙大篮球队队长李永炤主持,舒鸿在会上讲了一个多小时,介绍有关第 11 届奥运会盛况及中华体育考察团考察欧洲七国体育教育事业情况。竺可桢校长致词慰勉舒鸿造福浙大体育……师生们都非常兴奋。之后又为师生放映第 11 届奥运会的纪录片。

　　正是由于学校对体育的重视以及体育部教师的共同努力,全校的体育活动开展得十分活跃,不仅有田径运动队、篮球队、技巧训练队等队员的经常性训练,各种比赛也频繁举行,如教职员工网球赛、院级篮球赛等。对于浙大校园中的体育盛况,1937 年 6 月《浙大学生》刊登的文章中有这样的描述:

　　　　浙大就那么一个优点:"体育的普及。"早操,体育课,课外运动,无不是认认真真的办着。表面上一二三年级每周有二小时的体育课,二三四年级每周有二下午的课外运动,但事实上同学运动时间的数量,恐超出一倍尚不止。今天来个院际赛,后天又是越野跑,讲起来,几乎全校都是顶括括的运动员;看起来,几乎全校都是雄赳赳的武夫。甚至,女同学也并不例外。

　　　　……全校同学都得参加运动会,是当然的事实;此外,教授们,也常常插进来做几个角色。项目中间,有所谓三足赛跑,一个人的左足,和另外一个人的右足,用土布扎紧,使二个人只合成了三只脚,如此一组

---

① 《竺可桢日记》第 1 册,人民出版社 1990 年版,第 280 页。

一组的拼着命,依着三段谐和的步伐,完毕他们的行程。有搬运番薯的番薯赛跑,有负着泥土的担囊赛跑,有战士们的武装障碍赛跑,有小姐们的碟蛋赛跑,有爬绳,掷石锁,花头实在繁多。最后还得来个团体接力,拔河比赛,咬牙,切齿,使尽浑身解数,青筋在额角上棱着,看的人也声嘶力竭,再不能摇旗来帮助他们呐喊了。

浙大运动的环境,不能算好:第一功课平均很忙,第二运动场东零四碎,但在可能范围之内,浙大的同学们是再不肯放弃运动的机会的。①

1937 年冬,因日军入侵,浙江大学被迫踏上西迁的旅程。虽然师生们一路颠簸,十分艰苦,但途中凡能草草定居、安排教学时,体育课和体育活动必定照常不辍,一些基本的体育器材被装箱运载,随时可供体育教学之用。浙江大学在西迁途中,将游泳定为夏季必修的体育课,必须能游 50 米才算及格。在江西泰和时,赣江边是一个天然游泳场,不少同学就在那时学会了游泳。到了广西宜山,标营农学院试验农场南面的小河有一段水不深,宽仅 4 米,正好是一个小型游泳池。而河上有一座小石拱桥,桥面离水面约 2 米,桥下水较深,恰是一个天然跳台。至于贵州,到处都有河流,无论是在遵义,还是在湄潭、永兴,都不难找到天然游泳场。值得一提的是,浙江大学在贵州时虽经费并不宽裕,但因学校体育之必需,购地 40 余亩,建成了有 400 米跑道的田径场。

抗战胜利后,浙江大学复员回到杭州。原来校舍已是破败不堪,校外刀茅巷的操场也移作他用。"竺可桢从学校教育着眼,从开展体育着想,决定把校园内的土山挖去,旧铜元局遗址推平建筑田径场和各种球场;修复游泳池和健身房;同时另在庆春门外的农学院开辟田径场和球场,使学校体育设备粗具规模,保证了体育教学和学生开展体育活动的必要场所。"②

三、体育比赛和运动会

浙江大学每年举行各种体育比赛,一般网球比赛在 9—10 月,足球比赛和越野赛跑在 11 月至来年的 1 月,篮球比赛和竞走在 3 月,田径运动会在 4 月,排球比赛和垒球比赛在 5 月,游泳比赛在 6 月。学校还规定学生每学

① 《浙大学生》,第 3、4 期合刊,1937 年 6 月。

② 姚廷华:《竺可桢的体育思想研究》,载浙江大学校友总会等:《竺可桢诞辰百周年纪念文集》,浙江大学出版社 1990 年版,第 245 页。

年至少须参加一种校内运动比赛,并积极鼓励他们参加在校外举行的各种体育竞赛,因为"对外比赛除增进体育效能外尚有教育及社会之价值"。

当时,浙江大学的篮球队颇有名气,在众多比赛中所向披靡、战绩辉煌,曾在 1937 年 5 月举行的全省运动会上夺得篮球锦标。[①] 后来学校西迁至广西宜山,尽管局势动荡,条件艰苦,舒鸿仍克服种种困难,在组织各学院篮球联赛基础上,选拔优秀队员组建学校篮球队,并亲自担任主教练,保持常年训练,即使在敌机骚扰下也不受影响。

在贵州遵义时,学校为了更好地开展体育运动,通过精心规划,兴建起贵州近代教育史上第一个 400 米标准跑道运动场,并于 1944 年 5 月 4 日举行抗战以来第一次规模空前的全校春季运动会,各学院男生女生、附中学生及教工等组成 6 个队参加比赛,推动了学校乃至贵州省的体育事业。

浙江大学复员回到杭州后,在恢复正常教学秩序的同时,也积极创造条件保证体育活动的开展,并于 1948 年 3 月举行春季运动会。当时,学校制定的运动会规程规定:凡本校学生必须参加运动,不参加者不给本学期体育学分;每人参加项目至少两项,至多四项。此次运动会的比赛项目,男生有 100 米、200 米、400 米、800 米、1500 米、5000 米、10000 米、400 米接力、1600 米接力、110 米高栏、400 米中栏、16 磅铁球、铁饼、标枪、跳高、跳远、撑竿跳高、三级跳远;女生有 60 米、100 米、200 米、80 米低栏、200 米接力、400 米接力、8 磅铁球、铁饼、标枪、跳高、跳远、垒球掷远。

1948 年 5 月,第七届全国运动会在上海召开,浙江大学派出 35 名选手参加比赛,并有多名教师前往担任裁判:舒鸿为大会篮球裁判长,高尚志、吾舜文为排球裁判,胡士煌、屠鼎瑛为径赛裁判,蒋新、章祖愈、杨鸿材为游泳裁判。

四、体育导师制

浙江大学的体育教学在中华人民共和国成立后又有了新的举措。1950年,为了提升学生的体育兴趣,当时负责全校体育事宜的体育课与学生会康乐部根据院系康乐干事联席会议的意见,决定推行体育导师制。所谓体育导师制,是指体育课每位教师分头深入到各院系,协助该单位体育活动的开展。这一制度的实行,既能增进师生间的联系,也有助于推动体育教学和活动。

---

① 《浙大学生》,第 3、4 期合刊,1937 年 6 月。

第五节　中华人民共和国成立后的新气象

中华人民共和国成立之初,即遵照《中国人民政治协商会议共同纲领》所确定的文化教育政策,对中华人民共和国成立前各级各类旧学校进行有计划、有步骤的接管和改造。杭州解放后,杭州市军管会文教部很快派出军代表接管了浙江大学,并逐步改组领导班子,建立校务委员会,推动知识分子的自我教育,从而使学校一切工作步入新的轨道。

一、成立新校务委员会

1949 年 5 月 3 日,杭州解放。5 月 4 日,原校务委员会和校应变委员会代表 44 人举行联席会议,经讨论决定成立浙江大学临时校务委员会,并宣布应变委员会停止工作。同日,浙江大学临时校务委员会成立,教育学系的郑晓沧教授担任临时校务委员会主席。

1949 年 6 月 6 日,杭州市军管会派军代表到浙江大学办理接管事宜,正代表是军管会文教部长林乎加,副代表是刘亦夫。上午 10 时,临时校务委员会召开会议,林乎加在会上讲了军事管制的性质、任务和要求,宣布成立由 9 名教师和学生代表组成的接管小组(教育学系孟宪承、陈立为接管小组成员),并表示在接管期间临时校务委员会继续行使职权,但凡学校作出的重要决定须由军代表签署意见。6 月 8 日,军代表发出第一号通告,宣布各院、处接管分组名单。当时规定接管人员不参加本学院的接管领导工作,因此孟宪承负责接管理学院,陈立负责接管教务处。当天,军代表发布公告,按照军管会文教部的通知,废除国民党党义、伦理学、国父实业计划、新唯识论等 11 门课程,停考哲学概论、政治学、社会学、土地法、罗马法等 12 门课程,同时宣布撤销师范学院,将教育学系并入文学院。

1949 年 8 月,浙江省人民政府委任马寅初为浙江大学校长兼校务委员会主任。第一届校务委员会由 19 人组成,其中包括新任命的文学院院长孟宪承和教育学系系主任陈立。孟宪承还是第一届校务委员会 8 名常务委员之一。

1950 年 10 月,根据中央人民政府教育部颁布的《高等学校暂行规定》的精神,高等学校校务委员会由校长、副校长、教务长、副教务长、总务长、图书馆馆长、各院院长、各系系主任、工会代表 4～6 人、学生代表 2 人组成。浙大第二届校务委员会有 45 人,文学院院长孟宪承、教育学系系主任陈立名列其中,孟宪承是第二届校务委员会 12 名常务委员之一。

二、接受新思想教育

1949 年的暑假,为了使浙江大学教职员能比较系统地学习革命理论、接受新思想教育,学校的教授会、讲师助教会、职员会和杭州市新教育研究会联合举办暑期学习会,教育学系的孟宪承、陈立、王承绪为暑期学习会干事。暑期学习会有 500 多名教职员报名参加,学习内容为"社会发展史""中国革命问题""革命人生观"和"新民主主义教育"。暑假后,学校成立政治课教学委员会,聘请教授、讲师、助教、学生代表、新民主主义青年团代表为委员。学生听课按院系分为若干大班,大班下分小组。第一学期的教学内容以"社会发展史"为主,第二学期以"新民主主义"为主,教学采用大会报告、小组漫谈和个人自学相结合的方式。在这次政治课的教学改革中,教育学系的孟宪承被聘为主讲教师。11 月 20 日,文学院学生会邀请院长孟宪承作学术演讲,题为"科学的历史观",到会者有 150 人。演讲分两大部分,先阐明"什么是科学的历史观点",继而讲明"怎么学习科学的历史观点"。他指示大家要把这一观点与思想结合起来,改造自己的思想;要把这一观点与文化结合起来,批判过去的文化,建设新民主主义的文化。

1950 年 11 月,浙江大学联合其他高校发出"抗美援朝,保家卫国"的宣言,同时在校内掀起时事学习的热潮。校委会规定全校教职员生的时事学习时间每天为 1 小时,学习资料采用《人民日报》《解放日报》《浙江日报》及《大公报》所登载的相关文章。教育学系积极响应这一号召,于每周六集中全体师生举行 2 小时座谈,先请系里的教师轮流就一周时事作综合分析报告,然后将师生混合分成 3 组进行讨论:二、四年级一组由孟宪承等 4 位教师参加;一年级一组由陈立等 5 位教师参加;三年级一组由俞子夷等 4 位教师参加。12 月 12 至 16 日,学校停课 5 天,开展声势浩大的学习和宣传活动。全校师生人人订立爱国公约,踊跃捐献"飞机大炮",以实际行动支援抗美援朝斗争。随后,政务院和中央军委发出"知识青年参加军事干部学校"的号召,学校连续开了几次动员会,省委宣传部长林乎加及副部长陈冰、俞铭璜等均到学校做报告。文学院院长孟宪承在动员会上号召文学院学生发扬"五四"革命精神,在祖国需要的时候投笔从戎、保家卫国。当时,整个校园报名入伍的气氛非常热烈。教育学系的学生积极性也十分高涨,报名的人很多,最终批准入伍的有姚文伟和胡笔军(女)。抗美援朝运动是一次深刻的爱国主义和国际主义的思想教育运动。经此运动,广大师生的觉悟得到进一步提高。

三、教改和教研活动

1949 年 6 月 1 日,由文学院陈立等教授发起成立杭州市新民主主义教育研究会(以下简称新教育研究会)。6 月 4 日,新教育研究会召开成立大会,与会者有浙江大学、之江大学教师三四十人。会议通过了新教育研究会章程,推选陈立为临时主席,孟宪承、王承绪、蔡邦华、苏步青、关浮海、陈干等 6 人为理事,俞子夷、杨耀德、王淦昌等为候补理事,王绮为秘书。该研究会成立后,按照"集体学习,改造思想,计划研究,革新教育"的宗旨,组织大家积极参与学校教改问题的讨论。新教育研究会的活动于 1950 年 1 月结束,历时 8 个月。①

浙江大学自 1949 年 6 月 6 日被接管后不久即成立改制研究会,并要求各院系成立研究小组,共同商讨全校性的改制问题。为了便于大家讨论和研究,改制研究会制定了《浙大改制研究大纲》,内容包括以下诸方面:(1)本校之使命及基本方针;(2)立法及行政机构;(3)人事制度;(4)院系及研究所之调整;(5)教学方法与态度;(6)课程与内容;(7)学则问题;(8)学生生活管理及公费制度;(9)生活问题及福利问题。是年 12 月,教育学系全体教师和学生代表在叔和馆心理实验室举行座谈会,讨论大学学制及课程改革等问题,俞子夷、王承绪、陈立、郑晓沧等教授均发表了自己的见解。大家的发言比较集中的有两条:一是关于学制,主张把大学分成 3 类,即专以研究高深学术理论为目标的综合性大学,以培养专门技术人员为目标的医、农、工等专科大学和以培养中级教育工作者为目标的师范大学;二是关于课程,主张废除学分制,重视学习的系统性和综合性。

1950 年 6 月,中央教育部召开第一次全国高等教育会议。会议明确规定新中国高等教育的方针和任务是:以理论与实际一致的方法,培养具有高度文化水平、掌握现代科学技术和技术成就、全心全意为人民服务的高级建设人才。9 月,教育学系根据高教会议精神,结合师资、课程等具体情况,成立教育学、心理学和方法行政三个教研组。教育学教研组开设的必修课有教育学、教育史、苏联教育等,心理学教研组开设的必修课有普通心理学、教育心理学、测验统计、发展心理、变态心理等,方法行政教研组开设的必修课有教学方法、文学课程、文科教材教法等。各教研组对每门课均制订详细的教学计划,并请学生代表参与其中,然后提交系务会议讨论通过。以心理学为例,该课程每周 12 学时,讲演 2 次(每次 2 小时),讨论与实验 3 小时;两周完成 1 个

① 　陈立:《从接管老浙大到院系调整》,载《杭大校史通讯》第 3 期,1987 年 1 月。

单元,教学后进行 3~5 小时的讨论,讨论前 20 分钟测验该单元所教授的内容;每学期规定至少学习 17 周,全学年共计演讲 68 次、讨论 18 次、实验 12 次。这次教学计划的制订,贯彻了学时制的基本精神,学生除上课听讲外,自修时间也完全被列入计划之内,这有助于养成学生有计划、有步骤的学习习惯。

当时,每门课均拟定课程大纲,在课程要旨中几乎都提出应有正确的指导思想。如陈学恂讲授"教育概论"的课程要旨是"依据科学的历史观点,说明和批判近代中国教育的特征,进而阐明新民主主义教育的概要";孟宪承讲授"西洋教育史"的课程要旨是"照社会发展变化的规律,说明和批判各个历史阶段的教育制度,及其主要教育家的事业和思想,指出社会和教育发展的必然方向";王承绪讲授"苏联教育"的课程要旨是"认识苏联文化教育建设的史实,了解苏联教育制度的理论与实施,学习苏联教育建设的经验";陈立、周淮水讲授"普通心理学"的课程要旨是"从辩证唯物论的观点,说明个体与环境之交互作用,以解释心理历程之由来与发展,扬弃狭隘行为主义的机械观,从社会实践以说明意识之地位,并使学生在实习中掌握科学之观察方法与分析统计之原则"。在课程的教法上,除教师的讲演外,还强调讨论、阅读、实习等。如陈立讲授"高级教育心理学"的教法要点是:"本学程着重有系统的自学,讲授时重启发性地指出问题,实验着重原则性的考验与有研究性的钻研";俞子夷讲授"学校行政"的教法要点是:"讲述、阅读、讨论、实践工作,如参观、调查、试拟计划等。"

1951 年 3—7 月,孟宪承为教育学系四年级学生讲授"马列主义名著选读",学生印象深刻,收获颇丰。是年 10 月,上海成立华东师范大学。紧接着,孟宪承被任命为华东军政委员会教育部长,兼任华东师范大学校长。

四、学做人民教师

1950 年 3 月,教育学系毕业班的学生在王承绪的带领下到浙大附中的分部进行教学实习,时间为 1 个月。以往的实习一般以分散为主,此次为有助于学科教学、生活管理与业务行政相结合,培养集体主义学习精神,系务会议决定采取集体实习的方式,由全体教授共同承任指导工作,并与附中教师共组实习指导委员会。实习之前,教育学系邀请附中分部的全体教师与教育学系教授进行座谈,让教授们了解附中的教学情况,以便确定工作方针及联系等问题,并可具体分配教课及学校行政的各项任务。就学生而言,在实习中要努力学习如何做一个人民教师,教学上力求理论与实际联系,避免纯粹的注入式教学,广泛利用小组讨论的形式,并配合进行思想政治教育。

由于领导的重视及准备工作做得充分,这次实习各方面均很顺利,学生也感到收获颇丰,不仅在教学技能上有了进步,也实践了如何处理与学生的关系。

五、参加社会实践

这一时期,教育学系的学生在完成学业之余,以生活小组的形式,积极参加各种活动,承担各项社会工作,有意识地培养自身的能力。为了避免工作集中在少数人身上,他们开展所谓"一人一事"运动。当时全系 50 名学生中,有 34 人分担了任务:工读小组 5 人,民众学校工作队 10 人,生活小组组长 10 人,学生会代表 4 人,干事 5 人。各生活小组在制订计划时,强调要搞好工读互助,除参加全校组织的农业生产和碾米厂工作外,还负责《浙江教育》的发行、抄稿、校对等工作,既可在工作中学习,也可解决一部分同学的经济困难。此外,他们一方面参与校学生会主办的民众学校工作,同时也举办夜中学、担任家庭教师。

1950 年冬,浙江省人民政府颁发关于农村冬学的实施办法,通令各地于今冬明春开展冬学运动。寒假里,省文教厅为深入了解各地冬学的办理情况,委托教育学系学生分赴嘉兴、临安两专区进行调查研究。教育学系 47 名留校的同学当时高兴地接受了这一任务,王承绪、董远骞、顾子含等教师也参与其中。

随后,土地改革运动全面展开。1951 年 10 月,按照华东军政委员会和浙江省人民政府的部署,浙大文学院的中文、外文、教育、历史、人类学等 5 个系师生 113 人(其中教师 27 人,学生 86 人)到安徽省五河县参加为期两个月的土改工作。五河地处皖北,是一个贫穷、荒凉的地方,即使在区政府或乡政府所在地,都没有像样的街道和店铺,甚至连邮政代办所也没有。陈立当时任土改工作队大队长,他对这一段经历印象深刻:

在五河,两个月的土改,时间虽不算长,但对我们这些过去对农村了解不多的师生来说,却是十分艰难而又宝贵的。说实在的,当地农村生活是十分艰苦的,土改队的师生大部分住在农民的泥房里,吃绿豆面、高粱饼、山芋,大米饭是很少见的。白天串门发动群众,参加劳动,晚上开会斗地主,搞分配,工作紧张,但过得很愉快,很有意义。大家的收获是巨大的,思想觉悟普遍提高了,对中国农村贫穷的根源,和摆脱贫困的道路开始有了了解。师生与农民和乡村干部之间的感情加深了。他们称土改队是共产党派来的,土改同志领着我们翻身做主人。①

---

① 陈立:《从接管老浙大到院系调整》,载《杭大校史通讯》第 3 期,1987 年 1 月。

第二章

浙江师范学院时期(1952—1958 年)

为了尽快发展新中国的高等教育事业,也为了适应社会主义建设对专业人才尤其是工业人才的迫切需求,我国在借鉴苏联教育经验的基础上,从1951 年下半年起逐渐对全国高等院校实施有计划、有重点的院系调整。8月,全国第一次师范教育会议就高等师范学校的调整和设置,提出"以大学文理学院为基础,改组成立独立的师范学院"的原则。11 月,教育部在京召开全国工学院院长会议,会上提出全国工学院调整的设想,其中关于浙江的方案是:"将浙江大学改成多科性的工业高等学校,校名不变;将之江大学的土木、机械两系并入浙江大学。"

1952 年 1 月,浙江省成立高等学校调整委员会,遵照教育部的统一部署,根据"以培养工业建设人才和师资为重点,发展专门学院,整顿和加强综合大学"的方针,对全省高等学校进行调整。经过调整,浙江大学成为多科性工业大学,其农学院组建成浙江农学院,其医学院和浙江省立医学院合并组成浙江医学院,其文学院、理学院和之江大学文理学院、浙江师范专科学校、浙江中苏友好协会俄文专科学校合并成立浙江师范学院。

院系调整后,浙江大学教育学系与之江大学教育学系等合并组建成浙江师范学院教育学系;体育教师一部分组建浙江师范学院体育科,其余分别在调整后的浙江大学、浙江农学院和浙江医学院继续从事公共体育教学。这一时期,学校的中心任务是学习苏联教育经验,进行教学改革,从事学术研究,以培养社会主义建设所需要的高层次人才。

第一节　院系调整后的教育学系

浙江师范学院院址在原之江大学(杭州市六和塔秦望山,现浙江大学之江校区),先设中文、外文(分俄语、英语两组)、教育 3 个系,后又设化学、生物、数学、历史 4 个系,并在原浙江师范专科学校 6 个专修科与原俄文专科学校俄语专修科的基础上增设体育、中文、教育等专修科。浙江师范学院由省文教厅厅长俞仲武兼任院长,焦梦晓任第一副院长,陈立任第二副院长,朱福炘任教务长,任铭善任副教务长(1954 年任命王承绪为副教务长),王相庭任总务长,王绮任院长办公室主任,朱子英任政治处(后改政治辅导处)主任。浙江师范学院成立之初十分重视党团组织建设。1953 年 3 月初,党委在全院师生员工大会上宣布公开党的组织,使之成为团结群众、领导并完成学校各项任务的核心。3 月 21 日召开团员大会,选举产生浙江师范学院团委会,曾钜生任团委书记,李德斋、金锵分任第一、第二副书记。1954 年 8 月召开首届团代表大会,选举曾钜生等 15 人组成新一届团委会。1956 年 6 月召开第一届党员大会,选举新的浙江师范学院党委会,焦梦晓为书记,朱子英为副书记。

院系调整后的教育学系,由浙江大学教育学系和之江大学教育学系合并组建而成,也包括浙江师范专科学校部分教师的加入,设教育学、心理学两个教研组,王承绪教授担任系主任;自 1956 年起建立党支部,邵宗杰为第一任书记。

一、教育学系的合并与发展

浙江师范学院教育学系,在原浙江大学教育学系的基础上,增加了之江大学教育学系,并有部分浙江师范专科学校教师的加入,实力更为强大。

之江大学是我国历史悠久的教会大学之一,其前身是 1845 年以美国北长老会差会名义在宁波设立的崇信义塾。崇信义塾于 1867 年迁至杭州,更名育英义塾,逐步发展为具有高等教育性质的育英书院;1911 年迁入新校舍,改名为之江学堂,不久改名为之江大学。之江大学自 1917 年暑假起将学制改为 5 年(正科 3 年,预科 2 年),新设制图学、教育学、社会学、哲学、心理学、物理学等课程;1920 年 11 月获准在美国哥伦比亚特区立案,取得学士学位授予权,并实行新学制,分文、理两科,设天文、生物、化学、数学、国文、英文、现代欧洲语、教育、地理、历史、生理、心理、哲学、宗教、社会学等15个系。1931年，根据教育部指示，原申请立案的美国南北长老会差会托事部将该校移交中华基督教会总会执行委员会接管，改校名为私立之江文理学院，废除大学预科，组织新的校董会。私立之江文理学院设文、理两院，文科有国文、英文、政治、经济、教育、哲学等系，理科有化学、数理、生物、土木工程等系。抗战全面爆发后，学校先迁到安徽屯溪，后移至上海租界，继而迁往福建邵武等地。1940年在上海时，校董事会决定恢复之江大学校名，并将文、理学院改组为文(设中文、英文、政治、教育等系)、商(设工商管理、国际贸易、银行、会计等系)、工(设土木工程、建筑工程、化学工程、机械工程等系)3学院。1946年春，之江大学结束了流亡的生活，返回杭州。1948年7月，国民政府教育部正式核准之江大学为包括文、工、商3个学院的综合性大学。

　　杭州解放后，之江大学在杭州市军管会的直接领导下，按照中央对私立学校所采取的"积极维持，逐步改造，重点帮助"方针，取消了党义、三民主义等课程，将宗教课列为选修，新开设社会发展史、辩证唯物主义及时事政策等政治课程，加强对学生进行爱国主义等思想教育。1951年1月11日，教育部根据政务院的决定发布《关于处理接受美国津贴的教会学校及其他教育机关的指示》。1月16日至22日，教育部在北京召开处理接受外资津贴的高等学校会议，确定处理原则、办法和接收工作中的具体政策及措施。之江大学的董事长、校长和学生代表曾钜生(中共地下党员，时任党支部书记兼团总支书记)出席了会议，他们一致拥护收回教育主权的决定。全校师生员工得知这一消息后也热烈响应。随后，浙江省人民政府文教厅长刘丹等到之江大学办理接收手续。1951年下半年，之江大学开展基督教"三自"(自治、自养、自传)革新运动，增强广大师生对新中国的热爱。其间，校系机构改革调整如下：文学院改为文理学院，周正兼任院长，设中国文学系(系主任王焕镳)、外国文学系(系主任黎照寰兼)、政治学系(系主任吴其玉)、教育学系(系主任张文昌)、数理学系(系主任周正兼)；商学院改为财经学院，胡继瑗任院长；工学院院长仍为廖慰慈。此外，钱钟祥为代理教务长，张强邻任体育主任。

　　之江大学教育学系历史悠久，始设于1920年。20世纪30年代，该系为加强对乡村教育的研究和实习，在学校附近开设农村夜校。抗战时期在上海办学时，学生经常利用课余时间到中小学兼课，以提高教学的实践能力。1951年上半年，全系师生根据教育部的指示，就新中国学制改革问题进行了多次讨论,提出《之江大学教育学系关于学制改革的意见》,认为新学制应该给"实行普及教育""加强中等教育和高等教育""注重技术教育""加强劳动者的业余教育和在职干部教育"等任务以极大发展的可能;新学制应该是一个完整的灵活的结构,既照顾目前国民经济的水平,使每一个儿童、青年和成人都能得到他所要受的教育,又要顾及未来国民经济的发展,使将来的教育有更大的发展。至 1952 年院系调整之前,教育学系共有学生 18 人(二年级 5 人、三年级 7 人、四年级 6 人);专任教师有教授 3 人、讲师 1 人。

浙江师范专科学校是 1951 年浙江省人民政府文教厅为解决师资紧缺问题而新建,由省文教厅与浙江大学联合创办,以培养各类合格的师资人才为目标,实行校长负责制,受文教厅和浙江大学双重领导,省文教厅副厅长俞子夷兼任校长,校址在浙江大学农学院(现浙大华家池校区)。该校设有历史、数学、物理、化学、地理、生物等 6 个专修科,各科科主任全由浙江大学调配,依次为陈乐素、毛路真、王谟显、王承基、李春芬和江希明,大部分任课教师也由浙江大学相关系科的教师兼任。浙江师范专科学校的学制为 2 年,第一届招新生 240 人,一部分由当地教育主管部门在应届高中毕业生中选择品学兼优的学生保送入学,另一部分是从杭州及各地县市的小学教师和校长、教导主任中选送。

院系调整后的教育学系共有学生 73 人(原浙大教育学系学生 55 人,其中一、二、三、四年级学生分别为 18 人、13 人、7 人、16 人,教育研究生 1 人;原之江大学教育学系 18 人)。合并后,全系师资队伍有所扩大,教授有陈立、王承绪、郑晓沧、俞子夷、张文昌(原之江大学教育学系主任)、吴劬(原之江大学)、段铮(原厦门大学);副教授有赵端瑛;讲师有陈学恂、周淮水、廖增瑞(原之江大学)、张定璋(原浙江师专)、吕静、孙士仪、董远骞、顾子含、魏春孚;助教有周豹(原浙江师专)、汪文鋈(原浙江师专)、余志珍(原之江大学)。此后,教育学系又调进陈书(教授)、邬振甫(讲师),并陆续增加了郭行一、李崇林、卢婉君、金锵、裴文敏、朱祖祥、邵宗杰、朱作仁、邵珊、张铁忠等年轻教师。

院系调整时,浙大教育学系的中外文图书杂志以及中小学教科书、工具书等有 5600 余册,心理学方面的研究设备也比较完整,计有各种测验器、计算器、摄影机、发声器、视觉仪器、幻灯机等百余件,可以做一些示范性实验(因数量有限,若是人数较多,做分组实验尚有困难)。之江大学也有部分相关的图书,仪器设备则基本是用于物理、化学等学科。浙江师范专科学校当时成立仅半年,除接收前浙江大学附中的部分图书外,大部分是新增的书籍和中外文期刊。

　　为了适应教育事业发展的需要，浙江师范学院对师资队伍的建设十分重视，制订了"边学边教，教与学相结合，稳步前进"的培养方针，采取三种方式来着力做好青年助教的培养和提高工作：一是师傅带徒弟，即由业务水平高、教学经验丰富的老教师指导已经确定培养方向的助教，从事进修和具体教学实践工作；二是边教边学，教什么学什么，即针对既没有师资又必须开的课，确定助教边教边学，自己学一节再向学生传授一节，以解燃眉之急；三是选送进修，即根据系科所缺，选送业务基础好的助教到国内著名大学、研究机构进修或出国留学。

　　教育学系对青年教师的培养也抓得很紧，如教育学教研组在1957—1958年度下学期所订的计划中有以下具体的规定和要求：

　　　　李崇林经过脱产学习已具独立开课能力，应在此基础上进行科学研究，提高教学质量，由张文昌担任指导，要求在1958—1959年度达到讲师水平；翁惠敏应在1959年达到讲师水平，其指导工作仍由赵端瑛担任，指导教师应帮助其阅读专著，指导读书报告或科学研究；其余讲师亦应关怀助教的培养，接受助教的指导教师所委托的任务，主讲教师应对助教进行专门的定期辅导。①

二、学术研究与批判

　　1954年3月，中共中央批转中国科学院党组的报告，指出全国高等学校集中了大量的科学研究人员，必须广泛开展科学研究工作，以提高教学与研究的水平。中共中央的这一指示为高校的科学研究指明了方向，提出了任务。6月15日，浙江师范学院副院长陈立即在浙江师范学院院刊《浙江师院》上发表了题为"关于在我院如何进行科学研究工作的意见"的文章，阐述开展科学研究与提高教学质量之间的相互关系，鼓励教师积极从事科学研究工作。为推动全校科学研究工作的开展，1955年2月，浙江师范学院成立学报编辑委员会，陈立任主任，任铭善、江希明、朱子英任副主任，同时成立学报编辑室。7月，《浙江师范学院学报》（人文科学版）第1期正式出版，陈立撰写了《发刊辞》，共刊登论文11篇。10月1日，学校在《1954—1955学年教学工作计划纲要》中制订了科研的任务和方法，并提出科学研究要遵循"大力提倡，积极推进，逐步开展，稳步前进"的方针。

---

　　① 见《教育学教研组"大跃进规划"及1957—1958年度下学期的具体要求》（油印材料），1957年4月26日。

　　教育学系的教师对于科学研究均有各自专攻的领域。俞子夷长期从事小学算学教学研究,自 1953 年起在省文教厅主办的《小学教学通讯》中发表了《小学算术应用题解答》《小学算术教学观察纪要》等一系列文章,同时从苏联《小学算术教学经验》《三四年级算术教学经验》等书中翻译介绍一些文章,有《算术课促进儿童积极思维的一个实例》《从数目的和、差求原数(和差问题)》《教学儿童开列应用题的条件》《二年级应用题解答》等。孙士仪也主攻小学算术教学法,曾于 1953 年 10 月在《文汇报》发表《关于〈包含除法〉的教学》一文,就小学算术教学的问题发表自己的意见。其余教师,如陈立、陈书、段铮、周淮水、吕静等专攻心理学,郑晓沧专攻世界教育史,陈学恂主攻中国教育史,王承绪、张文昌、张定璋、董远骞、魏春孚等主攻教育学,吴鷃与顾子含分别研究小学语文与小学地理教学法。

　　1955 年 11 月 28 日,学校召开编制 1956 年科学研究计划讨论会,提出今后要以学术批判为武器,积极开展科学研究,做到"有组织、有领导、有重点、有计划,结合教学,联系实际",并确定了科研工作的主要范围和选题。这期间,教育学系教师根据各自的专攻方向开展学术研究,撰写相关的学术论文。如王承绪翻译《马克思和恩格斯的教育学说》;陈立研究"指导在学龄前儿童知觉中的作用";段铮从事新中国儿童生活理想的调查研究,撰写《从巴甫洛夫高级神经活动学说的观点看性格心理学》;郑晓沧撰写《廓米纽斯(即夸美纽斯)是谁》等文章;周淮水研究"心理学的直观教具";张定璋研究"巴甫洛夫学说与教育学"等。这些成果虽然大多未公开发表,但均丰富并加深了各自领域的研究。同时,在"学术大批判"的形势下,教育学系也组织撰写了一些批判性的文章,如对美国实用主义教育家杜威的批判、对梁漱溟教育思想的批判等。

　　1956 年 1 月,中共中央召开关于知识分子问题会议,发出"向科学进军"的号召。周恩来总理在报告中充分估计了知识分子几年来所取得的进步,强调要调动他们的积极性,为建设国家贡献力量。周总理还特别指出:"各个高等学校中的科学力量,占全国科学力量的绝大部分,必须在全国科学发展计划的指导之下,大力发展科学研究工作,并且大量地培养合乎现代化水平的科学和技术的新生力量。"党中央的号召和周恩来总理的报告极大地鼓舞了全体教师,给全校的科研工作带来了蓬勃生机。3 月 31 日,浙江师范学院举行第一次科学讨论会。这次会议既是对前几年科研工作的检阅,也是对进一步推动科学研究的动员,历时 4 天,盛况空前。为了加强学术交流,开展自由讨论,会议邀请浙江大学、复旦大学、南京大学、华东师范大学、南京师范大学、江苏师范学院、安徽师范学院、上海师范专科学校、上海财经学院、浙江农学院、浙江医学院等省内外兄弟高校的专家教授80多人,以及杭州第一中学、杭州第二中学、杭州第四中学、杭州女子中学、杭州安定中学、杭州宗文中学、幼儿师范、萧山师范等校的代表。各系教授和一些中青年教师踊跃参与讨论,提交的论文共计79篇。教育学系在科学讨论会上发言的有陈立、陈书、吴嬲、陈学恂、董远骞、张定璋诸先生,发言的内容分别是《四至十五岁儿童身体发展的研究》《巴甫洛夫的辩证唯物主义思想》《杜威思维训练理论批判》《梁漱溟教育思想批判》《教育学课中的思想政治教育》和《巴甫洛夫学说在教学原理上的应用与解释》。

　　1957年,陈立受到苏联心理学研究的启示,开始研究劳动心理学,并与中国科学院心理研究所的曹日昌合作,在《心理学报》上发表《德意志民主共和国的劳动心理学》一文,详细介绍了德意志民主共和国劳动心理学的一般情况、工作范围、任务、方法,以及正在进行的研究工作,并谈了自己的体会。文章说:"民主德国的心理学家们把开展劳动心理学看作推动整个心理学的有力工具,这是心理学家理论结合实际的具体措施。一门科学如果能够直接为人民服务,它就可以得着强大的生命力。生产实践是人类最基本的实践活动。心理学不能完全离开这些基本的实践活动来进行研究。我们强调心理过程的社会制约性,我们就要从劳动实践中研究心理学的规律。"①陈立在《浙江日报》发表的《苏联心理学给我们的启示》一文中,再次强调理论联系实际对于科学研究的重要意义:"今年,我又开始做些劳动心理学方面的研究工作,如关于操作法的合理化问题。这一工作现在虽然刚开始,说不上什么成绩,可是理论与实际相联系,显然是正确的途径。因为苏联心理学特别强调心理的形成和发展是在具体活动中进行的,这样,我们就更加认识清楚劳动心理学的研究不只有实际意义,而且更有丰富的理论意义。"②

第二节　体育专修科的成立

　　体育科创建于1952年春,以培养体育师资为目标,时称"体育专修科",

---

　　①　陈立、曹日昌:《德意志民主共和国的劳动心理学》,《心理学报》1957年第1卷第2期。

　　②　陈立:《苏联心理学给我们的启示》,《浙江日报》1957年10月29日。

是浙江师范学院最早成立的专修科之一,也是新中国最早成立的体育系科之一。体育科起初设在杭州市体育场路省体育场(今杭州市体育中心),继而迁往六和塔浙江师范学院,后又回到体育场路北首(今浙江日报社所在地)。

一、体育科的创建

体育科创建时在体育场路省体育场,条件十分艰苦,教学设备相当简陋,曾以敌伪时期在体育场留下的马房作校舍,利用明德女中部分旧课桌和器材作教学器具。为此,省政府拨专款在浙江师范学院新建 400 米泥沙跑道田径场和简易活动室,并购置一些体育器材。1952 年 8 月,体育科迁至六和塔。

此后,随着学校规模的迅速扩大,原有校舍显得拥挤不堪。1954 年秋,浙江师范学院决定将体育、政治、中文、历史等系科迁至体育场路北首。迁址后的体育科建起 300 米跑道田径场、4 个篮球场、1 个竹棚体操房和 1 个舞蹈房,还购置一些体操器材。1956 年以后,体育科进一步扩建场地,兴建了 400 米煤渣跑道田径场、足球场,以及 1 个竹棚球类房(内置 2 个篮球场)、6 个排球场、1 个举重房、1 个射击场和 2 个网球场,还有斜坡跑道和室内木屑跑道等(在今浙江日报社、杭州市体育馆,浙江体育大厦所在地)。

体育科主任是我国著名体育教育家舒鸿教授,他与负责政治思想工作的吕树本、负责教务工作的方载震及负责财务工作的朱可文等共同担当起体育科初创时期的建设任务。为了办好体育专修科,舒鸿首先着眼于组建强有力的教师队伍,他先后调进 20 世纪二三十年代毕业于国立南京中央大学体育学系的专门人才,其中有当时浙江大学的胡士煊副教授、屠鼎瑛副教授,省体育场场长朱守训副教授,之江大学的张强邻副教授,及李华英、宋松山等;同时聘请浙江大学的吾舜文、蒋新、杨鸿材、黄华烈,以及金志培、杨山农、赵诚等专家为兼课教师。1952 年秋,刚毕业于山东师范学院体育学系的燕琳、张琦二位青年被分配到体育科任教。1956 年,胡士煊被提升为副主任。

为了加强体育的专业教育,体育科自 1955 年起先后成立 5 个教研组。

生理卫生教研组于 1955 年成立,组长屠鼎瑛,浙江嘉兴人,1921 年毕业于南京高等师范学校体育科,擅长人体解剖、生理卫生和体育教学法,是国家级田径裁判。

田径教研组于 1956 年成立,组长朱守训,浙江鄞县人,1932 年毕业于国立南京中央大学体育学系,擅长田径运动训练、运动裁判法和体育行政等教学,是国家级田径裁判。

球类教研组于 1956 年成立,组长张强邻,浙江海宁人,1931 年毕业于国立南京中央大学体育学系,擅长足球、网球运动,对球类运动的教学训练和竞赛裁判法研究颇深,是国家级足球裁判。

体操教研组于 1956 年成立,组长宋松山,江苏泰兴人,1946 年毕业于国立南京中央大学体育学系,擅长体操运动教学、训练和竞赛裁判法的教学研究,是国家级体操裁判。

公共体育教研组于 1956 年成立,组长方载震,浙江金华人,1933 年毕业于国立南京中央大学体育学系,擅长田径、游泳、游戏等项目的教学研究和竞赛工作,对体育场地、器材设施、场地建筑经验丰富,是国家级田径裁判。

二、体育教学与训练

体育科的学制为 2 年,主要培养中等学校的体育教师及体育干部,开设的课程有政治、教育学、心理学、体育行政、体育理论、体育教学法、人体解剖、生理卫生、急救按摩、竞赛裁判法、场地建筑、田径、体操、球类（篮、排、足、网、乒乓等）、武术、游泳、游戏、举重、舞蹈、教学见习、教育实习等,后又增加重竞技（武术、拳击等）、音乐等。专业课程所用教材,主要参考北京、上海体育学院的相关教材,或由教师自行制订大纲,自编教材、讲义。教学训练中,教师一方面注重思想教育和体育专业知识、技能技术的传授,另一方面注重培养学生实践能力,特别重视为二年级安排为期 4~6 周的去中学和社会的集中实习活动,要求学生严格执行实习大纲,了解实习学校体育工作实际,试教体育课,听、看体育课等,结束时写好实习报告。5 个教研组成立后,经常开展各种教研活动,如教师集体备课,互相听、看课,以及研究教材教法。

在办学过程中,体育科经常举行运动竞赛,参与社会各种运动会的裁判工作和社会体育服务工作,并选拔选手参加比赛。1954 年 10 月,浙江省举行第二届省运动会时,体育科的部分师生是杭州市代表队拿名次得分的主要选手,详见表 2-1。

表 2-1 体育科师生参加浙江省第二届人民体育运动大会取得成绩一览

代表队名称	姓名	性别	届别	项目	成绩	名次	教练
杭州市	钱佳青	男	1956	200 米栏	27.6 秒	1	舒　鸿 朱守训 胡士煊 蒋　新 张　琦 黄华烈
	朱银如	男	1954	110 米栏	17.9 秒	1	
	黄成坤	男	1955	跳　远	5.88 米	2	
	郑文友	男	1954	铅　球	9.94 米	2	
	高传珍	女	1956	铁　饼	25.12 米	2	
	鲍三凤	女	1954	标　枪	26.11 米	1	
	李粹英	女	1956	铅　球 铁　饼	8.59 米 25.75 米	1 1	

由于在几位教授、副教授的带领下,体育科的教学和训练搞得很出色,20 世纪 60 年代《体育报》曾发表《西子湖畔的体育教授》一文,赞扬这些体育专家对体育教育所做出的贡献。

体育科自 1952 年创办至 1958 年暑期,为国家共计培养了 330 余名体育专门人才。1954 年,第一届 82 名学生毕业时实行全国分配,他们把党的需要看成是自己的第一志愿,高高兴兴地奔赴祖国各地。其他各届学生(1955 届 31 人,1956 届 93 人,1957 届 39 人,1958 届 90 人)大多在省内就业,一般被分配在中等学校和高校担任体育教师,或去业余体育学校担任教练员和政府机关担任体育干部。体育科也注重在自己培养的毕业生中挑选优秀学生留校,充实各个教研组。如 20 世纪 80 年代体育系主任、国际级体操裁判王明海教授,就是 1954 年第一届毕业生。体育科每年都遴选学生留校。这些年轻教师经老教师的传、帮、带,或脱产去北京体院、上海体院攻读研究生(燕琳、王明海、唐珍贤等),逐渐成为教学训练的骨干力量。

第三节　学习苏联教育经验

院系调整基本完成后,高等教育部即指示全国高等学校进行教学大改革。这次教学改革是以苏联高等教育为样板,从培养模式、教学内容、教学方式、教学研究、教学组织、考试制度、体育锻炼等各个方面,全面、系统地学习苏联教育经验。

一、制订新的教学计划

1952年,中央教育部委托北京师范大学在苏联专家直接指导下制订了《师范学院教育计划草案》。随后,新成立的浙江师范学院也提出"依靠群众,学习苏联经验,开展教研活动,逐步改革教学内容和教学方法,提高教学质量,培养合格师资"的教学改革思路。各系科则根据这一思路,相继制订教学计划,拟订各科目教学大纲,并组建不同的教研组和教学小组,逐步建立并健全教师集体备课、课堂观摩、课堂讨论、课后评议、教学周历和学生考勤、辅导、考试考查、教育实习等制度。

1953年9月,中央教育部组织召开第一次高等师范教育会议,提出高等师范院校的教学改革既要积极向苏联学习,又要结合中国实际,有重点、有步骤地进行。此后,各系科均对教学计划和教学大纲做了修订。为总结交流各系科编写教学大纲的经验,时任副教务长的王承绪教授于1954年9月主持召开了首次教学大纲报告会,并且从是年开始建立教学日历制度,使教师教学活动的计划性进一步加强。

1954年12月,中央教育部柳湜副部长和苏联专家费拉托夫教授等一行对浙江师范学院做了为期6天的视察,与各系系主任进行座谈指导,对全面学习苏联起了很大的推动作用。中央教育部在对包括浙江师范学院在内四所师范学院进行视察后所形成的报告中称:各校均贯彻了中央人民政务院颁布的《关于改进和发展高等师范教育的指示》,执行中央教育部颁布的暂行教学计划和学习苏联的方针,在教学组织,在利用苏联教材及编写教学大纲、讲授提纲和讲稿等方面,做了极大的努力。同时,报告也指出师范学院教学工作存在的缺点,主要表现在教师的讲授存在严重的教条主义,教学中对资产阶级思想的斗争极为不力,对教学计划中规定的各种教学形式和方法注意不足,有严重脱离学生实际和中学实际的现象。

1956年9月,教育部颁布《关于执行高等师范学校暂行教学计划的若干临时措施的通知》。该通知认为,加强培养学生独立思考、独立研究能力是当前提高高等师范教育质量的关键性问题,鉴于以往教学中上课时间多自修时间少、学生专业训练不够等弊端,对公共政治理论课、公共教育课、外语课、专业课、教育实习、学年作业、课堂讨论、实验课、答疑辅导、考试考查等均提出相应的改进措施。该通知还要求各校立即组织教师进行讨论,对原有教学计划做出必要调整,并于11月底前上报教育部。

当时,为配合教学计划的重新修订,全校各系科的教研组针对"全面发展"的教育方针和"因材施教"等问题进行了座谈和讨论。教育学系的教师在讨论时普遍认为:"全面发展"不等于"全能发展",也不等于"各方面齐头并进",如果在实际教学中不注重培养学生的独立工作能力,不尊重学生的特长和爱好,实际是降低了人才培养的标准。针对能否将"因材施教"作为教育方针内涵之一的问题,教育学系的教师在发言中提出:"全面发展"已经包括了"因材施教"的意思,"全面发展"并不是"平均发展",这在以往教育学的讲课中已有阐明;马克思主义的教育学强调从实际出发,而"因材施教"的做法就是从实际出发,所以应该将其视作一种方法,而不能作为方针。大家的讨论还涉及"因材施教"与完成教学计划的关系问题,从而更清楚地认识到修订教学计划的重要性和必要性。

　　经过讨论统一认识后,教育学系即遵照教育部《关于执行高等师范学校暂行教学计划的若干临时措施的通知》的精神对教学计划进行了修订。修订后的教学计划(见表2-2)明确规定教育学系以"培养师范学校的教育学和心理学教师"作为任务,学制4年,课程设置分政治理论科目、专业和与专业相邻的科目、一般文化科目及教学实习等几大类。政治理论科目包括马列主义基础、中国革命史、政治经济学、辩证唯物主义和历史唯物主义,专业和与专业相邻的科目包括教育学、教育史、心理学、小学教材及教法、心理学教学法、专题课堂讨论、逻辑学、人体解剖生理学和学校卫生,一般文化科目有中国文学、世界通史、中国通史、现代文选与习作、俄语等。在教育学系的教学安排中,前3个学年以传授基础知识和专业知识为主,同时通过系统的马列主义理论教育,结合教育实习、课堂讨论、学年作业、实验等教学形式,培养学生的政治素养和独立研究能力。在新的教学计划中,教学实习(包括见习和实习)构成了教学中的重要环节,其中教育见习主要配合教育教学过程进行,持续两年之久。教育学系的学生除了在小学和师范学校实习外,还有两周在文教机关实习。

表 2-2　教育学系暂行教学计划(1956 年)

科目	按学期分配			时数				一学年		二学年		三学年		四学年	
					其中			第一学期18周	第二学期17周	第一学期18周	第二学期17周	第一学期18周	第二学期11周	第一学期12周	第二学期11周
	考试	考查	学年作业	总计	讲授	实验	实习课堂讨论等	每周时数							
马列主义基础	2	1		210	154		56	6	6						
中国革命史	4	3		140	102		38			4	4				
政治经济学	6	5		145	104		41					5	5		
辨证唯物主义和历史唯物主义	7,8			113	86		27							4	5
体育		2,4		140			140	2	2	2	2				
俄语		1,2 3,4		210			210	3	3	3	3				
世界通史中国通史	1,3	2,4		175	138		37	2	3	3	2				
中国文学	4			105	90		15					3	3		
现代文选与习作		1,2		140	108		32	4	4						

续表

科目	按学期分配			时数				一学年		二学年		三学年		四学年	
	考试	考查	学年作业	总计	其中			第一学期18周	第二学期17周	第一学期18周	第二学期17周	第一学期18周	第二学期11周	第一学期12周	第二学期11周
					讲授	实验	实习课堂讨论等	每周时数							
人体解剖生理学(学龄期)	1,2			140	84		56	4	4						
学校卫生	6	5		69	52		17					2	3		
逻辑学	2			70	56		14	2	2						
普通心理学	1,2	1,2	2	175	106	35	34	5	5						
儿童心理学	4	3	4	105	78		27			3	3				
教育学	3,4,6	3,5	4,6	270	202		68			6	4	4	2		
教育史	5,7,8	6,8	6,8	230	170		60					4	4	4	6
小学各科教材教法	3,5	4,6		238	182		56			3	4	4	4		
教育学教学法	7			46	34		12							2	2

续表

科目	考试	考查	学年作业	总计	讲授	实验	实习课堂讨论等	一学年第一学期18周	一学年第二学期17周	二学年第一学期18周	二学年第二学期17周	三学年第一学期18周	三学年第二学期11周	四学年第一学期12周	四学年第二学期11周
心理学教学法	5			36	28		8					2			
教育学课堂讨论		7		72			72								
心理学课堂讨论		5,6		58			58								
教育史课堂讨论		8		44			44								
教育见习		3,4 5,6		186			186			2	2	4	4		
总时数				3117	1774	35	1308	28	29	29	27	25	24	10	11
次数 作业			3						1					1	1
次数 考试			25					3	4	4	4	3	3	3	2
次数 考查			31					4	5	5	5	5	4	1	2

二、翻译、编写新的教材

在学习苏联教育经验的过程中,各系均组织力量翻译苏联教材或自编讲义。据1953年统计,全校共开设课程165门,其中全部或部分采用苏联教材的84门,占一半以上;自编讲义26门;自编教学提纲10门;其余课程也均有详细的讲稿。此后,采用苏联教材的课程不断增加。1954 年 6 月,上海《文汇报》曾对浙江师范学院的情况做了如下报道:"在教学改革中,他们学习了苏联先进的教学经验,并逐步地加以吸收。现在,全校有百分之六十九以上的教材采用了苏联教材,有的系科甚至百分之九十以上采用了苏联教材;有一些课程已采用了课堂讨论和口试等先进的教学方法。为了更好地学习苏联的先进经验,许多教师参加了俄文夜班的学习,目前已有一部分教师在翻译苏联教材。"[1]至 1954 年下学期,全校共开课 153 门,其中采用苏联教材的有 41 门,参考苏联教材的有 79 门,共计 120 门。

　　体育科学习苏联体育经验后,全盘推出苏联的"劳卫制"(全称是"准备劳动与卫国体育制度"),理论课以原版照译照印的苏联凯里舍夫编著的《苏联体育教育理论》为主要教材。教育学系的主干课程教育学和全校公共教育学的教材则采用凯洛夫主编的《教育学》,这是教育理论界一次重大的根本性改革。长期以来我们一直以西方教育理论为借鉴的源头,中华人民共和国成立后开始转而将苏联视作学习的榜样。凯洛夫是苏联著名教育家,曾任俄罗斯联邦教育科学院院长、俄罗斯联邦共和国教育部部长,代表性成果是 1948 年出版的由其主编的第二版《教育学》。该著作详细分析了社会主义教育学的性质、对象、任务、党性原则及其框架结构,讨论了教育的性质、起源、作用与特征,研究了社会主义教育的目的及其组成部分,提出了关于教学过程的本质、阶段、教学的方法、教学的组织形式等教学论问题的基本观点,探讨了社会主义教育实践中的德育、劳动教育、教师等基本问题。当时国内教育界普遍认为:苏联教育学是教育学理论发展的最高历史阶段,是马克思主义的真正科学的教育学,而凯洛夫主编的《教育学》是体现苏联教育科学研究成果的最好范本。

　　1956 年 8 月,浙江师范学院制订的《1956—1957 学年教学工作计划》提出各系各教研组应有计划地组织教师加强对教材的钻研,尚无教材的可组织力量进行编写,对已编的提纲或讲义应加修改,以提高自编教材的质量。遵照这一指导思想,教育学系于 1957 年发动教师自编讲义,计划在两三年内基本做到每门课程都有讲义。当时制订的具体计划如下:(1)教育学讲义(公共科目)——1958 年 4 月底完成;(2)教育学学习指导书(函授生用)——1958 年完成;(3)教育学参考资料(教育学系及教育函授科用)——1958 年年底完成;(4)中国教育史讲义——1959 年完成;(5)小学算术教学

---

①　言力:《华东区高等学校介绍·浙江师范学院》,《文汇报》1954 年 6 月 30 日第 3 版。

法讲义——1958 年完成;(6)小学语文教学法讲义——1958 年完成。

三、重视教学过程与教学实践

重视教学过程和教学实践,也是苏联教学经验的一个重要特点。1956 年 8 月,浙江师范学院在制订《1956—1957 年学年教学工作计划》时强调:要克服教学中的教条主义和形式主义,在教学过程中的一切环节都应注意培养学生独立思考和独立工作能力;对各种教学形式的运用,各系和教研组可以单独或联合组织经验交流;教育实习工作应与和中学的联系工作紧密结合起来,取得实习学校人力和物力的帮助,本年度可考虑个别系赴外埠学校实习。

1957 年上半年,教育学系的各教研组均根据这一精神制订工作规划,具体规定了 1957—1958 年度下学期的教学任务、教学要求及注意事项等。为了与当时的"大跃进"形势相契合,该规划被称为"大跃进规划"。以下是教育学系教育学教研组"大跃进规划"的主要内容,从中可反映出教育学系、体育科乃至全校各系科的教学改革动向。

教育学教研组的教师除为教育学系学生开设专业课外,还承担全校的公共教育学课程。"大跃进规划"提出公共教育学的教学工作要加强理论联系实际,克服教条主义,注意对资产阶级教育思想的批判,联系学生思想实际,教学方法上注意平时考查,加强课外辅导。1957—1958 年度下学期的公共教育学平时考查不得少于 3 次,见习要有 2 次,具体教学安排如表 2-3 所示。

表 2-3　1957—1958 年度下学期公共教育学的教学安排①

班级类别	班级数量	任课教师
山上普通班、山下普通班教育学	2	董远骞(翁惠敏辅导)
地理专修班教育学	1	张定璋、董远骞
中文系教育学	2	魏春孚
历史系、外语系教育学	1	张文昌
化学系教育学	1	李崇林

---

①　见《教育学教研组"大跃进规划"及 1957—1958 年度下学期的具体要求》(油印材料),1957 年 4 月 26 日。

班级类别	班级数量	任课教师
物理系教育学	1	李崇林
生物系教育学	1	赵端瑛
地理系教育学	1	赵端瑛
化学系教育学	1	赵端瑛
体育科教育学	1	张文昌

强调本系教育学科的教学应联系中学、小学或师范学校的实际,加强课外经常性的见习、实习,是教育学系制订新教学计划的特点,也是"大跃进规划"中所突出的重点。该规划要求讲师以上的教师每年写出联系中学(或师范、小学)的论文至少一篇,3年内做到能成功地分析中等学校课堂教学至少在3门学科以上,其中一门应达到专精;注意研究中学(或师范、小学)教育问题,特别是道德教育、勤工助学、班主任工作等,3年内做到能在较高水平上处理班主任工作中的实际问题。为了达到这一要求,教育学教研组采取以下具体措施:(1)全组教师轮流到中学(或师范、小学)担任工作半年至1年,5年内基本完成;(2)轮流脱产参加省教育厅的视导工作;(3)脱产参加实习指导工作,并结合联系中学实际;(4)经常利用业余时间联系中学,每周抽出半天至1天到中学(或师范、小学)去;(5)参加附中的工作。

教育学教研组除了强调联系中学(或师范、小学)教育实际,还在规划中做出指定专人负责联系教育厅局及学校各科教学法教研组的规定。他们认为联系教育厅局主要是为了取得教育行政领导的指示与帮助,使教育更好地为社会主义建设服务;联系各科教学法教研组主要是了解情况,互相学习,互相帮助,使面向中学(或师范、小学)的工作能进一步提高。教育学教研组安排教师分头联系教育厅局及各科教学法教研组的具体分工如下:教育厅由翁惠敏负责联系;教育局由张文昌负责联系;地理教学法教研组由张文昌负责联系;历史教学法教研组由赵端瑛负责联系;数学教学法教研组由董远骞负责联系;生物教学法教研组由李崇林负责联系;中文教学法教研组由魏春孚负责联系。

第四节　反右斗争的扩大化

　　1957 年,一场以正确处理人民内部矛盾为主题的党的整风运动在全国兴起。整风运动的初衷是听取群众的批评意见,克服党内存在的脱离实际的主观主义、宗派主义和官僚主义作风,但由于受"左"的思想影响,最终犯了严重的扩大化错误,把众多提意见者定性为右派向党进攻,把他们所提的批评和建议视为反党、反社会主义言论,主要打击对象是知识分子,尤其是高等学校的高级知识分子。

　　1957 年 4 月 27 日,中共中央发出《关于整风运动的指示》,此后多次号召和鼓励党内外群众帮助党整风。5 月 8 日至 6 月 3 日不到一个月的时间,中共中央统战部召开 13 次民主党派负责人座谈会。5 月 15 日至 6 月 8 日,中共中央统战部和国务院第八办公室联合召开 25 次工商界人士座谈会。在此期间,全国省市以上的党政机关、大专院校、新闻出版界、文艺界、卫生界、科学技术界及民主党派也都召开了动员会、座谈会、鸣放会。5 月 31 日至 6 月 1 日,浙江省在杭高校先后举行整风动员大会,整风运动随之在各个学校全面展开。

　　在整风运动过程中,绝大多数人抱着对社会主义事业的高度责任感,以良好的愿望帮助党整风,指出党和政府工作中所存在着的缺点和不足,并就几次大的政治运动中的问题及不合理的规章制度提出批评和建议,虽然有的言词比较偏激,有的意见提得相当尖锐,但均出于善意。当然,也确有极少数人借着"大鸣大放"的时机,攻击新生的社会主义制度,否定党的领导。面对这样复杂的局面,中央做出了错误的判断,将当时的形势看成是"黑云压城城欲摧",是右派分子向党发起的猖狂进攻,必须坚决予以反击。紧接着,原先声势浩大的整风运动很快转变为反右派运动,并迅速扩大化,甚至于有些对本单位、本部门及部分党员干部所提的批评意见,也被当成反党、反社会主义的言论,作敌我矛盾处理。

　　由于中央将斗争的重点圈定在民主党派和高等学校中间,高等学校便成了反右派运动的重灾区。据高教司 1957 年 8 月对全国 205 所高校(当时高校共有 229 所,其中 24 所未上报有关材料)的统计,被划定为"右派分子"

的教师和学生有 17769 人,占师生和干部总人数的 3.6%。[①] 另据记载,浙江全省高等学校师生中有 413 人被错划为"右派分子",占总人数的 2.8%。[②] 在这场运动中,教育学系有 4 名教师和 6 名学生被错划为"右派",其中 3 名教师是民主党派的负责人。

反右斗争严重扩大化使党对知识分子的政策从总体上出现了偏差乃至方向性错误,把相当数量的拥护社会主义和共产党的知识分子推向对立面。其在高等学校的直接后果是伤害了一大批有才华的教学骨干和学术带头人,给他们带来了长期的痛苦;也使广大知识分子,特别是高级知识分子在心理上产生了阴影,致使高等学校长期以来形成的"百花齐放,百家争鸣"的优良传统在很大程度上受到遏制。

反右斗争严重扩大化,违反了正确处理人民内部矛盾的总方针,妨碍民主生活的扩大,使党内党外逐步形成"万马齐喑"和个人迷信的政治局面;同时使我们党和国家长期陷入阶级斗争的迷雾,严重地干扰了社会主义经济建设,影响了国家实力和人民生活水平的提高。

[①]　董宝良:《中国近现代高等教育史》,华中科技大学出版社 2007 年版,第 295 页。

[②]　张彬:《浙江教育史》,浙江教育出版社 2006 年版,第 755 页。

第三章

杭州大学时期(上)(1958—1978 年)

1958 年上半年,浙江省委决定筹办综合性的杭州大学,暂设中文、新闻、历史、数学、物理、化学、生物 7 个系,校址设在杭州市文三街(原省委党校和省工农速成中学的校址),当年招生 488 名,9 月正式开学。不久,省委再次决定将杭州大学并入浙江师范学院,成立以浙江师范学院为主体的杭州大学。合并工作自 1958 年 10 月中旬开始,至年底结束。原浙江师范学院教育学系从此时起成为杭州大学教育学系,而体育专修科却辗转发展,直至 1965 年才回归杭州大学。

第一节　教育学系的曲折发展

合并后的杭州大学设中文、历史、政治、新闻、外语、教育、数学、物理、化学、生物、地理 11 个学系。杭州大学教育学系基本是浙江师范学院时期的原班人马,陈学恂、王绮任副主任,由陈学恂主持工作。当时全系有学生 87人(其中 1956 级 60 人,1957 级 27 人);教职员 38 人,分别是陈立、郑晓沧、张文昌、段铮、陈书、王承绪、赵端瑛、陈学恂、王绮、周淮水、吕静、董远骞、张定璋、魏春孚、顾子含、汪文鋆、朱祖祥、周豹、卢婉君、金锵、李崇林、郭行一、邵宗杰、何瑞良、翁慧敏、朱作仁、严帼异、余铁中、陈绣春、邵珊、张铁忠、储笑天、曾仲发、邹振霞、辛航、裴文敏、吴嫡、赵冕。

杭州大学成立的初期,教育事业经历了一个大胆探索、曲折发展的阶段,其间既有整风反右、"大跃进"和"教育革命"等运动的干扰,也进行了一些教育改革的尝试,取得了一定的成效。这一时期,教育学系的发展受"左"倾思潮的影响,几经曲折。

一、两次"教育大革命"

1958 年 5 月,中共八届二中全会通过了"鼓足干劲,力争上游,多快好省地建设社会主义"的总路线。于是,在迫切要求改变我国落后状况但对社会经济、文化发展规律认识不足的情况下,各行各业出现了"大跃进"局面,教育领域也不例外。教育"大跃进"不仅表现为事业的盲目发展,而且在"左"倾思想指导下先后掀起了两次"教育大革命"。

第一次"教育大革命"始于 1958 年 5 月,其指导思想是贯彻落实"教育为无产阶级政治服务,教育与生产劳动相结合"的方针,进一步纠正前几年学习苏联教育经验中所出现的教育脱离生产劳动、脱离实际、忽视思想政治教育、忽视党的领导等教条主义倾向。因而,浙江省各高校学生参加生产劳动和社会活动的时间大大增加。杭州大学自 8 月中旬开始,出现大办工厂、大办农场的热潮,校园内小高炉林立,师生们日夜苦战,大炼钢铁,向国庆献礼,致使新学期推迟到 10 月 6 日才开学,并且开学后大家仍然是边上课边劳动。当时,教育学系的师生大多前往农村,其中骨干教师和青年教师报名到萧山县欢坛乡,两个班的学生则在总支书记带领下前往金华县新狮乡,与农民同吃同住同劳动,直至 11 月才返回学校。这一年,师生人均参加劳动达 95 天之多,且 70％的劳动时间集中在下半年。由于劳动过多,停课过多,冲击了正常的教学秩序,严重影响了教学进度,使教育质量急剧下降。

与此同时,1958 年的"教育大革命"采用群众运动的办法对资产阶级教育思想和学术思想进行批判,在高等学校开展所谓"拔白旗,插红旗"运动,把一批坚持实事求是科学态度、对"大跃进""大革命"有不同意见或持怀疑态度的知识分子视为"白旗",予以打击。在"教育大革命"中,心理学科成了"拔白旗"的重灾区。对心理学中所谓资产阶级学术观点的大批判始于北京师范大学,不久波及杭州大学,陈立被定为批判的对象。教育学系自 1958 年 11 月 25 日起至 1959 年 1 月 26 日停课两个月,师生们先后成立"求是""求真""争红""解放""红旗""东方红""星火"等 18 个小组,共计进行 1000 次以上的小型辩论会,并在此基础上举行 7 次(每次都历时 2 天以上)全系辩论大会,发言者达 108 人次,围绕着"心理学科的性质""对西方资产阶级心理学的态度""陈立的心理学思想与世界观"等三个问题展开。这次"教育大革命"起初称为"心理学大辩论",后来又改称"心理学大讨论"。对于心理学科性质归属的问题,当时有几种不同的观点,有的主张属自然科学,有的主张属社会科学,也有将之视作边缘学科。陈立认为"心理活动即高级神经活动",心理学应属于自然科学。这一观点在"心理学大讨论"时被批判为"将人的心理生物学化、抽象化","抹煞人的意识的社会性","回避阶级性和党性",但陈立始终没有放弃这一看法,在各次发言中都为他的这一观点辩护。"全国性的心理学大辩论在1959年上半年基本结束。20世纪60年代初,进入'调整、整顿'时期,对文科各学科的批判出现了不同程度的平复。关于心理学科的性质问题又以主张属于自然科学的观点重占上风,并逐步得到心理学界基本认可。"①

1959年1月,中共中央在北京召开教育工作会议。会议讨论了贯彻执行教育方针的主要经验和存在问题,修订了《关于全日制学校的教学、劳动和生活安排的规定》等有关教育工作的一些重要文件。教育学系在学校领导下,认真贯彻中央教育工作会议精神,纠正轻视基础理论知识、轻视课堂教学、轻视教师作用的倾向,并对原有教学计划进行了调整,课程由政治理论、专业理论、教育实践(包括教育实习)、生产劳动等4部分组成,假期、生产劳动和教育实习(办学)、专业理论学习及研究的时间比例大致为1:3:8。

教育学系原本仅设学校教育专业,1959年拟增设学前教育专业,曾派几名教师和学生去南京师范学院学习,但最终没办成;1960年举办过2年制专修科,培养具有马列主义理论水平、富有从事群众运动的实际工作经验和专业知识的县教育科(局)长和中学支部书记、校长等中级教育行政干部。为了加强理论与实践的联系,教育学系还通过以下途径加强学生的实践训练:一是到杭州都锦生丝织厂办业余学校。二是在各教研组教师的指导下,分别到平湖师范和平湖师范附小、杭州师范和保俶塔小学、湘湖师范和湘湖师范附小、绍兴师范和绍兴师范附小、余姚师范和余姚师范附小、宁波师范和宁波师范附小等学校进行教育实习,同时编写中等师范学校的教育学、心理学参考教材。三是到本省的中小学进行教育调查研究。

第二次"教育大革命"开始于1960年,目标是"大破大立",即所谓的破资产阶级教学体系,立无产阶级教学体系,并以大鸣大放、大争大辩的方式开展大检查,摆问题,提方案。学校遵照省委指示改变原先的教学计划,先后3次组织文理科师生到杭州、宁波、金华、上海等地的工厂参加技术革新和技术革命运动。8月以后,教育学系根据学校一年级大改、二年级小改、三年级基本不改的要求,修订了一、二年级的过渡教学计划。根据修订后的教学计划,一年级主要加强毛泽东的基本理论学习,加强对毛泽东教育思

---

① 金锵:《有傲骨,没有傲气》,载《浙江大学报》2005年3月20日。

想、党的教育方针政策以及教育革命和教育工作的基本经验的研究,加强实际锻炼;二年级主要是学习研究毛泽东教育思想,加强实际锻炼,以丰富群众运动经验,提高实际工作能力。这次"教育大革命"出现了许多违背教育规律和教育原则的做法,例如由学生自编教材、以生产劳动代替教学等,打乱了正常的教学秩序,影响了教学质量。而在批判资产阶级教育思想和学术思想的过程中,再一次不适当地把一些教授、教师当作"资产阶级知识分子"加以批判,挫伤了他们的积极性。

　　1960年7月9日,省委决定杭州大学与省委党校合并(对外挂两块牌子),培养具有马克思列宁主义基础知识、有一定实际工作经验和专业知识的干部和中等以上学校的师资。合并以后,学校设政治、经济、教育、中文、历史、外语、新闻、哲学、政治经济学等学系。10月12日,省教育厅所属的教育学院划归杭州大学,曾与教育学系合并成立杭州大学教育学院。其时,教育学系有师生178人,省教育厅所属教育学院有师生120人。

　　1958年至1960年,教育学系虽几经折腾,但在办学规模、教材建设、科学研究等方面均有一定的发展。当时,教育理论的研究逐渐从外国教育学的框架中摆脱出来,教育学教研组的教师在党的教育方针指引下,开始探讨如何建立具有中国特色的教育学。他们编写的《教育学讲义》从中国教育实际出发,明确提出教育学中国化的问题,集中体现了那一阶段开展教育思想大讨论的成果。其他教研组的教师也结合自己专业撰写了一批学术论文,如《杭州大学学报》1959年第4期刊出的教育专号中有陈立撰写的《泛论心理学的性质问题》、陈学恂撰写的《胡瑗的教育思想》和郑晓沧撰写的《浙江两级师范和第一师范校史志要》。同时,全系师生还分批到地、县和中小学校搞地方教育调查,搜集第一手资料,进行总结和研究,如三年级学生在杭州、宁波、金华等地教育调查基础上撰写《关于普通中学生产劳动课的几个问题》《宁波市民办江东中学的思想政治教育工作和生产劳动》等论文,周淮水等教师在《心理学报》1960年第4期发表的论文《在初中二年级试教代数"极限"部分的实验研究》也是在深入教学第一线调查研究基础上完成的。

二、贯彻"高教六十条"

　　1961年1月,中共中央召开八届九中全会,制定了对国民经济实行"调整、巩固、充实、提高"的方针。学校根据中央提出的八字方针,对系科设置及部分专业学制做了调整。教育学系从1961年入学的新生开始,学制由4年改为5年,规模确定为100人,每年招收20人,学生前4年打基础,后1

年进行某一方面的专门训练,第一外语暂作为选修课。

1961 年 9 月 15 日,中共中央批准试行《教育部直属高等学校暂行工作条例(草案)》(简称"高教六十条")。10 月,学校组织全校师生认真学习"高教六十条"及中央有关指示,并根据以往教学工作中存在的问题,提出要加强"三基"(基本理论、基础知识和基本技能)教学,规定基础课安排有经验的教师讲授,每门课程保证有一种教材,有固定的教师讲课和辅导,教学中必须充分发挥教师的主导作用;凡由 4 年制改为 5 年制的系科,各门课程都重新制订教学计划和教学大纲,选编教科书和讲义。

1961 年 11 月 27 日,教育学系成立系务委员会,由陈学恂、汪文鋆、邵宗杰、郑晓沧、陈书、段铮、董远骞、周淮水、朱祖祥、邵珊、励雪琴等 11 人组成,陈学恂任系务委员会主任。教育学系下设教育学、教育史、心理学 3 个教研组。教育学教研组主任是董远骞(讲师),副主任是孙士仪(讲师);教育史教研组副主任是金锵;心理学教研组主任是段铮(教授),副主任是周淮水(讲师)、朱祖祥(讲师)。

此后,教育学系为落实"高教六十条"精神和学校关于加强"三基"的一系列规定,制订《杭州大学教育学系教学方案(草案)》,决定自 1962 学年开始分设教育学与心理学两个专业,采取轮流招生办法,即 1962 年招收教育学专业,1963 年招收心理学专业,以后按此顺序轮流,修业年限均为 4 年,每年招生 20 名,在校学生总的规模为 80 人。同时,杭州大学从 1961 年开始招收研究生的专业逐年增加,教育学系于 1962 年新设工业心理专业,导师为陈立教授,当年招收学生 2 名,后又招收 2 名。

《杭州大学教育学系教学方案(草案)》对教育学和心理学专业的培养目标、课程设置、教育实习、生产劳动、科学研究等均做出详细的规定。教育学专业的培养目标是师范院校的教育学师资及教育学科研人员,并能兼任中等师范学校心理学教学工作,但以培养中等师范学校教育学教师为主;心理学专业的培养目标是师范院校心理学师资及心理学科研人员,并能兼任中等师范学校教育学教学工作,但以培养中等师范学校心理学教师为主。教育学专业的课堂教学约占全年教学总周数(180 周)的 70%,教育实习(12周)约占 7%,生产劳动(包括教育调查)(32 周)约占 18%,科学研究(4 周)约占 2%,机动时间(4 周)约占 2%;心理学专业课堂教学(127 周)约占全年教学总周数(180 周)的 70%,教育实习(10 周)约占 5%,生产劳动(32 周)约占 18%,科学研究(4 周)约占 2%,机动时间(4 周)约占 2%。该教学方案还对学生的阅读书目做出详细规定:教育学专业学生的必读书目为 78 本

(卷),心理学专业学生的必读书目为 54 本(卷),内容包括政治理论、教育学、心理学、教育史和中外教育名著等。

通过认真学习、贯彻"高教六十条",教育学系还制订了《关于考试问题的几点规定》,包括要求学生按时参加考试,无特殊情况不得请假,监考老师对试题不作解释,考试作弊以不及格论,并予以纪律处分等,并发至学生及任课老师。同时,为切实提高教学质量,教育学系根据学生之间存在基础、才能、努力程度等方面的差别,分甲、乙班教学,使教学质量有了一定的提高。

从 1961 年起,教育学系把师资培养作为系的中心工作之一,充分发挥老教师的作用与专长,争取在 3～5 年内培养 7～10 名又红又专的骨干教师。师资培养的计划包括以下内容:

其一,加强政治理论、专业理论和外语学习。政治理论主要学习《社会主义教育课程的阅读文件汇编》和《马克思列宁主义的一般介绍及科学社会主义经典著作》读本。专业理论方面,心理学教研组系统学习《苏联心理科学》一书,教育学教研组系统学习《马克思恩格斯论教育》《列宁论国民教育》及毛泽东有关文化教育的指示,教育史教研组系统学习马列主义经典作家论历史人物评价问题的著作。全系教师特别是青年教师应将外语列为进修重点,在两三年内掌握一种外国语。

其二,制订个人进修计划。各教研组应定期组织老教师作专题讲座、专题报告或治学经验报告。每位教师根据自身情况制订个人进修计划,每学期须交读书报告或论文,各教研组则负责督促和检查。

其三,注重青年教师的培养和提高。除专人负责指导进修外,规定凡 1961 年毕业留系的青年教师,补修教育学、心理学、中共党史、俄语等基础理论课程,跟班听课,随班考试;1960 年毕业留系的青年教师,学习专业理论与补修基础理论相结合,并在老教师指导下进修与教学辅导相结合;1952—1956 年毕业留系的青年教师,边工作,边学习,通过科研不断提高业务水平,学年结束时交出科研论文和进修报告。

为了使青年教师得到较快提高和较好发展,陈立、朱祖祥、董远骞、陈学恂、周淮水等指导教师与朱作仁、张铁忠、吴立德、毛作仁、姚关仁、薛祀夏、邵祖德、方克明、王远、金明关、陆瑞英等青年教师开展结对指导培养。有的青年教师被送到北京师范大学等院校进修。

1961 年,教育学系举行了两次全系的学术讨论会,在讨论会上发言的有陈立(演讲题目"心理现象的内部矛盾")、郑晓沧(演讲题目"中国教育用书附用图绘的研究")、王绮(演讲题目"教育的本质")、邵宗杰(演讲题目"关于辩证唯物主义因果论与心理学的若干理论问题")、朱祖祥(演讲题目"在劳动竞赛中生产指标作用的几个问题")等。这一年,陈立、郑晓沧、王承绪、赵端瑛、段铮、张文昌、陈学恂、朱祖祥等教授和骨干教师确定了 10 多项学术研究的题目,主要有高校及初中新生入学考试语文、数学试卷分析,小学生识字心理和小学儿童思维发展问题研究,利用计算练习片提高计算能力的试验研究,个性的动力问题,以及欧文、朱熹的教育思想研究等。1963 年上半年,杭州大学理科各系制订科研规划时,心理学教研组申报了 3 项科研项目,虽因种种原因未能按期完成,但表明该学科的教师已有明确的研究方向及研究基础,以后在 20 世纪 80 年代取得显著成果的一些项目,大多在这个时期就已打下扎实的基础。

1961 年至 1965 年间,教育学系教师编写了《小学数学教材教法》《小学语文教材教法》《外国教育论著选》《中国教育论著选》《马恩列斯毛文化教育论著选》及《教育心理》等部分教材。其中,陈学恂与其师孟宪承等合编、1961 年 3 月由人民教育出版社出版的《中国古代教育史资料》,是当时研究中国古代教育史最有影响的教学参考书;郑晓沧、陈书、王承绪、赵端瑛等参加南京师范学院教育学系张焕庭等主持的《西方资产阶级教育论著选》翻译工作,该书 1979 年 9 月由人民教育出版社出版,是国内第一本供高等师范院校学生使用的外国教育名著选。1964 年,人民教育出版社出版由王承绪、赵端瑛夫妇合译的《教育原理》一书。①

1961 年至 1965 年间,教育学系教师发表了很多学术论文。例如陈立在《心理学报》发表《关于心理学性质的几个问题》和《随意运动的机制》两篇论文。郑晓沧在捷克《新东方杂志》发表《中国教育用书附用图绘的研究》和《颜元的教育思想》两篇论文,前者证明中国有关绘图的书籍比夸美纽斯的《世界图解》早 200 多年。吕静和汪文鋈于 1963 年、1964 年分别在《心理学报》发表《低年级儿童掌握应用题概念的思维活动》和《小学低年级儿童掌握算术应用题可逆推理与思维灵活性》两篇论文。特别值得一提的是,陈立和汪安圣通过儿童对颜色形状的认识特点研究儿童抽象概括认知的发展,并于 1965 年先后在《心理学报》发表《儿童色、形抽象的发展研究》《儿童色、形抽象发展的跟踪实验》《色、形爱好的差异》等文章。这项研究后来遭到姚文元的抨击,他化名"葛铭人"在《光明日报》发表《这是研究心理学的科学方法

---

① 该书的原著者是英国教育家沛西·能(Sir Thomas Percy Nunn,1870—1944),1992 年由人民教育出版社再次出版。

和正确方向吗?》,给这项研究戴上"形而上学""唯心主义""伪科学"等帽子。对此,陈立于1965年12月3日在《光明日报》同一版面以文章《对心理学中实验法的估价问题》进行反驳。后来,《心理科学通讯》1966年第1期也转载了陈立的这一反驳文章。

从1961年下半年起,中央针对前几年马列主义基础课开得不完整、学生马列主义基础知识比较贫乏的情况,提出改进高等学校政治理论教育的意见,要求各校开设马列主义基础理论与思想政治教育报告两门课程。教育学系将上述两门课程在教学计划中做了具体的安排,马列主义基础理论每周3学时,一年级讲授政治学,二年级讲授政治经济学,三年级讲授哲学,三年讲授完毕;思想政治教育报告也作为各年级必修课程,内容主要是国内外形势、党的基本政策和共产主义道德品质教育等,每周1学时。自1962年下半年起,全校教师开始系统学习政治理论。教育学系教师共组成4个学习小组(老教师组、中年教师组、青年教师1组和青年教师2组),学习政治理论,学习方式以自学为主,辅以集体讨论。由郑晓沧、陈书等老教师组成的学习小组,从1960年4月起,就坚持每周学习一次,到1963年上半年,已学习《共产党宣言》《法兰西内战》《哥达纲领批判》《国家与革命》《无产阶级专政时代的经济与政治》等著作。他们结合专业学习理论,感到很有收获。

三、参加"社会主义教育运动"

贯彻"高教六十条"以后的几年是教育学系最生机勃勃的时期之一,全系教职工的积极性得到进一步调动,教学秩序稳定,学习空气浓厚,教育质量有了明显的提高。可是随后政治运动又日趋频繁,不断冲击着正常的教学秩序。

1962年9月,中共八届十中全会召开。会议认为社会主义社会是一个相当长的历史阶段,其间存在着阶级和阶级矛盾、阶级斗争,存在着资本主义复辟的危险性。自此之后,全国的城市和农村均以阶级斗争为纲,广泛开展"社会主义教育运动"①。

1963年1月,浙江省委批转省委宣传部《关于整顿文教基层单位的意见(草案)》。该文件指出,整顿文教基层单位的根本目的是用党的八届十中全会的精神,特别要用阶级和阶级斗争观点来教育基层干部和广大知识分子,认清形势,明确方向,提高觉悟,鼓足干劲。从这一年开始,杭州大学按

---

①　这一运动在农村简称"四清",在城市简称"五反",1965年1月后统称"四清"运动。

照党中央的部署,进行"五反"(即反对贪污盗窃、反对投机倒把、反对铺张浪费、反对分散主义、反对官僚主义)运动。9 月中旬,教育学系根据学校要求开展"新旧对比"教育活动。11 月 17 日至 12 月 7 日,教育学系教师、学生(教育实习的除外)54 人,到余杭县三墩参加农业生产劳动及社会调查,帮贫下中农写社史、村史、家史,从中接受教育。1964 年 3—8 月,校一级的党员领导干部和部、处、总支一级党员领导干部先后在一定范围内进行"洗手洗澡",检查阶级观点、官僚主义、分散主义、铺张浪费和其他思想作风上的问题。8 月 17 日,校长在党委会上传达中央工作会议精神,提出不仅要清经济,而且要清政治、清组织、清思想。8 月 31 日,省委工作组进驻学校,帮助搞"四清"。开学后,全校师生停课一周,集中揭发教研组长以上党员干部的"四不清"问题。

从 1964 年上半年开始,浙江各高等学校的师生相继赴农村参加"四清"运动。1964 年 11 月,杭州大学党委根据省委的安排,组织政治、中文、历史、教育 4 个系的师生 949 人和理科教师、机关干部 204 人,分赴诸暨、萧山两县参加"四清"运动。其中,教育学系师生 59 人被安排到诸暨,历时 8 个多月,至 1965 年 6 月返校。"四清"结束后,教育学系教师协助当地一个乡办了白米湾学校,并在该校搞教学实验。1965 年 10 月,物理、地理、外语 3 个系的师生及机关干部共 469 人,到新昌参加"四清"运动;11 月,数学、化学、生物、体育 4 个系的师生及干部 740 人,去平湖县参加"四清"运动,这两批师生于 1966 年 5 月、6 月先后返校。

由于师生到农村参加"四清"运动和生产劳动,原定的教学计划均难以完成。因此,"四清"运动结束返校后,教育学系即开始拟订调整课程、压缩课时的教改方案,将课程由 30 门课(其中选修课 6 门)减为 19 门(其中新增学术评论 1 门),总学时由 2907 学时减为 1493 学时。为了减轻学生负担,除精简课程、控制学时、减少考试外,当时还采取了一些其他的措施,如学生每周上课、课外自习、做作业不能超过 42 学时,保证每天有 9 小时睡眠时间;精减组织,精简会议,试行学生干部一人一职等。

1965 年 11 月,上海《文汇报》发表了姚文元的文章《评新编历史剧〈海瑞罢官〉》,引发了对《海瑞罢官》及其作者——北京市副市长、著名的历史学家吴晗的政治批判。随后,批判的对象和领域进一步扩大,从吴晗到邓拓、廖沫沙及他们的代表作《燕山夜话》《三家村札记》。在浙江,《浙江日报》《杭州日报》纷纷响应,全省很快掀起了一个批判资本主义文化权威的高潮。在当时形势的推动下,教育学系等文科各系分别开设"当前文艺问题""史学要论""学术评论"等课程,组织师生批判吴晗的《海瑞罢官》和参加关于"清官"、"让步政策"、道德的批判与继承、历史人物评价等问题的讨论。到1966年上半年,随着形势的进一步发展,学校的教学工作越来越难以进行,最终因"文化大革命"的到来而完全失去控制。

第二节　体育学系的辗转回归

1958年至1965年间,原浙江师范学院体育专修科,先是独立出去成立杭州体育专科学校,继而与浙江体育进修学校合并成立浙江体育学院,然后又成为新建浙江师范学院的体育学系,最终回归到杭州大学。

一、杭州体育专科学校（1958—1960年）

1958年8月,以浙江师范学院体育科为基础,由杭州市政府领导的培养体育师资的杭州体育专科学校（简称杭州体专）成立,舒鸿任校长,马寿祥任党支部书记,胡士煊任教务办公室主任,校址在原浙师院体育科所在地（即今浙江日报社、杭州市体育馆、浙江体育大厦所在地）。

杭州体专设普通科、运动科（体操、技巧）和干训科（内部招生,2年制）。普通科有2年制专科（高中毕业进校）和5年制专科（初中毕业进校读五年）,培养合格的"一专多能"的体育师资、教练员和体育干部。干训科学员毕业后被分配到体育行政部门任职。学校开设的课程有政治、教育学、心理学、体育理论、人体解剖、人体生理、卫生学、田径、球类、体操（设钢琴伴奏）、武术、游泳、舞蹈、游戏、裁判法和教育实习等。5年制专科增加语文、数学、物理、化学等文化基础课。教师分布在生理卫生、田径、球类、体操4个教研组,仍由屠鼎瑛、朱守训、张强邻和宋松山担任组长。

学校自成立之日起,全国便处在大炼钢铁、各行各业大干快上的"大跃进"的形势之下,国家体委制定了"大跃进"的发展规划,要求体育运动技术水平10年内赶上和超过世界先进水平,争取在1959年9月新中国第一届全国运动会上大放"体育卫星"。浙江省体委则将参加全运会的一部分任务指派给杭州体育专科学校。当时,学校明确提出"一边流铁水（建小高炉,大炼钢铁）,一边出健将（训练出优秀选手、运动健将参加全运会）"是压倒一切的中心任务,打破常规,一切围绕着大放"体育卫星"转。全校学生不分学制、年级,一律按军事连队编制,以运动专项分班,大减文化理论学习,大搞运动训练。田径分短跑、中长跑和投掷;球类分篮球、排球、手球、足球、女子垒球;体操分体操、技巧;还有举重、武术、拳击、击剑、摔跤、自行车、摩托车。为了放"体育卫星",学校进行争"五红"的扫盲运动,即体育专业学生,在规定时间内要100％达到"劳卫制"一、二级,等级运动员,等级裁判员和普通射手。为此学校也搞过"提灯夜战",在萧绍公路上举行了两次马拉松跑比赛。1958年12月,杭州体专的部分师生被选入杭州市代表队参加第三届省运会,详见表3-1。

表 3-1　杭州体专师生参加浙江省第三届人民体育运动大会的运动员、教练员情况
(1958 年 12 月杭州)①

代表队名称	姓名	性别	参赛师生	项目	成绩	名次	教练
杭州市体育代表队	金培成	男	1963 届学生	100 米	11″8	6	朱守训 陈生铧 金祖云 黄成坤 钱佳青
	姚玉熊	男	教师	110 米高栏	17″8	2	
	钱佳青	男	教师	200 米栏	27″B	1	
	陈锡林	男	1963 届学生	10 公里竞走	59′8″2	2	
	姚玉熊	男	教师	撑竿跳高	3.40 米	2	
	陈诗颖	男	1959 届学生	撑竿跳高	3.16 米	5	
	李长钦	男	1959 届学生	马拉松	2:53′31″8	1	
	赵桂芳	女	1961 届学生	100 米 200 米	13″8 28″8	1 1	
	沈英和	女	1961 届学生	100 米	14″2	3	
	杨梅琳	女	教师	五项全能	3377 分 B	1	
	赵梅英	女	1961 届学生	五项全能	2669 分 B	2	
	陈淑眉	女	1963 届学生	五项全能	2501 分 B	3	

　　截至1959年上半年,经省体委选拔,师生入选浙江省体育代表团前往北京参加第一届全运会比赛的运动员、教练员、裁判员和领队共50人(省代表团共192人参赛),其中运动员44人,分别参加田径、体操、技巧、女子垒球(比赛地点在成都)、网球和摩托车等项目比赛,详见表3-2。参加全运会的运动员、工作人员确定后,由省体委安排赛前集中训练。

————————

　　①　表中成绩后面的"B"表示破浙江省纪录。

表 3-2　杭州体专师生参加中华人民共和国第一届全国运动会的运动员、教练员、
裁判员、领队名单(1959 年 9 月北京)

代表队名称	姓　名	性　别	参赛师生	项　目
	钱佳青	男	教师	200 米低栏
	姚玉熊	男	教师	撑竿跳高
	黄成坤	男	教师	跳　远
	杨梅琳	女	教师	五项全能
	高传珍	女	教师	投　掷
	赵桂芳	女	1961 届学生	200 米
	沈英和	女	1961 届学生	100 米
	张君鸾	女	1963 届学生	投　掷
	吴明宝	女	1963 届学生	投　掷
	王国芬	女	1963 届学生	跳　远
	陈淑眉	女	1963 届学生	三项全能
浙江代表团	张宝法	男	1961 届学生	10000 米
	顾乔新	男	1961 届学生	200 米栏
	洪尔俊	男	1963 届学生	跳　远
	陈其良	男	1963 届学生	10 公里竞走
	陈锡林	男	1963 届学生	10 公里竞走
	金家甫	男	1960 届学生	体　操
	徐可平	女	1960 届学生	体　操
	叶加因	女	1960 届学生	体　操
	卢玉芷	女	1960 届学生	体　操
	王开玉	女	1960 届学生	体　操
	蒋健雄	女	1960 届学生	体　操
	胡思尧	男	教师	技　巧
	蒋承中	男	1960 届学生	技　巧
	应蔚如	男	1960 届学生	技　巧

续表

代表队名称	姓　名	性　别	参赛师生	项　目
浙江代表团	高传珍	女	教　师	垒球
	卢翠蓉	女	教　师	垒球
	张美玉	女	1963届学生	垒球
	吴志荣	女	1963届学生	垒球
	李云菊	女	1963届学生	垒球
	陈玉蝶	女	1963届学生	垒球
	宋雨珍	女	1963届学生	垒球
	周素英	女	1963届学生	垒球
	郑秀珠	女	1963届学生	垒球
	余凤秀	女	1963届学生	垒球
	刘娟华	女	1963届学生	垒球
	陈琳芳	女	1963届学生	垒球
	刘春凤	女	1963届学生	垒球
	张秀云	女	1963届学生	垒球
	邵祝云	女	1963届学生	垒球
	张强邻	男	教　师	网　球
	吴琳干	男	教　师	网　球
	仲世德	男	1963届学生	摩托车越野
	陈桂灿	男	1963届学生	摩托车越野

领队:马寿祥

教练员:王明海　陈生铧　姚秀珍　陈允浩

钢琴伴奏:钱惠选

　　1959年下半年,学校恢复正常管理体制和教学训练秩序。学生以年级分班(一班30人左右),5年制专科仍按专项分为田径班、球类班、体操班和重竞技班。这种形式保持到毕业,体现"一专多能"培养目标。教学训练中,承接体育科的传统,理论与实践并举,注重教材教法、裁判法的学习,重视教育实习和劳动教育,也重视运动竞赛,学校共举行三届校运会,要求人人参赛。

为了提高教师的业务水平,学校采取新老教师"一帮一、一对红"的形式,还邀请苏联专家鲍·谢·格拉明斯基和上海体院刘天锡教授来校讲学。为开展体育科学研究、活跃学术气氛,学校于1960年1月创办由华明负责主编的《体育研究》学术刊物(季刊,内部发行),在全国体育界有一定影响。

二、浙江体育学院体育学系(1960—1962年)

1960年4月,省政府决定将杭州体育专科学校和浙江体育进修学校合并,成立浙江体育学院,由徐文斌任党委书记兼院长,舒鸿任副院长,地址仍在体育场路原杭州体育专科学校所在地。

浙江体育学院设运动学系和体育学系。运动学系即省体委体工队,与体院关系并不密切。体育学系由原杭州体育专科学校全套班子组成,刘玉山任书记,胡士煊兼副主任。系行政下设教研组,原有的生理卫生、田径、球类、体操等教研组负责人不变;新成立体育理论教研组,由胡士煊负责,同时还成立由文化基础课教师组成的基础教研组,由洪光负责。当时,体育学系教职工有130余人,除原有教师外,北京体院、上海体院、武汉体院等院校的应届毕业生先后被分配到体育学系,充实了教学力量,且结构趋向合理。

体育学系所设除2年制、5年制专科外,还有1年制和2年制干训班,并新设7年制预科班和4年制本科。预科班招收初中生,1960年招了24名学生,但次年就被撤销,学生均回原籍。本科于1960年暑期开始招生,第一届招了21名学生。此后,本科学制成为体育学系的主体学制,之后每年招30~60名。

体院成立不久,国家进入经济困难时期。体育学系办学只能依靠原来杭州体专的全套场地器材设施,学生住在水星阁庙宇里和体育场搭建的简易平房里,教室、球类房、体操房、饭厅等都是竹棚作支撑,用破了的篮球、排球、足球、帆布体操垫子、跑鞋、跳鞋等都舍不得丢掉,缝缝补补照样用。体育专业学生和术科教师的每月粮食定量虽比其他人多10斤,但师生仍然吃不饱。

为此,体育学系一方面搞生产自救,在瓶窑开办农场,教师分批下农场劳动1~3个月,种粮食作物以补充不足;同时发扬艰苦奋斗、勤俭办体育的精神,齐心协力搞好教学。专科基本实施杭州体专时的教学计划,本科教学重视基础理论、外语、毕业论文(科研)、社会主义教育、教育实践等内容。教材使用由国家体委组编写、于1961年正式出版的全国体育专业统一教材。教师在教学中注重学生对知识技能的掌握和巩固,严格执行考查、考试制度,成绩评定采用笔试、口试、技术达标和平时观察相结合的办法。原体育科、杭州体专所形成的管理体制和规章制度照样正常运行,在某些方面还有所加强。如术课教学,原来一般是一人上课,体院则是两位教师同时上一堂课,一主一副,既可重视教法传授,又能帮助保护,减少伤害事故;对基础较差的学生,定时、定点由教师进行课外辅导。

浙江体育学院时期,《体育研究》刊物继续定期出版,教师们从事体育研究的积极性也很高。如华明为实施大运动量训练提供科学依据的研究成果《肌肉活动的糖元恢复》1960年冬在北京举行的全国第一届体育科学论文报告大会上,得到与会者的关注和赞赏。华明还组织学生成立生理科研小组,对青少年的肺活量进行研究。

1961年,国家提出"调整、巩固、充实、提高"的八字方针,要求高校压缩规模。体育学系于是年停止专科招生,撤销7年制预科,只保留本科,并动员一批学生支农、参军,加上调系(调运动学系)、违纪退学等原因,截至1962年7月全系在校生减少220余名。

三、新建浙江师范学院的体育学系(1962—1965年)

1962年夏,省政府决定将浙江体育学院、杭州师范学院和浙江教育学院合并,成立新浙江师范学院,浙江体院体育学系即成为该院系科之一,地址仍在体育场路原浙江体育学院处。舒鸿任副院长,黄光任体育学系党总支书记,胡士煊、张志芳任体育学系副主任。新增公共体育教研组,由俞立身负责,管理其他系科的体育课和体育活动。同时成立系资料室,由赵善性负责。

体育学系招收4年制本科和5年制专科,1962年开办3年制函授专科。根据国家体委对师范院校体育学系本科办学要求,体育学系专门成立了教改小组。教改小组一方面赴中学进行充分的调研,另一方面在本科教学过程中总结经验教训,又经各教研组几次三番讨论修改,终于在1965年7月出台了新的教学计划,详见表3-3。

表 3-3　浙江师院体育学系教学计划(1965 年 7 月)

学期周数 / 课程名称	一 15	二 18(16)	三 13	四 18(16)	五	六 18(16)	七 23	八 10	总 计
政治理论	2	2	2	2		2			152
时事政策学习	1	1	1	1		1	1	1	109
外语	2	2	2	2					120
教育学						2			32
体育理论	2					2	2		108
人体解剖学	3	3							93
人体生理学			4	4					116
运动保健学							2	4	86
田径	4	4	4	4	社会主义教育运动	2	2	2	338
体操	3	3	3	3		2	3	3	311
球类	2	2	3	3		3	3(4)	4	306(329)
举重		1							16
武术						2	2		78
游戏						1			16
舞蹈						2			32
民兵训练和国防体育	1	1	1	1		1	1	1	109
劳动	(2)	(2)	(2)	(2)		(2)	(2)	(2)	(218)
科学研究						(1)	(3)	(4)	(125)
游泳		(72)		(72)		(72)		(216)	
运动队训练	( )	( )	( )	( )		( )	( )	( )	
总计	20	19	20	20		20	16(17)	15	2022(2045)
备注	(22)	(21)	(22)	(22)	(23)	21(22)	(21)		2581(2604)

为了培养又红又专、一专多能的中等学校体育教师,体育学系当时主要抓了六项工作:

一是加强思想教育,除了政治时事理论学习外,重视平时的实际锻炼,如学工、学农、学军。1963 年,全体师生去钱塘江珊瑚沙参加"双抢"劳动。

1965 年,本科生分批去杭州中村、温州洞头实施军事训练。1966 年上半年,本科 1966 届、1967 届和部分教师去平湖县参加社会主义教育运动(即"四清"运动)。

二是重视"三基"教学,即加强基本理论、基本技术、基本技能的教学。体育学系在教学上提出抓"六会"的目标,把讲解与示范、组织、分析技术与纠正错误、保护帮助、组织运动会和掌握裁判法作为体育教师必须学会的基本功;在专项训练中提出抓"三从一大",坚持"从难、从严、从实践出发,推行大运动量训练"原则,提倡"一不怕苦、二不怕死"的硬练精神。

三是注重理论联系实际。平时的体育理论、解剖生理、保健、教育学等课程都有联系实际的环节,术科教学更是重视基本能力的培养,常请模范体育教师、班主任、少体校校长、教练员等来系做报告,或走出去参观,集中教育实习则选择指导力量强的中学为实习学校,教育实习时间共 8 周。1965年,体育学系将游泳课堂移至富阳富春江。

四是强调健康第一。减轻学生负担,注意身体健康,是当时重要议题,全系曾对避免伤害事故进行大讨论。生理卫生教研室的教师经常穿着白大褂下课堂(术课),进食堂(体育学系食堂从建系以后一直是单独起灶,至 20世纪 80 年代中期才和其他食堂合并),调查产生伤害事故原因,将合理营养卫生常识送进食堂。学生宿舍订有卫生公约,轮流值日,经常评比。

五是加强师资队伍建设,目标是又红又专。当时体育学系有教授 1 名(舒鸿)、副教授 4 名(胡士煊、屠鼎瑛、张强邻、朱守训)、讲师 15 名,师资力量雄厚,教学、训练质量扎实。教师每年都要修订"红专规划",大家集体备课,互相听课,经常举行读书报告会。他们也常常被指派参加中学体育教师教研活动、省教育厅有关会议,制订中学体育教学计划。年轻教师要轮流下放到杭大附中(今学军中学)锻炼半年,担任体育课教学,了解中学体育工作情况。

六是重视运动竞赛,除了每年举办运动会外,经常接受社会任务,师生共同参与裁判或会务工作,此外还培养运动员入选高校代表队,参加省运动会。体育学系选手是高校代表队的主力军。1963 年 10 月,该系师生在浙江省第四届人民体育运动大会上取得了良好的成绩,详见表 3-4。

表 3-4 体育学系师生在浙江省第四届人民体育运动大会参赛成绩一览(1963 年 10 月)

代表队名称	姓 名	性 别	参赛师生	参赛项目	成 绩	名 次	教 练
高校代表队	张登平	男	专 1964 届学生	十项全能	3431	5	黄成坤金祖云李文星姚玉熊杨梅琳
				110 米栏	17″	4	
	仰惠民	男	教师	跳远	6.06 米	5	
	金祖云	男	教师	撑竿跳高	3.25 米	5	
	周金水	男	教师	铁饼	35.00 米	3	
				铅球	11.06 米	3	
				手榴弹	58.88 米	5	
	韩阳斌	男	本 1965 届学生	200 米	29″7	5	
	谢笑钗	女	专 1965 届学生	800 米	2′46″1	3	
	宣金娥	女	专 1964 届学生	跳远	4.51 米	5	
				80 米栏	13″9	3	
	戴秀蓉	女	专 1965 届学生	跳高	1.40 米	2	
	祝润缄	女	教师	三项全能	1852 分	1	
				跳高	1.28 米	5	
	尉有珠	女	专 1965 届学生	手榴弹	41.81 米	3	
	袁淑霞	女	专 1965 届学生	标枪	27.45 米	6	
				五项全能	2537 分	4	
	陈闻琪	女	专 1965 届学生	100 米	13″9	5	
	徐小红	女	专 1965 届学生	三项全能	1720 分	2	
	郑莲莲	女	专 1964 届学生	体操全能	52.9 分	2	平郑麒
	倪秋婵	女	专 1964 届学生	体操全能		5	
	王金榜	男	教师	举重(最轻级)	252.5 分	3	王金榜
	应振芳	男	专 1963 届学生	举重(最轻级)	282.5 分	3	

第三节 "文革"时期

1966 年 5 月至 1976 年 10 月,中国发生了史无前例的"文化大革命",整个国家陷入空前的浩劫之中。高等学校更是运动的"重灾区",各级党政班子被迫停止工作,干部和教师遭到残酷批判和斗争,正常的教学秩序受到全面破坏。

这一时期,体育学系已于 1965 年划归杭州大学建制,但系址仍在体育场路原址，直至 1968 年工宣队进驻后才迁入杭州大学本部。1970 年 8 月，省有关部门曾将体育学系划归省体委建制，并实行军事接管，由军代表张振乾任革委会主任兼党支部书记，张志芳和军代表王长庆任副主任。1972 年1 月，体育学系又被重新划归杭州大学建制，辛航任系主任兼党总支书记，张志芳、张永生、余樟根任系副主任，公体室归体育学系领导。"文化大革命"的十年中，教育学系和体育学系的教师经受了磨难，接受了考验，并在十分艰难的情况下坚守岗位、坚持教学。

一、"文革"风暴的掀起

1966 年 4 月，杭州大学开始围绕中央批转的《文化革命五人小组关于当前学术讨论的汇报提纲》（即《二月提纲》）展开讨论。当时，广大师生员工以为这是一场学术讨论性质的文化革命。然而，5 月 16 日中共中央政治局扩大会议在北京通过的《中国共产党中央委员会通知》（即《五一六通知》）明确指出："高举无产阶级文化革命的大旗，彻底揭露那些反党反社会主义的所谓学术权威的资产阶级反动思想，彻底批判学术界、教育界、新闻界、文艺界、出版界的资产阶级反动思想，清洗混进党里、政府里资产阶级代表人物，夺取在这些文化领域中的领导权。"与此同时，由彭真主持起草的《文化革命五人小组关于当前学术讨论的汇报提纲》和原"文化革命五人小组"及其办事机构被撤销，重新成立文化革命小组，拉开了"文化大革命"的序幕。

6 月 1 日起，《人民日报》连续发表《横扫一切牛鬼蛇神》等 6 篇社论。6月 2 日，《人民日报》刊登北京大学哲学系聂元梓等人的一张大字报，并发表评论员文章《欢呼北大的一张大字报》。这一切犹如一块巨石投入本已不平静的湖中，全国各高等院校纷纷起而仿效。当天，杭州大学校园内贴出"声援北京大学七位同志一张大字报"的标语和大字报，师生员工自觉不自觉地卷入这场运动，错误地沿用 1957 年反右斗争扩大化时提倡的"大鸣、大放、大字报、大辩论"四大武器，批判所谓"反动学术权威"，打倒所谓"资产阶级的代表人物"，横扫所谓"牛鬼蛇神"，并把斗争的矛头直接指向学校的各级领导。

6 月 13 日，中共浙江省委根据中央的指示派工作组到杭州大学，发动师生批判原杭州大学副校长林淡秋（时任省委宣传部副部长）和中文系教授夏承焘。林淡秋在现代文学方面造诣很深，夏承焘则堪称"一代词宗"，两人在国内和海外文坛均有一定影响。这一被称为"林夏战役"的运动持续一个多月，召开了 5 次全校性的批判大会。

8 月 8 日,中共八届十一中全会通过了《中国共产党中央委员会关于无产阶级文化大革命的决定》。该决定又称《十六条》,对红卫兵运动的任务、对象、动力、方法和领导等一系列根本性问题做出了错误的决定。随后,全国的红卫兵运动如火如荼。9 月 5 日,中央通知各地师生到北京"参观革命运动"。至此,杭州大学正式"停课闹革命",教育学系、体育学系师生与全校师生一样开始了全国性的"大串连"。

9 月 25 日,杭州大学建立"文革"筹委会,在校园内大搞破"四旧"和揪斗"走资派""资产阶级权威""牛鬼蛇神"的运动。当时,一些教授、讲师被当作"反动学术权威"和"牛鬼蛇神",一些党员、团员、干部及青年教师被当作"资产阶级保皇派"和"黑爪牙"。教育学系、体育学系的党政领导及教授也无可例外地受到冲击和迫害。在大破"四旧"的过程中,造反派大搞抄家,甚至把二十四史、古典文学作品当作"四旧",在大操场烧毁。11 月 1 日,杭州大学的造反组织"东方红兵团"成立,不久到校党委办公室抢走部分机密文件、资料和 17 级以上干部的保密笔记本,制造了"抢档案事件"。

1967 年 1 月,上海的造反派掀起所谓"一月风暴",夺了上海市的党政大权。浙江的造反派也闻风而动,纷纷举起造反的大旗。2 月 19 日,杭州大学造反派也夺了学校的党政大权,建立"新杭大 2.19 公社"。4 月 12 日,杭州大学 6 个造反派组织联合起来,建立新的"东方红兵团"。紧接着,杭州大学"新东方红兵团"一面进入社会,参加社会上的打、砸、抢活动;一面在校内开展所谓"大批判",继续打击各级领导干部和教师。从 5 月初开始,教育学系的造反派在学校"造反"组织的指使下,强令系领导"背靠背、面对面地揭发校党委的问题",还错误地组织批判系领导的行动。

二、"清理阶级队伍"

鉴于造反派夺权后的混乱情况,根据毛泽东同志提出的"大联合"和"三结合"的精神,杭州大学于 1968 年 3 月 29 日成立"革命委员会",以取代原有的学校领导机构。1968 年元旦,"两报一刊"提出要彻底清查所谓混在革命队伍内部的一小撮叛徒、特务、党内走资派以及没有改造好的"五类分子"。5 月 25 日,中央转发北京新华印刷厂所谓对敌斗争的经验。于是,"清理阶级队伍"的锣鼓声敲响了。杭州大学也紧跟形势,对全校的教师和干部进行分类排队。8 月 27 日,"省工人毛泽东思想宣传队"进驻杭州大学。在工宣队的推波助澜下,"清理阶级队伍"的运动很快在全校展开。9 月 28 日上午,学校"革命委员会"以所谓进行阶级教育为由,在学校大操场召开全校性的"忆苦思甜"大会，包括教育学系、体育学系领导和教授在内的300多名干部、教师被押到大操场，遭受示众和批斗。10月25日，全校召开"清理阶级队伍动员大会"，成立"杭州大学群众专政指挥部"。

教育学系和体育学系的造反组织在系内设置关押所谓专政对象的"牛棚"，滥用专政手段，大搞逼、供、审，制造冤、假、错案。他们对被关押在"牛棚"里的干部、教师进行种种人身攻击和人格侮辱，强令后者戴"高帽"、挂"黑牌"、剃光头等，各种迫害现象惨不忍睹。造反派还令关在"牛棚"里的干部、教师每天无数次"请罪"，读"认罪书"，在大饭厅门口被"示众"。1968年11月18—20日，学校"清理阶级队伍"领导小组举办"清理阶级队伍学习班"。12月5—7日，学校"清理阶级队伍"领导小组又提出要做到揪一个、斗一个、批一个、定一个。教育学系和体育学系的干部、教师再次受到残酷的政治迫害和身心摧残。

三、"教育革命"与接受再教育

1969年4月召开的党的"九大"，使"文化大革命"的错误理论和实践合法化。驻校工宣队和校革命委员会提出：要以两条路线斗争为纲，掀起教育革命新高潮。4月7—10日，学校举办了教育革命学习班，提出要"走上海机床厂从工人中培养技术人员的道路"，"在接受工农兵再教育中进行教育革命"。

4月16日和4月21日，驻校工宣队和校革委会召开下乡革命师生动员大会和全校教育革命誓师大会。教育学系抽调教师组织教改小分队，到地、县培训基层教育干部和中小学教师，进行教育改革的探索。

6月至8月，体育学系师生到上虞县林岱大队参加农业劳动，接受贫下中农再教育。在下乡劳动期间，师生们组织毛泽东思想宣传队，运用体育技术和技巧组编革命歌舞，演给农民看，深受欢迎。同年11月，体育学系师生自带行李铺盖去德清莫干山莫干坞搞"备战疏散"教育，历时3个月。

1970年11月，杭州大学在浙西安吉县的一个山坞里（原是个劳改农场）创办"五七"干校。教育学系和体育学系的教师分批在那里种田、翻地、养猪、养牛，进行劳动锻炼。

1971年2月，教育学系师生进行野营训练，途经余杭、富阳、桐庐、建德、浦江、义乌、诸暨、萧山等县，历时26天，行程400余公里。同一时期，体育学系也组织教改小分队，赴绍兴、仙居、龙泉等地，在当地举办的体育师资、干部培训班中担任教学任务。

1971 年 4 月 15 日至 7 月 31 日,"四人帮"操纵全国教育工作会议,并炮制《全国教育工作会议纪要》,对中华人民共和国成立后 17 年的教育成绩做出了荒谬的"两个基本估计",即"教育战线推行了一条反革命修正主义路线,毛泽东的无产阶级路线基本上没有得到贯彻执行;原有的教师队伍的大多数世界观基本上是资产阶级的,是资产阶级知识分子"。8 月 13 日,中共中央批转了《全国教育工作会议纪要》。随后,学校根据全国教育工作会议精神,继续实行开门办学,组织各系师生下乡下厂,到工农兵中去接受改造。

在这一过程中,教育学系的教师曾到有关地、县举办培训班和讲习班,调查研究当地中小学的教育革命。当时,教育学系心理学教研组的部分教师对小学正在进行的"三算结合"教改十分关注,朱祖祥、吕静、张铁忠、金文雄等教师深入小学,自编教材,并与杭州市有关小学教师合作,开展"三算结合"教改的比较试验,历时 3 年多,取得了显著成绩。

四、招收工农兵及在职学员

"文化大革命"爆发后,高等学校即于当年停止招生。1966 年 6 月 13 日,中央发布《关于改革高等学校招生考试办法的通知》,指出:"以前高等学校的招生考试方法基本没有跳出资本主义考试制度的框架,不利于贯彻中央和毛主席提出的教育方针,不利于更多的吸收工农兵革命青年进入高等学校。这种考试体制需要改革。"6 月 18 日,《人民日报》发表《彻底搞好文化大革命彻底改革教育体制》的社论,再次强调"改革招生考试制度是彻底清算资产阶级教育路线的一个突破口"。7 月 24 日,中共中央、国务院发出《关于改革高等学校招生工作的通知》,将高等学校的招生工作下放到省、市、自治区办理,并提出取消考试,采取推荐与选拔相结合的办法。

1970 年 10 月,杭州大学开始以推荐和考试相结合的办法招收工农兵学员,但教育学系和体育学系均未招生。1972 年,教育学系、体育学系仍未招生。学校认为教育学系的任务主要是为本省各地、县培训教育革命基层干部,进行教育革命调查研究,总结教育革命经验,同时为本校各专业开设毛主席教育革命思想课,因而该系赴临安办了一期小学教学骨干培训班。体育学系则自 1972 年 10 月下旬起在校内举办"浙江省中小学体育师资培训班",招收 84 名学员,培训时间为 6 个月,开设体育理论、体育卫生、田径、球类、体操、武术等课程。

为适应当时教育事业发展的需要,教育学系计划从 1973 年春季开始招收 2 年制普通班,并就招生名额、学习年限、课程设置和招生对象等问题向学校做了请示。但校党委经研究后认为教育学系培养目标未定,专业方向不明确,暂缓招普通班学生,可筹办短期教育行政骨干培训班。根据校党委的意见,教育学系在 1973 年 9 月开办教育进修班,招收学员 36 人,均为来自全省地(市)、县的基层教育干部和中小学教师,1974 年 11 月结业。体育学系则自 1973 年起恢复招生,招收具有初中以上文化程度的有实践经验的工人、贫下中农、复退军人和上山下乡两年以上的知识青年,截至 1976 年共招收 4 届 2 年制的工农兵学员,总计 413 人。这些学员在校期间,政治课、政治活动、学工、学农、学军的时间约占 30% 左右,专业课程教学时间约占 70%,毕业后大多分配在大中学校任教。与此同时,体育学系组织教育革命小分队,先后赴普陀、慈溪、萧山、平湖、安吉、海盐、海宁、浦江、江山、开化、衢县、缙云、温岭、三门等地举办为期 1~2 个月的体育教师培训班,受到当地有关部门的赞誉。

1973 年 9 月,经校党委决定,各系成立新的领导班子。教育学系党总支由邵宗杰[①]任书记,吴苗金(工宣队成员)、汪文鋆、朱景忠为委员,后又增补徐新容(学生)、薛志才为委员。同时,教育学系成立革命委员会,邵宗杰为主任,吴苗金、吴招廉(学生)、邵祖德、兰永德(学生)、裴文敏为委员。其时,教育学教研组主任是董远骞,副主任是朱景忠;心理学教研组主任是朱祖祥;教育史教研组主任是邵祖德。

教育学系在举办 1 年制进修班的基础上,1975 年后通过办师训班和短训班,一方面为各地、县培训了一批教育基层干部和中小学骨干教师,另一方面积累了办学经验,加强了教师队伍建设,为以后正式招生打下了良好的基础。

五、从"批林批孔"到"评法批儒"

1973 年 8 月,中国共产党召开了第十次全国代表大会。这次大会继续"九大"的"左"倾错误,致使"文革"的动乱仍未止息。

1974 年 1 月,全国开始搞"批林批孔"运动,江青一伙借此把矛头直接指向周恩来总理。1 月 30 日,学校召开"批林批孔"动员大会,随后组织全校师生学习《人民日报》社论《批"克己复礼"》。教育学系按照学校党委的要求,组织教师、学生到临安向中小学教师宣讲有关"批林批孔"的专题,并开

① 邵宗杰(1934—),20 世纪 50 年代毕业于浙江师范学院教育学系,毕业后留校工作。后调任浙江省教育厅副厅长、浙江省教育委员会主任等职。

展教育调查,以进一步推动教育革命。6 月 15 日,《教育革命通讯》第 6 期发表《高等学校在理论战线上的战斗任务》的评论,提出高等学校要抓紧注释法家著作,改革教材,从理论上总结教育革命经验。此后,教育学系转为开展"评法批儒"和研究"儒法斗争史",组织师生批判儒家的教育思想,研究法家的进步教育主张。

1975 年,因周恩来总理病重,由邓小平同志主持中央日常工作。邓小平同志着手对教育工作进行整顿,形势有了明显好转。这一年,教育学系举办由基层教育干部和中小学骨干教师参加的半年期培训班,招收 30 名学员,以专题讲座的形式进行教学。办班期间,培训班学员还到江西共产主义劳动大学(总校)和部分分校参观学习,调查研究江西共产主义劳动大学的办学经验。但至 12 月初,"四人帮"又发起所谓"批邓、反击右倾翻案风"运动,全国再度陷入混乱之中。

1976 年 1 月 8 日,周恩来总理逝世,杭州大学校园沉浸在悲哀之中,广大师生也看清了江青等人以批所谓"现代大儒"为名影射周恩来总理的罪恶企图。出于对总理的敬爱和对江青一伙倒行逆施做法的无比愤慨,教育学系的教师与其他各系的 2000 多名师生戴上黑纱,到学校大礼堂举行追悼会。会后,师生们抬着花圈上街游行,以表示对总理的悼念和敬仰。清明节前,杭州大学校园刷出了"悼念周总理,怀念周总理""翻案不得人心,污蔑周总理不得人心"等大幅标语,有的系还联合举行"周总理战斗光辉的一生"报告会,以表达对周恩来总理的爱戴之情。

1976 年 10 月 6 日,党中央政治局代表党和人民的意志,一举粉碎江青反革命集团。喜讯传来,广大师生欢欣鼓舞。学校于 18 日举行大会,坚决拥护党中央对"四人帮"采取的断然措施,师生们在心中积压 10 年之久的疑团开始解开,蒙受了 10 年之久的冤恨也得以倾吐。教育学系和体育学系的教师均积极投入揭批"四人帮"的斗争。

第四节　教育领域的拨乱反正

1976 年 10 月,江青反革命集团的覆灭,宣告了"文化大革命"的结束。1978 年 7 月,高校恢复校长制,省委任命省委常委王家扬兼任杭州大学校长。1979年2月,省委任命陈立、江希明、朱福炘为副校长,郑晓沧①、董聿茂为顾问。同年3月15日,省委任命陈立为校长。

杭州大学从此踏上新的旅程,学校的教学和科研等各项工作迅速得到恢复与发展。与此同时,鉴于"文化大革命"所奉行的极"左"路线流毒甚广,因而彻底推翻"两个估计"所带来的危害,进行教育领域的拨乱反正,成为当时的首要任务。

一、"揭、批、查"运动

为了彻底清算林彪、江青反革命集团的罪行,根据中央的部署,全校开展了"揭、批、查"的运动,即揭发林彪、江青反革命集团的罪行,批判他们推行的极"左"路线,清查与林彪、江青反革命集团篡党夺权阴谋活动有牵连的人和事。

"揭、批、查"从1977年11月开始,至1978年5月告一段落,采取边批边查的方法,清查与"四人帮"有牵连的人与事,揭批"四人帮"炮制的"两个估计",砸碎强加在广大教师和干部身上的精神枷锁,充分肯定"文化大革命"前17年教育工作的成绩,也充分肯定广大知识分子在社会主义建设事业中的积极作用。

1978年5月11日,《光明日报》发表特约评论员文章《实践是检验真理的唯一标准》。随后,全校师生围绕真理标准问题展开了热烈讨论。1979年10月1日,《杭州大学报》发表题为"讨论真理标准问题一定要联系实际"的评论员文章,指出:"讨论真理标准,就是为了解放思想,鼓励人们运用马列主义、毛泽东思想,针对理论和实际的现状,敢于提出问题,敢于争论,敢于突破传统,提出新观点,做出新结论。没有活跃的学术空气,高等学校是办不出水平来的。"

教育学系和体育学系的教师通过"揭、批、查"和开展真理标准问题的讨论,以及对否定教育事业、否定广大教师的"两个估计"和"两个凡是"进行批判,分清了大是大非,澄清了各种错误认识。政治、思想、理论上的正本清源以及拨乱反正,使广大教师,尤其是那些在"文革"中被错误地当作"走资派""资产阶级知识分子"批斗的干部和教师,卸掉了压在身上的各种沉重包袱,获得第二次解放,重返教学科研第一线,在学校和系的恢复和发展中发挥了重要作用。

---

① 郑晓沧于1979年3月12日在杭州浙江医院病逝。

1978年1月,丁鑑调任教育学系党总支副书记。12月,陆有德调任教育学系副主任。体育学系由黎明任党总支书记兼系主任,胡士煊继任体育学系副主任。

二、平反冤假错案

从1978年开始,杭州大学着手进行落实政策的工作,组织专门班子,本着实事求是、有错必纠的方针,对"文革"期间立的案件,逐个进行复查,纠正错误的结论,平反冤假错案,并对"文革"前所谓政治原因造成的错案也做出实事求是的纠正和妥善处理。11月25日,学校召开落实政策大会,为在林彪、"四人帮"极"左"路线下遭受诬陷和迫害的同志平反昭雪,推倒"四人帮"强加在干部、教师身上的一切诬陷不实之词,撤销党员干部、教职员工因被诬蔑迫害而受到的党纪、行政处分。"文化大革命"中,在林彪、"四人帮"的极"左"路线下,教育学系有3位教授、1位副教授被立案审查,后经学校组织专门班子复查,纠正了对他们做出的错误结论。

根据中央关于对错划右派分子进行改正的指示,学校对整风反右期间所划的全部右派分子也进行逐个复查,凡属于错划的,均实事求是地予以改正。经省有关部门批准,教育学系一位老教授的错划问题被纠正,该教授恢复了政治名誉、工资待遇及教授职称。

三、恢复招生和职称评定

1977年6月,教育部先后两次召开高等学校招生工作会议,决定废除"文革"期间的招生推荐制度,恢复文化考试,并规定:凡是工人、农民、上山下乡和回乡知识青年、复员军人、干部和应届高中毕业生,只要符合条件都可报考。是年,教育学系招收学校教育专业新生40名(其中走读生10名),体育学系招收新生135名,于1978年3月入学(10名走读生稍后于4月入学)。1978年9月,教育学系学校教育专业招收新生40名,新增设的教育心理专业招收新生20名,共计60名;体育学系招收新生163名。1978年10月,杭州大学恢复招收研究生制度,教育学系中国教育史专业招收2名研究生(田正平、霍益萍),导师为陈学恂教授。至1978年年底,教育学系有本科生100名,研究生2名,体育学系有本科生近300名。

1978年3月7日,国务院批转教育部《关于高等学校恢复和提升职务问题的请示报告》。报告指出:原来确定和提升为教授、副教授、讲师和助教者,一律有效,恢复职称,还规定可以越级提升教授、副教授,并将提升教授的审批权限改为由省、市、自治区批准,报教育部备案。在此以后,教育学系和体育学系原有的教授、副教授、讲师和助教都恢复了职称。同时,根据"坚持标准,保证质量,全面考核,择优提升"的原则,体育学系晋升了一批讲师,教育学系老教师陈学恂由讲师越级提升为教授,另一名老教师提升为副教授,8位中青年教师提升为讲师。这些老教师和年富力强的中青年教师在教学、科研和学校的各项工作中发挥了积极的作用。据统计,他们在1977年至1978年间,在《杭州大学学报》(哲社版)发表学术论文6篇,编写《小学数学》教材1册(第7册),在《浙江教育》发表学术论文10篇。

　　1978年6月,教育部在武汉召开高等学校文科教学工作座谈会,会议制定了高等师范院校教育学系学校教育专业的教学方案(征求意见稿),规定开设比较教育课程,并将《比较教育》教材的编写工作列入文科教材编选规划。杭州大学的王承绪和华南师范大学的朱勃、北京师范大学的顾明远为该书主编。

第四章

杭州大学时期(下)(1978—1998 年)

1976 年 10 月粉碎"四人帮"后,特别是 1978 年党的十一届三中全会以来,学校不仅恢复了正常的办学秩序,而且短时间内在人才培养、科学研究、对外交流等方面取得很大的进展。

1980 年,为适应浙江省现代化建设事业发展的需要,杭州大学对全校的系科及专业设置进行调整,增设哲学、经济学、心理学 3 个学系。是年 12 月,经省政府批准,心理学专业从教育学系分出单独建系。自 1981 年起,教育学系和体育学系相继成立各学科研究室,在开展学术研究的基础上招收硕士、博士研究生。1982 年,为加强高等教育研究,杭州大学高等教育研究室成立。1987 年起,公共体育教研室从体育学系中划出,单独成立公共体育教学部。

第一节 恢复正常的办学秩序

十年"文化大革命",既搞乱了思想,混淆了是非,也破坏了正常的办学秩序。1978 年后,各系各单位在党政班子的领导下,整顿秩序,健全制度,重视师资队伍建设,使各项工作很快走上正轨。

一、健全党政领导班子

为使办学秩序很快得到恢复,把工作重点迅速转到教育科研上来,学校对各系、所党政班子的组建十分重视。1978—1998 年的 20 年中,教育学系、体育学系和高等教育研究所(室)的领导班子几经调整,除了有经验的老干部和老教师外,还充实了一批改革开放后新培养的年轻教师,他们具有较高的学历、开放的意识，有的还有留学国外的经历。

（一）教育学系

1980 年 12 月，教育学系与心理学系正式分设，两个系的资料室也于 1985 年 5 月分开。分设后的教育学系有教职工 32 人，包括：陈学恂、丁鑑、朱景忠、薛志才、裴文敏、金维城、曾仲发、董远骞、张定璋、曾钜生、朱作仁、王权、寿云霞（女）、励雪琴（女）、王炳仁、戚谢美、魏春孚、邵祖德、琚鑫圭、张彬（女）、王承绪、金锵、方克明、李克兴、陆有德、邵珊（女）、徐顺松、陈继生、薛小棉（女）、沐慈修、马绿琴（女）、保慧林（女）。当时，全系有学生 113 人，其中有中国教育史专业研究生 2 人，学校教育专业本科生 111 人（1977 级 40 人、1978 级 40 人、1979 级未招生、1980 级 31 人）。陈学恂为系主任，朱景忠、陆有德为系副主任，丁鑑①为系党总支副书记。1981 年 7 月，王尚琪②调任系党总支副书记。

1983 年 5 月，金锵任系主任。9 月，金锵调任副校长，同时兼系主任。1984 年 4 月，裴文敏、邵祖德为系副主任，曾钜生③为系党总支书记，毛雪非（女）为副书记。5 月，教育学系根据学校党委的要求，进行科级干部的调整和系党总支改选，并对各教研室正副主任也进行了调整。

1987 年 11 月，学校进行系行政领导班子换届，任命邵祖德为系主任，李志强、徐辉两位年轻教师为系副主任。1988 年 5 月，学校决定毛雪非任系副主任（兼）。1990 年 6 月，李志强调任学校团委书记，郑继伟任系副主任。

1990 年 10 月，系行政班子换届，邵祖德仍为系主任，徐辉、郑继伟、毛雪非（兼）、戚谢美为系副主任。后邵祖德因病休养，1992 年 6 月徐辉接任系主任，毛雪非任系党总支书记。

1993 年 10 月，系行政班子换届，徐辉为系主任，刘力、戚谢美为系副主任。1994 年 1 月，毛雪非调任校党委常委兼组织部长，校党委调余美玲（女）到教育学系接任系党总支书记。1996 年 2 月，徐辉调任副校长，田正

---

① 丁鑑（1913—2008），担任教育学系党总支副书记直至离职休养（享受厅局级待遇）。2008 年 2 月 6 日在杭州浙江医院病逝。

② 王尚琪（？—2015）后调至中国建设银行浙江省分行工作，曾任教育处处长，2015 年冬在杭州病逝。

③ 曾钜生（1927—2003），1948 年 12 月加入中国共产党，1988 年 12 月离职休养，曾任政协浙江省第六届委员会委员。

平接任系主任。

1996年11月,系行政班子换届,田正平为系主任,刘力、戚谢美(兼)、周谷平(女)为系副主任。1997年12月,戚谢美调任计算机科学系党总支书记,管依群(女)任系副主任。

(二)体育学系

1978年,黎明任系主任兼党总支书记,张永生、胡士煊、周坤全为系副主任。

1984年,王明海任系主任,王金生、杨梅琳(女)为系副主任,郑志林任党总支副书记。1986年,朱锡忠任党总支书记。

1992年,王明海任系主任,郑志林、李寅生为系副主任。朱锡忠任党总支书记,陈发瑶任党总支副书记。1993年,郑志林任系主任,李寅生、丛湖平为系副主任。

1996年,丛湖平任系主任,过平江为系副主任。朱锡忠任党总支书记,陈发瑶任党总支副书记。1997年,于可红(女)任系副主任。

体育学系分设田径教研室,球类教研室,体操教研室,武术教研室,体育理论教研室,解剖、生理、保健教研室和公共体育教研室。自1982年起,为加强实验教学环节,体育学系在相关教研室组建专业实验室,如人体生理实验室、人体保健实验室、人体解剖实验室和运动生理实验室及电化室等。

公共体育教研室面向全校开设公共体育课,并承担全校体育健身活动和体育竞赛的组织管理工作。1987年,随着学校招生规模不断扩大,教学和群体工作日益繁重,该教研室经学校决定从体育学系划出,单独成立公共体育教学部。

为协调党、政、工、团和学生会的工作,体育学系于1988年8月成立系务委员会,讨论决定系里的重大问题。系务委员会由11人组成,王明海为主任,朱锡忠为副主任,马端(团总支书记)、王金生、王金民、华明、杨梅琳、陈允浩(系工会主席)、金钦昌、郑志林、王才领(系学生会主席)等为委员。

(三)公共体育教学部

公共体育教学部从体育学系独立出来后直属学校领导,并成立公共体育直属党支部,陈德明任主任兼直属支部书记,郭冬生、朱文斌任副主任。

1988—1994年,郭冬生任主持工作的副主任,朱文斌、张华达任副主任,陈德明任直属支部书记。1994年,朱文斌调任杭州大学基建处处长。

1994—1998年,张华达任主任兼直属支部书记,诸葛伟民任副主任。

(四)高等教育研究室(所)

1982年,经学校和浙江省教育厅批准,杭州大学成立高等教育研究室,由浙江省教育厅和杭州大学双重领导,第一任主任为王承绪。1984年,陆有德被任命为副主任,具体负责高教室管理事务。1990年2月,高等教育研究室改名为高等教育研究所。1994年,林正范被任命为高教所所长,陈列被任命为高教所副所长。是年,省教育厅组建省教育科学研究院,高教所纳入省教育科学研究院编制,也称省教科院高教所。1995年,林正范调离杭州大学,夏越炯兼任高教所所长,方展画为高教所主持工作的副所长。1998年,方展画被任命为省教科院院长,王爱国为高教所主持工作的副所长。

二、试行系主任负责制

杭州大学从1982年开始在教育学系、心理学系试行系主任负责制,尔后推广于全校各系,并逐步完善这一制度。为了充分调动各系的积极性和主动性,学校制订了一系列具体措施,以扩大系主任在人、财、物方面的使用管理权,主要内容有:

1.系的科级干部由系行政与党总支研究确定,报学校党委组织部审核备案,并由系行政领导任命。

2.教研室的正副主任由系党政领导研究确定,并由系主任任命。

3.助教、技术员、助理工程师等技术职称由系学术委员会讨论,系主任批准。

4.各系有权聘请校外兼职教授,聘请名誉教授需报学校批准。

5.教学计划、任课教师的选定、每个教师的工作安排,均由系主任负责。

6.在确保完成学校和上级部门委托下达的教学任务的前提下,系主任有权承接外单位的科研、咨询等任务,经学校有关部门复核后签订合同,收益分配比例按学校科教服务中心的有关规定办理。

7.实习经费及分配给各系的教学业务费,由各系安排使用。教师派遣在国内进修或培训的,由系主任批准,所需费用在系的教学经费中支出;凡出国进修者,由系提名,人事处审核,校长批准。

8.学校按照各系的教学任务和开出实验人次的情况,将设备费、实验材料费分配到各系,系主任有权决定采购必需的设备和实验材料,制订全年的购置计划。

9.上级下达的专题科研经费和科学基金的使用,按国家规定的财政制度使用范围,由课题负责人提出使用计划,系主任批准;按研究生数分给各系的研究生经费的使用,由指导教师提出使用计划,系主任批准,即可办理报销手续。

10.学生的助学金(奖学金),除学校提取一定比例外,全部下放给系,由系包干,专款专用。

11.系自筹基金中的发展基金用于系的建设和发展,由系主任审批决定使用;发展基金额超过 1 万元的,可提取 1000 元属系主任活动费,不到 1 万元的,可提取 500 元属系主任活动费。①

1991 年下半年,杭州大学领导体制由校长负责制转为党委领导下的校长负责制。为完善这一领导体制,学校党委认真履行党中央关于加强高校党的建设的通知中规定的主要职责,集中精力抓学校改革和建设中的大事,研究工作中的重要方针、政策,加强党的建设和思想政治工作,以确立学校党组织的领导和政治核心地位,并注重抓好校系领导班子的思想作风建设。

三、制定各项规章制度

为了尽快建立正常的教学秩序,教育学系提出从严治系、建设优良系风和学风的要求,在切实进行教学改革的同时,认真抓好教学管理和各项规章制度的贯彻落实。从 1977 年下半年开始,学校先后制定教职工和学生的考勤、请假制度。据此,教育学系也做出相应的具体规定:教师因公出差(开会)、因事或因病等都须办理请假手续,由教研室主任或系主任批准;学生因事、因病等请假,分别由班长、班主任、系主任或学校批准;教师、学生不办理请假手续,按旷工或旷课论,并按学校规定给予纪律处分。1983 年 1 月,教育部颁发《全日制普通高等学校学生学籍管理办法》。6 月,学校根据本校实际情况制定《关于执行部颁〈全日制普通高等学校学生学籍管理办法〉的几点意见》,颁发《三好学生评定试行办法》和《人民奖学金试行办法》,并修订《考场守则》《教室规则》《学生宿舍管理守则》等。教育学系对以上规章制度的实施予以高度重视,曾对任意旷课、违反校纪校规的学生做出严肃处理,以促进良好系风和学风的形成。

为全面提高办学质量,使各方面的管理工作制度化、规范化、科学化,体育学系自 1984 年以来,陆续制定了一系列规章制度,包括教学管理、科研管

---

① 　参照杭州大学校史编辑委员会:《杭州大学校史》,1997 年,第 136—138 页。

理、行政管理、经费管理、学生思想政治工作、运动训练等几个方面,并于1990年将其汇编成册。《杭州大学体育学系规章制度汇编》包括《杭州大学体育学系专业教学规范条例》《杭州大学体育学系关于进一步整顿教学秩序、加强管理的补充规定》《杭州大学体育学系关于加强考试管理的补充规定》《杭州大学体育学系本科、专科教育实习岗位责任制》《杭州大学体育学系关于加强毕业论文管理的意见》《杭州大学体育学系科研管理暂行办法》《杭州大学体育学系评定三好学生、奖学金奖励加分的规定》《杭州大学体育学系关于展开"学习好、纪律好、团结好"三好班活动的竞赛办法》《杭州大学体育学系班主任工作条例(试行)》《杭州大学体育学系教学业务费管理暂行规定》《杭州大学体育学系研究生经费管理办法》《杭州大学体育学系办公费的使用规定》《杭州大学体育学系代表队点心补贴开支的补充规定》《杭州大学体育学系代表队和专修课学生观摩比赛的经费开支规定》《杭州大学体育学系术科教师教学工作服装及其他工作人员劳保用品发放规定》《杭州大学体育学系行政管理条例》《杭州大学体育学系体操馆管理规则》《杭州大学体育学系田径场管理规定》《杭州大学体育学系球类馆管理规则》等。正是这些规章制度的制定和实施,使体育学系的各项管理工作走上了新的台阶。

四、加快教师队伍建设

由于"文化大革命"期间高等学校未能及时补充新生力量,致使教师队伍青黄不接的现象十分严重,因而各系都把加快教师队伍建设和青年教师培养视为至关重要的大事,采取了相应的对策。

教育学系在加强教师队伍建设方面主要采用以下办法:一是挑选优秀本科生、研究生留系任教,据统计,1982年以来先后选留本科生15人、研究生16人,其中6人在党政管理岗位,25人充实到教学岗位;二是鼓励青年教师在职攻读研究生,9名在职攻读研究生的教师中,2人获硕士学位,7人获博士学位;三是吸收外系、外校毕业的研究生(包括硕士生和博士生)到系任教;四是鼓励3名在国外、国内高校获博士学位的年轻学者,到教育学系博士后流动站做博士后研究,出站后留系任教;五是通过公派或校际交流等途径选派青年教师到美国、英国、德国、日本、澳大利亚等国家及地区进修,时间半年、一年不等。通过上述办法,一批素质好、学历高、能力强的青年人挑起了教学、科研的重担,使教育学系教师队伍青黄不接的状况很快得到好转。1978年以后,学校恢复了教师任职资格的评审和教师职务的聘任,截至1998年,教育学系共晋升教授11人、副教授28人、讲师16人、助教29

人,从而使教师队伍的结构发生很大变化,日益趋于合理。1980 年 12 月教育学系、心理学系分设时,教育学系正教授仅 2 人,占教师总数的 6.4%。1998 年四校合并时在职教师中正副教授 21 人,占教师总数的 67%,其中有 17 人在 45 岁以下。

　　为弘扬尊师重教的优良风气,教育学系于 1986 年 6 月 13 日举行"庆贺王承绪、陈学恂两教授执教 50 年"大会,杭州大学名誉校长陈立、校长沈善洪、副校长金锵到会祝贺并讲话。系友、杭州市委副书记杨招棣①和省教育委员会副主任邵宗杰也到会祝贺并讲话。心理学系、杭州师范学院、浙江教育学院代表及本系师生近 100 人参加了庆贺会。

　　体育学系也始终把师资队伍建设放在重要地位,根据教育事业的发展和学科建设的需要不断扩充教师队伍,其途径一是本系毕业生留校任教,二是吸收本校其他专业毕业生,三是从其他院校引进。该系在选留毕业生或引进人才时都注重把握以下标准:一是力求理论与实践技能并重;二是专业技能有所特长,兼具一定人文素养;三是适当考虑学科交叉;四是追求高学历、年轻化。在师资队伍扩充的过程中,20 世纪 80 年代,限于当时的条件,新进教师以本科生为多,90 年代则以硕士研究生为主。至 90 年代末,全系教师中 11 人具有研究生学历,45 人具有本科学历,7 人具有专科学历,2 人具有博士学历,与高学历的要求还存在较大差距。与此同时,由于年轻教师的不断选留和引进,全系教师的年龄结构得到显著改善。68 名教师中,60 岁以上 11 人,50~59 岁 9 人,40~49 岁 16 人,30~39 岁 26 人,30 岁以下 6 人。1978 年,国家恢复教师专业职称评审晋升制度,极大地调动了教师的积极性。至 1998 年年底,体育学系有教授 9 名,副教授 29 名,讲师 19 名,助教 4 名。

　　教育事业的发展和学科建设的提升,迫切需要教师整体水平的提高。体育学系在引进高素质人才的同时,也十分注重在职教师的进修和提高,主要采用以下 3 种办法:(1)先后派出 20 余名教师分赴美国、德国、日本、英国、加拿大、苏联(及后来的俄罗斯)和匈牙利等国家进修、访学、短期工作和进行学术交流,也经常邀请国内外专家学者来系讲学。(2)充分发挥老教师

---

　　①　杨招棣 1930 年出生于浙江黄岩,1954 年毕业于浙江师范学院教育学系,毕业后留校工作,历任浙江师范学院团委副书记、杭州大学团委书记、教务处处长等职。20 世纪 80 年代调杭州市委工作,历任市委常委、宣传部长,市委副书记。1988 年调任浙江省人民政府侨务办公室主任。2018 年 1 月 5 日在杭州逝世。

的学术带头人作用,依托教研室的组织效应,按学科组建老、中、青三结合的学术梯队,老教师言传身教,新老教师互相学习,共同提高。(3)加大培养青年教师的力度,如在教学、科研、进修等方面的政策倾斜,在职称晋升和福利分配等方面打破论资排辈的做法,引进竞争机制,从而为青年教师提供施展才华的平台。由于领导重视、管理到位、激励机制有效,加上老教师的让贤荐贤和青年教师的积极进取,该系逐步形成一支梯队结构合理、知识结构优化、富有生机和创新活力的教师队伍。

公共体育教学部从 1988 年开始,采取引进、在职培养等措施,提高具有研究生学历的体育教师比例,至 1998 年成为全省各高校中具有研究生学历、硕士学位的公共体育教师比例最高的单位。

五、进行党员思想教育

1984 年 10 月,学校党委按照党中央关于整党的决定和省委的部署,开始进行全面整党。这次整党的主要内容,一是着眼于清理"左"的思想影响,深刻理解党的十一届三中全会以来的路线、方针和政策,提高广大党员的政治觉悟;二是深入进行彻底否定"文化大革命"的教育,认真总结经验教训,消除派性,增强党性,加强团结;三是进行党风党纪和做一个合格党员的教育,对照党员标准和干部条件开展批评与自我批评;四是进行组织清查工作。整党工作经过学习文件、对照检查、组织处理和党员登记四个阶段,至1985 年 6 月底基本结束,历时 8 个月。

教育学系和体育学系的党总支十分注重党的思想建设和组织建设,在整党期间,无论是学习阶段,还是个人总结、党员登记阶段,都做到认真组织、严格要求,使全体党员从中接受了深刻的思想教育;同时按照党中央"坚持标准、保证质量、改善结构、慎重发展"的方针,积极慎重地做好党员发展工作。教育学系一手抓党章学习小组,组织入党积极分子学习政治理论、学习党的基本知识,使他们不断端正入党动机,积极创造条件加入党的组织;一手抓业余党校,对新发展的党员进行系统培训,使他们真正成为党组织的新鲜血液。1985 年,该系共有 13 个党章学习小组,119 人参加学习,其中73 人(教工 15 人、研究生 7 人、本科生 29 人、专科生 22 人)向党组织递交了入党申请书。业余党校曾组织新党员到杭州云居山烈士纪念碑举行入党宣誓仪式,组织新党员和入党积极分子到嘉兴南湖"一大"会址参观。从1978 年到 1998 年上半年,教育学系共发展党员 366 人(其中教师 12 人,学生 354 人)。在争创先进党支部和优秀共产党员的活动中,教育学系的教工党支部和学生党支部多次被评为校先进党支部,12 位教师和学生先后被评为校优秀共产党员和优秀党务工作者。

第二节　努力改善办学条件

工欲善其事,必先利其器,图书资料和教学设施是办学的重要条件。正如老校长竺可桢所说:"一个大学必有众多超卓的学者,才能感得图书设备的重要,而且会扩充合用的图书;也惟有丰富的图书,方能吸引专家学者,而且助成他们的研究与教导事业。"①教育学系和体育学系在经费有限的情况下,努力争取并利用外来资源,添置图书报刊,改善教学设施,为教育事业的发展创造良好的条件。

一、加强图书资料建设

教育学系资料室自 20 世纪 80 年代以来持续不断地添置图书报刊:1984 年利用系部分开办费购图书 700 余册,又利用学校图书经费购图书 200 余册;1985 年用幼教专业经费购置中文图书 600 多册,用学校图书经费购置图书 300 余册,添置铁制书架 15 只;1986 年先后三次派专人去北京、上海、南京购置图书 2000 余册,又购置港台图书 200 册,后学校拨款 4900 美元,定购外文图书 200 多册、港台图书 100 多册,是年征订中外期刊、报纸 341 种,比上年增加 30 余种;1987 年购置图书 1662 册,征订外文期刊、报纸 360 余种,比上年又增加了 20 余种;1988 年学校先后拨专款 4200 美元和 3780 美元,订购外文图书。1997 年杭州大学百年校庆时,1978 级系友林家俊、陈建萍伉俪捐资 1 万美元购置资料室设备,使系资料室设备得到全面更新。

为加强图书报刊的管理,更好地为教学、科研服务,教育学系资料室于 1985 年 5 月制定《图书报刊外借规则》,对借阅的册数、时间等做出具体规定,并实行凭借书卡出借书刊的制度。1988 年 6 月,资料室制定《关于外单位人员利用教育学系资料室的若干规定》,同时对 1985 年的《图书报刊外借规则》做了修改:一是教师借书册数不限,除工具书外全部实行开架借阅;二是借阅时间适当缩短以加强流通;三是借阅书刊逾期者停借并罚款。1990

---

①　竺可桢校长训词(1936 年 4 月 25 日第一次对学生训话记录),载《国立浙江大学校刊》第 248 期,1936 年 5 月 9 日。

年3月,教育学系对图书报刊的外借做了新的补充规定:教师借阅书刊的总数不得超过30本(其中中文书刊20本,外文书刊10本);书刊借阅时间中文图书2个月、报刊15天,外文图书、报刊合订本3个月,外文报刊散本1个月。1996年6月,系资料室又重新修订《图书报刊外借规则》,除借阅对象、期限、赔偿等方面的新规定外,新设"教师必备书",由"教师自选,借期半年",目的是保证教学科研用书。后来,系资料室根据本科教学的需要,又专门设立"学生书库",为学生借阅教育类专业书和教学参考书提供方便,深受全系学生的欢迎和好评。

教育学系资料室在搞好图书报刊的购置、征订、出借、归还等日常工作的同时,还主动编印资料,为教学科研服务:(1)编印《教育科学研究文集》4集,分别是《苏霍姆林斯基教育思想研究》(1985年12月)、《教育社会学》(1986年4月)、《凯洛夫与赞可夫教育思想研究》(1986年10月)和《学校管理与领导》(1987年10月);(2)编印台湾出版的图书目录,为教师学生选购、征订提供方便;(3)汇编1978—1987年教育学系教师出版著作和发表论文的目录,展示所取得的研究成果;(4)编印系资料室《新书目》,共17期,为教师熟悉资料室新书提供方便。

体育学系资料室建于1962年,20世纪70年代初具规模,至90年代末已拥有中外文体育图书15000余册,中外文体育期刊560种,精装中外文体育期刊10000余册,各种体育报60余种,合订体育报600余本。特别是资料室搜集了1909—1949年国内体育刊物100余种,为全国体育院系资料室仅有的收藏,弥足珍贵。为方便教师对图书资料的利用,体育学系资料室对已有各种资料按科学方法编辑,编制出一套简便易用的系统检索方法,并与兄弟院校合作编辑了《全国中文体育期刊篇名目录(1950—1990)》,作为内部资料在国内发行,从而使馆藏资料的完整性、系统性居全国高等体育院系资料室之首。由资料室主任赵善性主编的《体育教学参考资料》和《体育运动》内参杂志发行全国,平均每期发出8000余册,颇具影响。资料室不仅为本系教职员工的教学、训练和科研服务,还开放学生阅览室,丰富学生的课外阅读,同时也为各省、市体委,体育院系和大中小学的体育工作者提供有效的支持和帮助,享有良好的声誉。

二、改善体育教学设施

体育学系归杭州大学建制后,一直处于"文革"动乱之中,经费严重不足,运动设施短缺,只有一个田径场,一个室内篮球房(水泥地面),一个简易体操房,一个举重房,其余设备和器材也十分简陋,只能勉强维持教学。1977 年恢复高考制度后,随着新生的陆续入学,办学条件不足的矛盾日益突出。此后,学校逐步增加对体育设施的投入:1979 年利用旧仓库改建成乒乓房一个,并增建一个室内田径馆(65 米×23 米,1995 年将馆内一半加层做体操房);1981 年新建 400 米跑道田径场(1996 年暑期铺草皮,投、跳区改为塑胶);1983 年新建四个室外篮球场(校图书馆前,1993 年废弃);1986年把篮球房的水泥地改为地板;1988 年建一个风雨排球棚(两个球场);1993 年秋建三个室外水泥网球场;1995 年建了一个简易武术房,还陆续添置了一批运动器材、实验仪器和实验材料,增购电教设备。经过多年的努力,办学条件得以改善,基本保证教学、训练和科学实验的需求,也为后来招生规模的扩大和教学层次的提升奠定了物质基础,但就总体硬件设施来说,与兄弟院校同类系科相比仍较落后。

三、田家炳书院的落成

田家炳书院是被誉为"香港人造革大王"的田家炳[1]先生慷慨捐赠 800万元人民币和杭州大学配套投入 800 万元人民币所建的一座具有现代化教育设施的教学办公大楼,又因冠以"书院"之名而弥漫着传统的人文气息。奠基典礼于 1997 年 5 月 3 日举行,这一天恰逢杭州大学建校 100 周年。在隆重的奠基典礼上,浙江省领导及杭州大学副校长徐辉在讲话中高度赞扬了田家炳先生的爱国重教壮举。

田家炳书院大楼于 1999 年年初正式落成。届时,四校已合并组建成新浙江大学,校长潘云鹤为新落成的大楼题写"田家炳书院"五个大字。7 月,教育学系师生以无比兴奋的心情从原东二教学楼迁至田家炳书院。

第三节　多层次的人才培养

随着时代的发展和社会的需求,高等学校拓宽办学思路,在大力培养高层次人才的同时,努力发展成人学历教育,逐步形成以研究生教学为先导、本科生教学为主体、专科生教学为辅助的多层次的人才培养机制。为了确

---

[1]　田家炳 1919 年出生于广东梅州,18 岁出国经商,1958 年举家迁居香港。他是香港著名的企业家和慈善家,2018 年 7 月 10 日逝世,享年 99 岁。

保人才培养的质量,教育、体育两个学系从思想教育、课程设置、培养方法、教学手段等方面采取了诸多改进措施。

一、建立人才培养机制

自 1977 年高校恢复招生后,教育学系和体育学系在调整并扩大本科规模的基础上,一方面提高办学层次,招收硕士和博士研究生;另一方面为适应社会的需求,开设政治教育、学前教育等专修科,以及在职人员脱产学习的教育管理专修科、本科。

(一)本专科教育

教育学系原本仅设置为师范院校培养教育学、心理学师资的学校教育专业,1978 年 9 月虽增设教育心理专业,但不久心理学教研室分出去独立成系后,依然只有学校教育专业。改革开放后,随着社会经济和教育事业的迅猛发展,这种培养教育学、心理学教师的单一的专业结构与"四化"建设的需求不相适应的矛盾日益突出。因而,教育学系充分利用办系历史长、师资力量强和科研水平高的有利条件,开始进行专业调整和建设,并取得较快、较大的进展。

首先,教育学系自 1983 年起开设教育管理专修科,1988 年举办大专起点的教育管理本科班,最终于 1993 年正式设置教育管理专业,招收高中毕业的本科生。为提高本省各级教育部门和中等学校管理干部的素质,1983年省教育厅委托教育学系开办教育管理专修科,招生对象为各地教育部门、中等学校从事管理的现职或后备干部,采取本人报名、组织推荐、参加全省成人高考、统一录取的办法。教育管理专修科从 1983 年至 1987 年连续招收 5 届共 207 名学生,学制 2 年,毕业后回原单位工作。与此同时,教育学系曾专门组织调查小组对设置教育管理专业(本科)的必要性和可行性进行为期 4 个月的调研,写出《教育学系关于教学改革问题的调查研究报告》,呈送学校和省教育厅。经批准,教育学系从 1988 年开始举办大专起点的教育管理本科班,招收大学专科毕业、工作 3 年以上、年龄在 35 周岁(1989 年起改为 32 周岁)以下的教师和教育行政干部,学制 2 年,学习期满考试成绩合格,发给本科毕业文凭,授予教育学学士学位。大专起点的教育管理本科班从 1988 年开始招生,连续招收 6 届,培养了 166 名既具较高教育理论专业知识又有实践经验的优秀教师和教育管理人才。1993 年 11 月,省教委同意杭州大学增设教育管理本科专业,学制 4 年。至此,教育学系有了学校教育和教育管理两个本科专业。新增设的教育管理专业从 1994 年开始招生。

学校教育专业则自 1989 年起在中等师范、普通高中应届毕业生中招收定向保送生,连续招 3 届,共招收定向保送生 23 名(其中中等师范 18 人、高中 5人)。这些定向保送的学生独立工作能力强,有文艺、体育等方面的特长,在全省、全校的文艺、体育比赛中多次获奖。

其次,教育学系为满足社会对政治教育和幼儿教育师资的需求,增设政教、幼教专修科。为培养中等学校的专职团干部,省政府于 1983 年 6 月批准杭州大学教育学系增设政治教育专修科,学生从全省高校统一招生考试中录取,实行定向招生,定向分配,学制 2 年。政治教育专修科自 1983 年至 1988年连续招收 6 届共 241 名学生,毕业后除少数在高等学校从事共青团及其他管理工作外,绝大多数为中等学校的专职共青团干部。为适应本省幼儿教育发展的需要,省教育厅于 1985 年 3 月决定在杭州大学教育学系原有专业基础上对部分学生进行学前教育专门化的训练,培养幼儿师范和幼教职业班师资,并为此专门下拨图书资料等方面的经费。根据省教育厅的决定,教育学系于 1985 年 12 月将在校高年级的 14 名学生转向学前教育专门化方向进行培养,同时在 1987 年和 1988 年连续两年招收 43 名学生(1987 级 20 人、1988级 23 人),但这些学生毕业后只有个别人从事幼儿教育事业。1995 年 6 月,省教委和省计经委批准杭州大学教育学系与浙江幼儿师范学校联合举办幼儿教育专业大专班,招收幼儿师范学校 3 年制应届毕业生,培养德、智、体、美全面发展,具有大学专科文化程度,能适应当代幼儿教育发展和改革需要的幼儿园骨干教师。幼儿教育专业大专班从 1995 年开始招生,连续招收 4 届学生,共培养 278 名具有大学专科文化程度的幼儿园教师。

体育学系自 1977 年恢复高考制度以后,根据培养全省中等学校以上体育师资和体育专门人才的任务开设体育专业,1977 年招收 4 年制本科生,1985 年恢复招收 2 年制专科生,后依据国家教委关于专业名称规范化的要求更名为体育教学专业,1996 年体育学被正式认定为一级学科,纳入哲学社会学的范畴,遂又恢复体育专业招生并组织教学。在长达 20 年的过程中,体育学系一直保持师范性教学的特点,同时依据时代的发展和社会需要,适时扩大非师范性学科范围,合理配置教学资源,逐步形成以本科生教学为主体、专科生教学为辅助的人才培养结构。

(二)研究生教育

1981 年 11 月,国务院批准全国首批博士、硕士学位授予单位和学科、专业及指导教师,杭州大学有硕士学位授予权的学科、专业 21 个,博士学位授予权的学科、专业 2 个,博士生指导教师 3 人。教育学系的中国教育史专业(1978年9月开始招生)被批准有权授予硕士学位。

　　1984年1月,国务院公布第二批博士、硕士学位授予单位和学科、专业及指导教师名单,杭州大学增加有权授予硕士学位的学科、专业13个,有权授予博士学位的学科、专业2个及指导教师2名。教育学系的课程与教学论(1982年9月开始招生)、外国教育史、比较教育学(1981年开始招生)等专业被批准有权授予硕士学位;比较教育学专业被批准有权授予博士学位,指导教师为王承绪教授。1986年7月,国务院公布的第三批名单中,杭州大学又增加有权授予硕士学位的学科、专业11个,有权授予博士学位的学科、专业6个及指导教师10名。教育学系的教材教法研究专业(1985年9月开始招生)和体育学系的体育理论(后更名为体育人文社会学)专业被批准有权授予硕士学位;中国教育史专业被批准有权授予博士学位,指导教师为陈学恂教授。

　　至1986年7月,教育学系的中国教育史、课程与教学论、外国教育史、比较教育学、教材教法研究等5个专业具有硕士学位授予权,占全校的11.2%(当时杭州大学17个系45个专业具有硕士学位授予权);比较教育学、中国教育史2个专业具有博士学位授予权,占全校的20%(当时杭州大学10个专业具有博士学位授予权)。1995年2月,经杭州大学博士生导师评定委员会审定,报国务院学位办审核批准,田正平教授为中国教育史专业博士生指导教师。1998年,体育学系的体育教学训练学专业被批准有权授予硕士学位。教育学系的教育基本原理专业1998年9月开始招生,实际被批准有权授予硕士学位的时间是2000年。

　　1981年12月至1998年7月,教育学系培养硕士研究生85名,其中中国教育史专业14名、外国教育史专业6名、比较教育学专业18名、课程与教学论专业29名、教材教法研究专业(1991年开始改为学科教学论专业)16名、教育基本原理专业2名;培养博士研究生13人,其中比较教育学专业10人,中国教育史专业3人。体育学系培养了体育理论和运动生理学专业硕士研究生共59名。

(三)成人学历教育

　　教育学系在成人学历教育方面办有教育管理脱产班(专升本)和学前教育函授班(专科)。教育管理脱产班学制2年,自1995年开始连续办了3届,至1997年共培养学生239人。学前教育函授班学制3年,1996年开始连续办了2届,至1997年共培养学生129人。

　　体育学系为满足本省大、中、小学教师和体育工作者进修提高的迫切要求,1995 年起举办 3 年制专科函授教育,1991 年起举办 1 年制助教进修班,1997 年起举办 3 年制专升本函授教育,1996 年至 1997 年经国家教委批准举办硕士学位教师进修班(参见表 4-1)。

表 4-1　1981—1998 年体育学系历届毕业生人数统计

届次	专科生	本科生	硕士生	助教进修班	函授专科	合计
1981		135				135
1982		163				163
1983		88				88
1984		74				74
1985		76				76
1986		134	2			136
1987	94	133	4			231
1988	48	131	10			189
1989	77	83	1			161
1990	33	88	6			127
1991	90	71	4			165
1992	61	61	2			124
1993	76	29	3	19		127
1994	79	39	3	11		132
1995	107	29	5	6		147
1996	106	43	7	5		161
1997	80	45	6	17		148
1998	74	50	6	14	30	174
合计	925	1472	59	72	30	2558

二、提高人才培养质量

在多层次的人才培养机制中,本科生教育是最基本的办学层次。为了培养德、智、体全面发展的优秀人才,教育学系和体育学系均十分重视本科生教育,在不断更新教学内容、加强学生实际能力培养的同时,注重学生的思想政治工作,并积极组织各种社团活动和文体活动;公共体育教学部则面向全校本科生，负责体育教学、运动训练与竞赛、群体性课余体育活动等工作的开展与运行。

（一）不断更新教学内容

体育学系自 20 世纪 80 年代以后，在不断充实原设必修课和新增一批必修课的基础上，开设了大量的选修课：先是增设体育统计学、运动生物力学、文献检索与利用、写作、体育教法、体育绘图、体育测量学、体育场地建筑、体育科研方法、计算机、伤科学等课程；后为适应社会需要，加强技能储备，又增开运动训练学、体育社会学、比较体育、人体遗传学基础、运动生化、体育管理学、运动生理学、生理科学进展、体育思想史、体育保健与康复、体育新闻、运动心理学、生化研究方法等课程，以及健美操、艺术体操、羽毛球、网球、体育舞蹈、拳击、摔跤、散打、擒拿格斗、体育游戏、专项训练理论与方法等运动技术方面的选修课。由于广大教师的积极投入和多年的潜心研究，各学科取得长足的进步，特别是体育理论、运动生理学、体育保健学、人体解剖学等学科在全国同类学科中显示较强的优势。学校体育学在 1994 年被学校列为百门重点课程建设的首批课程，体育运动理论与实践在 1996 年年底被列为浙江省体育学科的重点扶植学科。

教育学系也多次就本科生的培养计划进行讨论。1985 年 5 月，《中共中央关于教育体制改革的决定》发表后，全系教师根据学校提出的"削减课时、打好基础、加强实践、培养能力"的 16 字方针，就修订教学计划、调整课程设置、改革教学内容和方法等展开了热烈的讨论。1992 年 12 月，教育学系组织教师重新讨论修订各专业的课程设置和教学计划。为增强适应社会需求变化的灵活性，大家决定较大幅度地削减必修课的门数和课时，专业必修课由 19 门 73 课时减少到 17 门 48 课时，选修课由 25 门 58 课时增至 45 门 95 课时。这样，既更新了教学内容，又能适合学生不同的学习要求。

（二）重视教学实践活动

体育学系对教学实习十分重视，组成由分管教学的副系主任为首的实习指导小组，根据教学大纲要求，修订教学实习计划，制订规范化的实习文件和考核标准，确保每个学生在所在学校完成担任班主任、体育课教学、担任学生运动队教练和学生课余操辅导等岗位的带职带责实习，并以完成所在学校的教学训练计划情况作为实习业绩考核依据，接受所在学校指导教师和学生的评价考核，最终评定实习成绩。实习指导小组在实习前负责对学生进行知识、技能、教学基本功的强化训练；聘请有经验的中学体育教师来系讲学。体育学系学生进行的 6～8 周的集中教学实习，开始基本上在杭州市各中等学校和高校。1994 年起,体育学系与杭州二中、十四中、莫干山中学、省银行学校、省轻工学校、杭州幼儿师范学校和向阳中学等建立长期合作关系,并将这些学校命名为教学实习基地。在实习管理上,体育学系试行授权委托实习学校管理的办法,立足于培养学生自我完善、自理生活和协调人际关系的能力,而教学实习指导组只负责前期组织安排,在实习过程中派教师定期观照,协助所在学校实施实习计划。经过数年的实践,这一模式得到相关学校的认可,取得不错的实效,委托双方相得益彰。实习学生大多吃苦耐劳,认真钻研,尊重师长,虚心求教,较好地完成实习计划。有的还在实习学校带领运动队取得突出成绩,在中学生运动会上夺标,获得荣誉,得到好评。

教育学系为保证学生教育实习有稳定的基地,通过多种途径(如承担科研项目、承办实验学校、培训教师等)先后与杭州市拱墅区教委、温州市鹿城区教委、杭州师范学校等签订了长期接受教育学系学生教育实习的协议;同时与本省各主要中等师范学校和杭州市众多的中小学建立了各种形式的合作关系,从而使学生教育实践这一环节取得较好的成效,为培养既懂教育理论又有教学实践技能的学生打下了良好的基础。

(三)提高运动训练水平

体育学系从 20 世纪 80 年代中叶起,为提高学生的竞技水平,在统一高考录取时特招少量运动尖子学生入学,人数不超过录取人数的 10%,主要分布在田径、篮球、排球、足球、体操、游泳等优势项目。这些学生入校后除修习教学计划规定的运动技术课程(包括普修和专项选修)外,利用业余时间,组成若干项目的系代表队,指派优秀教师担任教练,有计划地长期坚持训练,形成课内课外两个水平层次同步推进的格局。历经数年后,体育学系形成了一支高水平的运动队,从而带动全系师生的运动训练。由于教练员的精心培育、严格要求和科学训练,加上学生的勤学苦练、努力拼搏,该运动队的运动训练水平在省内高校中保持强势地位,一些项目在国内高校中异军突起,引人注目:1978—1998 年的历届省大学生运动会上,田径队 8 次夺得团体总分第一,1 次第二;1982 年全国第一届大学生运动会上夺得田径男女团体第四、竞技体操冠军、艺术体操亚军(参见表 4-2、表 4-3);1995 年 8月在成都举行的全国高等学校第三届田径锦标赛中,1998 届学生方志娟以1.70 米的成绩夺得女子跳高冠军,该生在 1996 年 8 月在西安举行的第五届大学生运动会上,以 1.78 米的成绩获得女子跳高第三名。据不完全统计,体育学系运动员在各级各类运动会上共打破 10 项全国大学生纪录,2项浙江省最高纪录,13 项浙江省大学生纪录,12 项省大运会纪录。

表 4-2　体育学系学生参加全国第一届大学生运动会成绩一览①

(1982 年 10 月北京)

代表队名称	姓名	性别	届别	项目	成绩	名次	教练
浙江省代表团(乙组)	团体总分	男、女		田径	107 分	4	黄成坤 金祖云 李文星 周金水 杨梅琳 曾炯球 赵章定 刘学军 过平江 李公达 叶镜亮
	冯林超	男	1983	撑竿跳高	3.80 米	3	
	余云德	男	1982	跳远	7.33 米 A	1	
				三级跳远	15.02 米 A	1	
	郑国金	男	1982	400 米	52″03	2	
	章焕春	男	1982	200 米	23″18	3	
	陆跃	男	1982	200 米	23″	2	
	施林木	男	1982	跳远	7.33 米 C	3	
	蒋凤宝	男	1982	铁饼	49.6 米 C	2	
	陈筱东	男	1982	铅球	13.19 米 C	6	
	张杏波	女	1984	标枪	41.18 米 C	5	
	石伟铮	女	1985	100 米	13″05	3	
				200 米	26″74	4	
	蒋惠珍	女	1982	100 米栏	15″66	4	
	郎荣花	女	1984	400 米	1′0″64 A	4	
	集体	男		4×100 米	43″4 A	1	
				4×400 米	3′26″ A	1	
	团体总分	男		竞技体操	283.05 分	冠军	
	喻永祥	男	1985	自由体操	18.75 分	1	金家甫 王明海 李宝玉
				鞍马	18.95 分	1	
				跳马	18.85 分	1	
				单杠	19.30 分	1	
	周清志	男	1982	全能	113.80 分	2	
	杨丹	男	1983	跳马	不详	2	
	张建跃	男	1983	不详	不详	不详	
	陈鸣	男	1984	双杠	18.80 分	6	
	陈云龙	男	1982	不详	不详	不详	
	团体总分	女		艺术体操	70.85 分	亚军	
	董亚萍	女	1982	全能	17.25 分	3	
	楼桂花	女	1982				
	朱适应	女	1982				
	卢芬	女	1982				
	张美玉	女	1982				
	董竹艳	女	1982				
	张杰	女	1984				

①　田径比赛的成绩后面注有"A"表示破全国大学生纪录,注有"C"表示破浙江省大学生纪录。

表 4-3　体育学系学生参加省第九届大学生运动会田径比赛成绩一览(丙组)①

(1996 年 5 月宁波大学)

代表队名称	姓 名	性别	届别	项 目	成 绩	名次	教 练
	团体总分	男、女		田 径	301 分	冠军	
	马小珂	男	1996	100 米 200 米	11″3 23″	1 1	
	唐晓彤	男	1998	110 米栏 400 米栏	15″6 57″9	1 1	
	沈炯	男	1997	铅球	13.83 米	1	
	集体	男		4×100 米	44″5	1	
杭州大学体育学系代表队	陈亚红	女	1998	100 米 200 米	12″5 26″2	1 1	过平江 周金水 金熙佳 蒋惠珍 刘卫中 李文星
	朱素芳	女	1999	800 米	2′20″1 D	1	
	梅 春	女	1998	铅球 标枪	12.63 米 D 46.12 米 D	1 1	
	裴小英	女	1998	七项全能	3854 分	1	
	张艳丽	女	1999	400 米	1′0″51 D	1	
	程素珍	女	1997	1500 米 3000 米	4′47″3 D 10′46″3 D	1 1	
	方志娟	女	1998	跳高	1.74 米 D	1	
	徐群英	女	1999	跳远 三级跳远	5.78 米 12.50 米	1 1	
	集体	女		4×100 米 4×400 米	50″8 4′0″6 D	1 1	
	王梅杰	男	1999	十项全能	5605 分	1	
	章勇	男	1995	撑竿跳高	3.25 米	1	
	徐雷	女	1998	铁饼	41 米 D	1	

(四)培养学生的研究和活动能力

1985 年 1 月 5 日,教育学系 1982 级 2 班成立"未来教育家协会",并刊印《未来教育家》刊物。1988 年 12 月,"未来教育家协会"与系团总支、学生会一起向全省高校师生发出为"省人民教育基金会"募捐的倡议,并通过在校内外设募捐台、举办募捐会等活动,募集到现金 1018.40 元,如数送交省

---

① 田径比赛的成绩后面注有"D"表示破浙江省大运会纪录。

人民教育基金会。这一活动在全省高校师生中引起了积极的反响,杭州电视台、《浙江教育报》先后做了报道。1993 年,该协会组织举办的"娃哈哈——绿叶杯大型师生文艺汇演"获第三届杭州大学学生社团巡礼周十大特色活动奖。1994 年,"未来教育家协会"被评为杭州大学甲级学生社团。1996 年 4 月,教育学系成立邓小平教育思想研究会,参加学生达 63 人(研究生 8 人,本科生 55 人)。在后来进行的"邓小平教育思想研究"征文活动中,该会有 6 位学生分别获得一、二、三等奖。

教育学系学生在学习期间就积极参与各种学术研究活动。1988 年 1 月,教育学系举办首届研究生学术论文报告会,以后每年举行一次,至 1997 年年底共办了 10 届,60 多位研究生在报告会上报告了学术论文。1989 年 5 月,教育学系举办首届本科生论文报告会,5 位本科生在会上做了发言。在学校举行的历届学生科研论文评比中,教育学系研究生、本专科生的 61 篇论文分获一、二、三等奖及优秀奖,例如刘杭玲等撰写的《杭州市青少年犯罪问题调查》、金星编写的《中国古代教育大事年表》、余黎飞等撰写的《千岛湖畔,"春蕾"初放》及由师生组成的教育学系赴德清县暑期社会实践小分队撰写的《德清县农村教育综合改革的实践与探索》等。1988 年 10 月,1984 级学校教育专业学生斯苗儿、吕新玲撰写的《现阶段山区县职业技术教育发展的特点》获省首届职业教育科研成果二等奖。在第二届(1991 年)、第三届(1993 年)和第五届(1997 年)"挑战杯"全国大学生课外学术科技作品竞赛中,教育学系学生参赛的作品分获二等奖(王正东)、三等奖和鼓励奖。1997 年 10 月,杭州大学第六届学生科技大会公布了 1996 年度学生学术科研成果排行榜,教育学系研究生荣获文科第一名。

体育学系的社团活动也很活跃,其中尤以学生自发组织的"研墨苑"最为突出。从 20 世纪 80 年代中期起,研墨苑经常举办书画作品展示,既丰富了学生文化生活,又使学生从中得到艺术滋养,涌现出不少书画方面突出的艺术人才。与此同时,体育学系团总支、学生会在 80 年代创办了《体育之窗》,90 年代成立体育文化研究会,编辑出版《体育文化人》,向校内外兄弟单位发行。

(五)加强学生思想政治工作

在人才培养的过程中,学生的思想政治工作是不可或缺的重要组成部分,教育学系和体育学系对此均十分重视,采取了各种措施,收到一定的成效。

首先,各系加强政工队伍建设,实行制度化管理,具体包括几个方面:一是由系党总支副书记侧重分管学生的思想政治工作;二是加强班主任工作,委派年富力强、责任心强的教师担任班主任,班主任工作计入教师工作量,其考核情况作为教师升等、晋级的条件之一;三是成立学生工作领导小组,由党总支副书记、分管教学的副主任、团委书记、学生党支部书记、办公室主任组成,以加强对学生思想政治工作的领导,从而形成党政配合、专兼结合、齐抓共管的思想政治工作体系。

其次,把握青年学生的特点,改进工作方法。如体育学系提出不做学生的保姆,要做良师益友;不一味说教,要与学生平等相处,真心交流;不做评判员,要尊重学生,积极引导,启发自觉。教育学系在思想政治教育中,结合学生实际,坚持说服教育、榜样示范、情感陶冶、自我教育、行为实践、综合测评等方法,摒弃过去"灌、批、查"那一套简单做法。

最后,摒弃封闭式的关门教育,采用走出去、请进来的办法,开展多种形式的社会实践活动,让学生了解我国基本的国情国策以及改革开放后的新变化、新发展,学习在社会主义现代化建设中涌现出来的先进人物。教育学系在这方面组织过很多活动:1987 年 3 月,组织 1985 级、1986 级本科生及 1986 级教管本科班学生参观杭州第二中药厂;1987 年 10 月,邀请杭州市委副书记杨招棣来系作党的十一届三中全会以来杭州巨大变化的形势报告;1987 年 11 月,组织 1985 级、1986 级和 1987 级本科生参观杭州乔司劳改农场;1994 年 5 月,组织 1991 级本科生步行到"硬骨头六连"的驻地(留下)参观该连队的"连史展览馆",观看连队战士的军事表演;1996 年 4 月,邀请省教委副主任黄新茂作浙江基础教育现状的报告;1996 年 11 月,邀请瑞安市委副书记林可夫作农村教育改革和发展的报告。为使学生更好地了解国情民意,感受时代与社会对青年学生的期望和要求,从而增强自己的社会责任感,教育学系自 1993 年至 1998 年期间组织大学生暑期社会实践小分队到杭州钢铁厂,德清、安吉、余姚、慈溪、湖州、新昌、瓯海、常山、奉化、武义、遂昌、龙泉、乐清、玉环、椒江等县(市)及企业进行暑期社会实践,6 人获省级暑期社会实践先进个人称号,19 人获校暑期社会实践先进个人,5 个小分队获校暑期社会实践先进小分队称号,22 篇调查报告荣获校级暑期社会实践成果一、二、三等奖。

许多教师在做学生思想政治工作方面付出了自己的才智和心血,体育学系的杨梅琳尤为突出,她于 1991 年被中央宣传部、国家教委、共青团中央、全国总工会授予"全国普通高校优秀思想政治工作者"称号。

(六)开展体育文娱活动

杭州大学对学校的体育工作予以高度重视,实行在校体育运动委员会领导下公共体育教学部全面负责的运作方式。学校分管体育的副校长担任校体育运动委员会主任,学生处、教务处、财务处、后勤处、体育学系、公共体育教学部等部门主要负责人任副主任,秘书处设在公共体育教学部。

20 世纪 80 年代初,学校被国家列为首批国民体质健康测试与监控的观测点。公共体育教学部每年对全校学生的体质健康进行测试,定时向国家上报测试数据,由于测试工作的严谨、准确、及时,多次得到主管部门的表彰。进入 90 年代后,学校提出"德、智、体三育是平面关系而非梯次关系"的体育工作指导方针,逐步建立并完善学校体育工作的组织领导机构,先后成立评价学生学业成绩的德智体综合测评领导小组、推行全民健身领导小组、高水平运动员管理领导小组,并在此基础上建立学校体育工作例会制,由主管校长负责,定期对学校体育工作的实施情况进行检查,使全校的体育工作形成"目标明确、指令畅通、横向密切、齐抓共管"的局面。

1992 年,随着国家《全国普通高等学校体育课程教学指导纲要》的颁布与实施,公共体育教学部依据大学生的个性特征和社会对人才的需求,从体育课程设置、教学内容筛选以及教学管理与考核诸方面进行了改革与实践,实施"大一打基础,大二开专项"的教学模式,坚持小班、小课教学,努力满足学生的健身需要与体育兴趣;并且在课程建设方面确立"传统体育与现代体育相结合""体育与卫生健康教育相结合"的教材体系建设,把学生喜闻乐见、切实可行的运动内容融入课堂与教材,着手编写具有特色的《大学体育》校本教材(1997 年正式出版),对逐步扭转传统的竞技运动体系中的运动技术教学进行了有益的探索。

1996 年 4 月,杭州大学顺利通过浙江省教委关于贯彻《学校体育工作条例》的合格验收,并于 8 月被国家教委授予贯彻《学校体育工作条例》优秀高等学校的称号。同年 10 月,公共体育教学部的"公共体育课程体系整体改革与探索"被评为浙江省教学成果一等奖。

学校在重视体育教学的同时也高度重视运动训练与竞赛工作。学校从1984 年开始先后承办浙江省大学生运动会及浙江省大学生艺术体操、健美操、排球、乒乓球、武术等多种比赛,并于 1988 年成为首批试办高水平运动队的试点学校(田径和艺术体操)。杭州大学是每届全国大学生运动会上代表浙江省参赛的运动员人数最多的学校之一,竞技运动综合实力一直名列浙江省高校前两名,在国内高校中具有一定的影响力。

　　教育、体育两学系在注重教育改革、提高教学质量的同时,积极开展各种文体活动,努力使学生在德、智、体诸方面得到全面发展。体育学系学生因专业的特点,不仅运动能力很强,在文娱方面也很活跃。教育学系虽以学生人数论属小系,但在学校组织的各类文娱体育比赛中,屡次获奖,取得了优异的成绩。

　　为了增强学生的体质,教育学系坚持组织学生开展早锻炼活动,由分管学生工作的领导和班主任值班、登记,学生早锻炼的出勤率达到 95％以上,在全校是最高的;同时在课外时间积极开展"达标"活动,由学校公体部进行的学生体育锻炼标准测验,男女学生的达标率均在 85％～90％。从 1982 年开始,教育学系每年举行学生田径运动会,检阅各班级的体育成绩和精神风貌,在此基础上组建参加校运动会的系代表队。系代表队在校运动会入场式比赛中多次获得好名次,在广播体操、健美操比赛中多次获得第一、二名。许多学生在运动场上发扬拼搏精神,取得不少好成绩。秦亚先(1977 级)上午代表学校参加省市青年 1980 年"五四"火炬接力赛,下午又参加学校第十八届田径运动会(1980 年),以优异的成绩获得冠军,打破女子 3000 米校纪录;孙刚(1980 级)代表学校参加第三届省大学生田径运动会,勇夺万米冠军,荣立三等功;蒋茵(1983 级)获省第五届大学生运动会女子跳高冠军。系女子篮球队在 1983 年校篮球等级联赛中,获女子乙级队第一名,并获精神文明奖;在 1995 年校篮球等级联赛中,荣获女子甲级队亚军。系女子乒乓球队在 1987 年校乒乓球等级联赛中,荣获女子甲级队第三名。

　　教育学系学生在学校举办的各项活动中同样展示出奋发向上、努力进取的精神风貌。他们曾夺得杭州大学"四大杯":1995 年获求是杯(百科知识竞赛);1995—1997 年,连续三年获新声杯(歌咏比赛);1992—1994 年,连续三年获支部杯(团支部生活大奖赛);1990 年获育英杯(辩论赛)。此外,教育学系学生积极参加学校组织的各项文娱活动,先后有 50 多人(次)获奖,如刘月琴(1991 级)获《祖国颂》诗歌朗诵会一等奖;林小瑜(1992 级政教专科)获"五月的鲜花"文艺活动一等奖;郭德富(1984 级)获浙江省首届大学生钢笔字比赛一等奖等。

第四节　学术研究全面展开

　　1978 年 3 月全国科学大会的召开,迎来了"科学的春天"。邓小平在大会上提出的关于科学是第一生产力以及知识分子是工人阶级一部分的著名论断,彻底解放了中国的知识分子,使高等学校中断十年的学术研究很快得以重新恢复。王承绪教授作为优秀的科学研究工作者参加了大会。是年,杭州大学举办哲学社会科学讨论会,并拟订《杭州大学(1978—1985)文科科研规划》。从1979年开始,学校为提高学术水平、抓好重点科研项目的建设,相继恢复和新建了一批研究室和研究所。教育学系先后成立心理学研究室(朱祖祥任主任)、外国教育研究室(王承绪任主任)、中国教育史研究室(陈学恂任主任)及比较教育研究中心(王承绪任主任),体育学系则陆续组建体育史研究会、学校体育研究室、体育保健研究室和国际体育研究中心等。为了加强高等教育研究,杭州大学高等教育研究室于1982年成立。

教育学系、体育学系及高等教育研究室的教师和研究人员在此后的近20年中,积极投身于教育科学和体育科学研究,取得了丰硕的成果。据不完全统计,教育学系各研究室自1979年至1998年承担科研项目96项,科研经费190多万元,其中国家规划重点项目17项,省哲学社会科学规划项目9项,省教委重点项目11项,其他(横向研究项目、基金项目、校立项目、协作项目等)项目59项;发表学术论文786篇,出版专著119部,编写教材29本,编著3部,译著6部,工具书7部;获省人民政府颁发的省社科优秀成果2项(二等奖1项,三等奖1项),国家教委颁发的全国教育科学优秀成果奖5项(一等奖3项,二等奖2项),教育部全国普通高校人文社科优秀成果奖2项(二等奖1项,三等奖1项),省教委哲学社会科学优秀成果奖13项(一等奖2项,二等奖3项,三等奖8项),省社联社会科学优秀成果奖9项(二等奖1项,三等奖5项,优秀成果奖3项),全国教育学会、浙江省教育学会、高教学会教育科研成果奖15项(一等奖7项,二等奖7项,三等奖1项),国家新闻出版署、光明日报社、省科协、杭州大学等颁发的国家图书奖提名奖、优秀科研成果奖、韩素音奖励基金荣誉奖等18项。体育学系各研究室和研究中心自1979年至1996年共完成科研34项,其中国家自然科学基金项目2项、霍英东基金项目1项,获科研经费52.95万元;取得各类成果1000多项,其中出版专著23部、教材92部、译著3部,发表论文850篇、译文57篇、科普作品149种;获得各种奖励77项,其中省级优秀成果奖58项(一等奖2项,二等奖18项,三等奖38项),优秀教材奖5项(一等奖2项,二等奖2项,三等奖1项),优秀论文奖10项,部、委级优秀教材奖4项。此外,体育学系有11位教师在全国性学术机构中任职,18位教师在省体育科学学会及其专业委员会中任职。

一、学术研究的广泛开展

20世纪80年代,在改革开放和拨乱反正的背景下,高等学校的学术研究出现了前所未有的大好形势,教育学系、体育学系及高等教育研究室也不例外。开始阶段,投入科研的一般以高年资教师为主,部分青年教师为辅。在省哲学社会科学"六五"规划课题中,教育学系和高教所的教师共承担教学论研究3项、中国教育史研究4项、英国教育研究4项和高等教育研究2项,但大部分教师的研究以自选项目为主。自1986年以后,广大教师的科研意识逐渐增强,科研能力也得以提高,因而在学术研究方面有了新的起色,课题立项渠道多样,研究范围不断扩大。体育学系共获得国家级课题10项、省级课题20余项,国家自然科学基金项目首次申报成功;其中省体委于1987年开展"浙江省竞技体育发展战略研究",李寅生、丛湖平和林可等10余名中青年教师承担该项目11个子课题中的9个,课题经费达5万元。教育学系和高教所则承担省哲学社会科学"七五"规划中的"浙江省中高级人才需求预测和教育规划""城市小学教育整体改革实验""小学教育过程的目标管理"和"教育体制改革问题研究"等课题研究。

这一时期在学术研究上主要有以下特点:一是鉴于长期以来尤其是十年"文革"极"左"思想的影响,注重基本理论方面的探究,以达到正本清源的目的;二是鉴于学科研究基础薄弱的状况,注重基础研究,包括收集、整理史料和编写教材;三是走出学校,面向中小学,开展教育实验;四是开展国际交流与合作。

(一)注重基本理论探讨

金锵于1980年发表《外国教育史研究中的几个理论问题》(《教育研究》1980年第1期)一文,对中华人民共和国成立以来国内外教育史研究中存在的问题进行拨乱反正,同时就苏联外国教育史著作中贯彻马克思主义方法论的公式化和简单化倾向提出批评意见。该文是粉碎"四人帮"后最早见诸报刊的讨论外国教育史研究方法论和学科建设的论文,受到国内同行的高度评价。邵祖德撰写的《关于传统教育与现代教育的思考》(《光明日报》1988年2月10日),就如何妥善处理传统教育与现代教育的关系提出独特的见解,被《新华文摘》全文转载。在教育学基本理论研究方面,董远骞撰写的《试论教育学研究广度和深度》(《教育研究》1983年第11期),就教育学研究提出新的观点。励雪琴撰写的《社会主义初级阶段教育的基本特征》(《黑龙江高教研究》1988年第4期)一文,对我国社会主义初级阶段教育的基本特征进行探索,获国家教委首届教育科学优秀成果(论文类)二等奖。外国教育研究室自 1986 年起,就比较教育学科建设的基础理论问题——比较教育方法论,发表了一系列学术论文,如《从"因素分析"看汉斯的比较教育思想》《埃德蒙·金的比较教育方法论述评》①《从理论回到实践——今日比较教育研究的一个动向》等。

(二)从事学科基础研究

中国教育史研究室自 1981 年成立后,在陈学恂教授的带领下确定以近代教育作为研究的主要方向,致力于学科建设的基础性工作,陆续收集、整理和出版了数百万字的近代教育史料与文献,其中包括《中国近代教育大事记》(上海教育出版社,1981 年)、《中国近代教育文选》(人民教育出版社,1984 年)和《中国近代教育史教学参考资料》(人民教育出版社,1987 年)等,为教学和研究奠定了坚实的基础。此外,在陈学恂主持下,兄弟院校共同参与编纂了一部规模宏大的资料丛书"中国近代教育史料汇编",该丛书分鸦片战争、洋务运动时期、戊戌变法时期、学制、高等教育、普通教育、留学教育、教育行政、教育社团和教育思潮等 10 个分册,是迄今为止近代教育方面最为系统和完备的史料汇编,对深入研究中国近代教育史具有重要意义。

外国教育研究室也注重教材的编写和编译工作。1982 年,王承绪等主编的高校文科教材《比较教育》由人民教育出版社出版,填补了当时比较教育学教材的空白,也为后来比较教育学的教材建设奠定了基础。同时,王承绪、赵端瑛与华东师范大学赵祥麟教授等合作,完成了 3 种高校外国教育史教材和教学参考书的编译工作。其中,《现代西方资产阶级教育思想流派论著选》(人民教育出版社,1980 年)②选译影响较大的实用主义教育、新教育、要素主义教育、永恒主义教育、新托马斯主义教育、存在主义教育、新行为主义教育、结构主义教育和分析教育哲学等 9 个思想流派的重要论著,并对每个流派及其代表人物的历史背景、基本观点及演变过程进行评价;《西方古代教育论著选》(人民教育出版社,1985 年)选入西方古代和中世纪 13 位著名哲学家、教育家的教育论著,并对他们的教育观点逐一进行介绍;《杜威教育论著选》(华东师范大学出版社,1981 年)包括杜威 1897—1952 年的教育论著 26 篇,该书"前言"对杜威实用主义教育思想产生的历史背景及其生平做了评述。

---

① 该文由汪利兵撰写,发表于《外国教育动态》1988 年 1 期。

② 该书名后改为《西方现代教育论著选》,由人民教育出版社 2001 年出版。

　　此外,董远骞、张定璋和裴文敏撰写的《教学论》(浙江教育出版社,1984年)是我国教育理论界较早出版的教学论专著之一,不仅系统阐述了教学过程的一般规律,并在此基础上探讨课程论、教学原则、教学方法、教学形式等内容。该书获 1983—1984 年度省社会科学优秀成果二等奖。董远骞撰写的《教学原理与方法》(人民教育出版社,1985 年)是《教学论》的姐妹篇,在对教学规律进行深入探讨的同时,还就教学方法提出诸多新的见解。该书获国家教委首届教育科学研究优秀成果(著作类)二等奖、中国教育学会优秀论著奖和浙江省 1985—1986 年度社会科学优秀成果二等奖。裴文敏等撰写的《中小学学校管理与领导》(浙江教育出版社,1985 年)是全国较早出版的教育管理著作,该书吸收了现代管理科学的成果,并将之运用到教育管理中。

　　在参加国家教委组编全国高师体育专业通用教材中,体育学系的李月玲、金钦昌、华明和郑隆榆等主编的《学校体育学》《人体解剖学》《人体生理学》《运动生物化学》《体育保健学》和部分教师参编的《运动解剖学》《体育史》《举重》《篮球》《排球》《羽毛球》《体操》等十余部教材,1985 年前后由高等教育出版社出版。其中,华明主编的《人体生理学》和《运动生物化学》、金钦昌主编的《学校体育学》、郑隆榆主编的《体育保健学》获国家教委评定的优秀教材二等奖。李翅鹏主编的浙江省中小学体育课本于 1986 年由浙江教育出版社出版,填补了学校体育教学学生无课本的空白。

(三)开展教育实验研究

　　1983 年 9 月,教育学系与杭州市天长小学合作进行为期 6 年的"小学生最优发展"综合实验,目的是探索一条提高教学效果的途径。该项合作实验由张定璋负责指导,郑继伟参与实验,与当时华东师范大学附小实验、华中师大研究人员在武汉若干学校进行的实验、北京教育科学研究院的红庙小学实验,被并称为"四大教育实验流派"。郑继伟根据实验结果执笔写成《小学教育综合实验初探》(浙江教育出版社,1986 年)一书,提出综合实验的基本原则、幼儿园与小学衔接、课堂和课外活动的整体性、自学能力的培养、学校综合管理等思想和原理。该书获全国首届教育科学优秀成果(报告类)一等奖。张定璋在回忆文章中说:

　　　　80 年代中期,我参加了中小学教育改革的实验研究……我把自己对苏联教育的理论研究运用到实践之中,一方面是对理论的再检验,另一方面又是对实践的再指导。90 年代初期,《光明日报》曾经整版介绍过杭大教育系如何开展中小学教育实验研究,如何通过教育实验研究促进教育科学发展和改进教育实践。尽管人们对教育实验有各种争议和讨论，但我还是坚持了自己的学术见解，最终看到了成效。

搞天长小学的教育实验，我当时的考虑很单纯。因为这项实验的课题是综合性的，对本专业有直接联系，为了加强教学和科研的理论联系实际，也为了加强对研究生的全面培养和锻炼，我就接受了这个任务。但当时根本没有想过会有这么大的影响，只是没有人系统地做过，许多事都得慢慢摸索，遇到过不少困难。但幸好最终都坚持了下来，并取得了成绩，为后来教育系在实验研究方面的发展提供了借鉴。

此后，教育学系先后在杭州、宁波、温州、金华、衢州、丽水等地设立 11 个教学改革实验点，开展包括减轻学生负担、实施素质教育、开发右脑、幼儿智能开发、弱智儿童教育等多种形式的实验研究，取得一系列实验研究成果，其中杭州市第十一中学、杭州市卖鱼桥小学的教改实验成果分获省教委教育研究成果一等奖、二等奖。

朱作仁长期从事小学语文教学研究，他主编的《小学语文教学法原理》（华东师范大学出版社，1988 年）一书被指定为全国高等学校文科教材，并获省 1979—1988 年教育科研优秀成果一等奖和省社科优秀成果三等奖；他撰写的《小学语文教学研究的思维方式和科学方法》（《教育研究》1986 年第 7 期）获省 1985—1986 年度社会科学优秀成果二等奖。

体育学系何捷和金家甫撰写的论文《对屈体后空翻三周的生物力学分析》1984 年被省科技局评为一等奖。

（四）进行国际交流与合作

王承绪分别于 1983 年和 1986 年用英文为联合国教科文组织亚太地区教育办事处专刊及 ME Sharpe（U. S. A）出版的《中国教育》（英文版）撰写了《中国高等教育》和《中国大学文科教育》等论文。1986 年，在英国文化委员会的资助下，教育学系开始和英国的伦敦大学教育学院国际教育与比较教育系、苏塞克斯大学教育学院建立合作关系，双方多次互派人员进行学术交流活动。1987 年年初，徐辉、郑继伟与英方学者基思·卢文（Keith Lewin）和黎安琪（Angel Little）夫妇成立研究小组，对《中共中央关于教育体制改革的决定》公布以来中国教育的改革和发展及其意义进行系统研究，其研究成果由英国朗曼图书公司出版，该书为《中国教育改革研究——1985 年教育改革影响之追溯》。该书共有 27 个专栏、50 余幅图表，从经济改革与教育、义务学校教育、高中教育、教师与师范教育、高等教育、课程改革、教育中的评价与选择、学校管理改革等方面反映中国教育改革的成就。此外，王承绪、徐顺松、徐辉、殷企平和赵卫平等还承担了联合国儿童基金会"基本教育与国家发展：中国和印度的历史经验"研究项目中中国部分研究计划中的一个案例，并在开展研究的基础上撰写并公开发表了题为"中国农村基本教育与社会发展——浙江省诸暨县案例研究"的研究报告。

二、学术研究的深入进行

1990—1998 年是学术研究深入进行的时期。为了更好地开展教育科学研究，杭州大学教育科学研究所于 1995 年 9 月成立，与教育学系一套班子，两块牌子，不另设建制，徐辉任所长，刘力任副所长。教育科学研究所下设 6 个研究中心或研究室，分别是比较教育研究中心(主任王承绪)、中国教育史研究室(主任田正平)、教育实验研究中心(主任刘力)、教育测量与评价研究室(主任王权)、德育研究中心(主任魏贤超)和教育战略与决策研究中心(主任吴华)。体育学系则采取了一系列措施推动学术研究的深入进行，如重申教师拥有自由选题、自由组合、自主进行科学实验的权利，适当提高科研成果在职称评定中的权重，确保科研经费照章使用，不提成，不截留，不挪用，并拨出一部分预算外收入作为科研启动资金，重点向中青年教师倾斜。该系的学术研究呈现加速发展的趋势，共获得省部级课题 22 项，校资助课题 1 项，科研经费 40 余万元。特别值得一提的是一批青年教师脱颖而出，成为科研的主力，不仅在省级课题中担任重要角色，还成功地申报国家自然科学基金、霍英东青年科学基金和国家教委重点课题。他们的研究成果或为有关机构采用，或作为政府决策的依据；他们的论文在国内重要刊物上发表，受到学术界的肯定和重视。在此基础上，杭州大学体育科学与技术研究所于 1998 年 4 月成立。高等教育研究所一直致力于高等教育研究，1995 年成立高考研究中心和职业成人教育研究中心，并获联合国教科文组织亚太地区基督教基金会项目，1997 年研究经费达 27 万元。

这一时期学术研究的逐步深入主要表现在重点项目增加，课题规格提升，研究经费大幅度增长。各学科在加深原有研究的基础上，不断拓展新的研究领域。

(一)确定学科主攻方向

各学科在前一时期大多进行基础性研究，这一时期开始明确主攻的方向，尤以中国教育史研究室和外国教育研究室最为典型。

中国教育史研究室从 20 世纪 90 年代开始，在继续进行学科基础建设的同时，逐渐形成了以中国教育早期现代化史为核心的研究领域，在学科前沿性研究中取得了丰硕的成果。为了系统整理并保存近代有价值的教育理论文献,深入研究中国近代教育思想,陈学恂主持编纂了一套包括近代 20 余位有影响教育家的论文、演讲、书信、日记及专著节录的"中国近代教育家论著丛书",由人民教育出版社陆续推出。该丛书的《俞子夷教育论著选》(1991 年 7 月出版)、《郑晓沧教育论著选》(1993 年 10 月出版)、《黄炎培教育论著选》(1993 年 10 月出版)、《经亨颐教育论著选》(1993 年 10 月出版)、《陈鹤琴教育论著选》(1994 年 8 月出版)、《陈独秀教育论著选》(1995 年 2 月出版)和《孟宪承教育论著选》(1997 年 6 月出版)由教育学系教师负责选编,国内其他高校的同行也参与了这项工作。田正平承担了全国哲学社会科学"八五"规划重点课题"中国教育近代化研究",其成果为 7 卷本的丛书,1997 年由广东教育出版社出版,获第三届国家图书奖提名奖。该丛书的推出在国内外获得广泛的好评,被公认为中国教育早期现代化史研究的力作;其中,田正平撰写的《留学生与中国教育近代化》1998 年获全国普通高校人文社科优秀成果二等奖,周谷平撰写的《西方教育学的传入及其影响》1997 年获浙江省第七届哲学社会科学成果二等奖。

　　外国教育研究室将国别教育研究的重点确定为英国,出了不少成果。王承绪一直致力于英国教育历史与现状的研究,他组织翻译了英国邓特教授(H. C. Dent)所著的《英国教育》,1987 年由浙江教育出版社出版;他撰写的《伦敦大学》(湖南教育出版社出版)1997 年获杭州大学第一届韩素音奖励基金荣誉奖。徐顺松、徐辉、陈晓菲和吴雪萍翻译了《英国教育文献》和《英国近现代教育史》。王承绪与徐辉、汪利兵一起承担国家社会科学重点项目"中国教育发展战略"的子课题——"英国教育发展战略研究";吴雪萍则承担由国家教委成人教育司牵头的"高中后教育研究"的子课题"英国高中后教育"。历届硕士、博士研究生的学位论文也以研究英国教育为主,如《论英国新大学的产生及发展》《地区师资培训组织和英国师范教育》《英国中等教育第六学级教育的发展和新的尝试》等。此外,王承绪、赵端瑛夫妇和华东师范大学的赵祥麟教授等合作翻译了《杜威学校》(华东师范大学出版社,1991 年);金锵和福建师范大学的李明德教授主编了《教育名著评介·外国卷》(徐辉、陈晓菲、郑继伟、赵卫平等参与撰稿,福建教育出版社1992 年第 1 版,2008 年第 2 版)。

(二)加强高等教育研究

　　高等教育研究室自成立以来在高等教育研究方面做了很多工作。第一任主任王承绪于 1983 年在《外国教育》发表《比较高等教育引论》,获 1986

年省哲学社会科学优秀论文二等奖。1986年他又担纲国家教委"七五"规划重点科研项目"各国高等教育比较论",成果包括译著和专著两项,译著有《高等教育哲学》[美国布鲁贝克(John S. Brubacher)著,浙江教育出版社,1987年]、《高等教育新论——多学科的研究》[美国伯顿·克拉克(Burton Clark)等著,浙江教育出版社,1988年]等,专著有徐辉撰写的《高等教育发展的新阶段——论大学与工业的关系》(杭州大学出版社,1990年)、郑继伟撰写的《高等教育规划论》(杭州大学出版社,1991年)、陈列撰写的《市场经济与高等教育——一个世界性的课题》(人民教育出版社,1996年)等。其中,徐辉的《高等教育发展的新阶段——论大学与工业的关系》于1992年获浙江省人民政府颁发的1989—1990年度省社科优秀成果二等奖。陈列、陆有德和袁君毅合著的《大学教学概论》1987年由浙江大学出版社出版。1992年,王承绪、张维平和徐辉等人翻译的《学术权力——七国高等教育管理体制比较》(浙江教育出版社出版)获省高校哲学社会科学优秀成果一等奖。1995年,王承绪、徐辉、殷企平翻译的《高等教育系统——学术组织的跨国研究》(杭州大学出版社,1994年)获浙江省高教学会优秀成果一等奖。徐小洲承担全国教育科学"八五"规划国家教委重点课题"英、法、德、美高教制度比较研究"的子课题,其研究成果《当代欧美高教结构改革研究》主要研究20世纪60年代以来英国、美国、德国、挪威等西方国家高等教育结构变革的理论依据、动因、现状及经验教训,1997年由内蒙古大学出版社出版。

(三)拓展新的研究领域

教育学系的青年教师在老教师指导下,不断开拓新的研究方向,如徐辉和祝怀新从事环境教育研究,他们撰写的《国际环境教育的理论与实践》(人民教育出版社,1996年)1998年获全国普通高校人文社科优秀成果三等奖,祝怀新撰写的环境教育系列论文1998年获省社联青年社科优秀成果奖。魏贤超注重德育理论研究,他撰写的《现代德育原理》(浙江大学出版社,1993年)1997年获省第七届社科成果优秀奖。吴雪萍侧重于职业教育研究,在对英国职业教育进行全面考察的基础上,就我国职业教育的发展进行了深入探讨。张彬致力于浙江地方教育史研究,编撰了《浙江近代著名学校和教育家》(浙江人民出版社,1991年)和《从浙江看中国教育近代化》(广东教育出版社,1996年)等书。有的教师继续进行教育实验研究,如盛群力主持全国教育科学"八五"青年课题——促进初中生个性最优发展综合实验(1991—1995)和浙江省哲学社会科学"八五"重点课题——初中生个性最优发展实验(1990—1994),发表了《促进小学生认知能力发展实验报告》《促进初中生个性最优发展综合实验的探索》《从两种研究范式谈教育实验》《简论系统教学设计的十大特色》等一系列论文,他主编的《个性优化教育的探索》(人民教育出版社,1996 年)一书获 1997 年省教育科学"八五"重大研究成果一等奖和全国第二届教育科研优秀成果二等奖。刘力撰写的《整体优化教育的理论与实践》(浙江教育出版社,1991 年)和《教育实验方法论》分获省教育科学"八五"重大研究成果一等奖、三等奖。有的教师从事语文教学法研究,如朱作仁、李志强和祝新华合作编写的《语文测验原理与实施法》(上海教育出版社,1991 年)获 1996 年中国教育学会优秀专著奖,祝新华撰写的《中小学生语文能力发展与测评研究》获省高等学校哲学社会科学优秀成果三等奖。杨宏飞开始关注超常儿童的教育,他和赵卫平等人翻译了美国的詹姆斯·约翰·加勒格尔所写的《天才儿童的发现和教育》(黑龙江教育出版社,1990 年)。

　　体育学科是实验学科,体育学系的教师大多注重在实验条件下进行教学和研究,取得了显著的成果,如王健 1991 年撰写的《微量血乳酸快速酶学测定法》,李建设 1993 年撰写的《神经肌肉电刺激的生物力学研究》,周永平、毛一平 1994 年撰写的《体育对反应时的影响》等 27 篇关于生理学、保健学、生物力学方面的论文先后获省科技局、省科协评定的二、三等奖。于可红主持的国家级课题"国家中小学生个体健康评价标准研究"获教育部重大科研成果奖,其研究成果被教育部认定为部颁标准收入政府指导文件,在全国推行。此外,丛湖平 1993 年撰写的《我国体育运动学校发展的若干问题研究》,黄一飞等 1993 年撰写的《坚持改革,发展高校与全民健身计划接轨的几点思考》,郑志林 1994 年撰写的《论我国近代女子体育的兴起》,周启文等 1994 年撰写的《高师体育系田径教学改革与实践》等 20 余篇基本理论的论文先后获省科技局、省科协评定的二等奖。

第五节　社会服务和对外交流

　　改革开放以来,学校办学的思路更广,社会服务的意识也更强。教育学系和体育学系在搞好教学、科研的同时,不仅利用师生所拥有的文化知识为社会提供服务,而且以开放的心态走出国门,与国际社会进行更多的接触、交流和合作。

一、面向社会、服务社会

教育学系本着服务社会的宗旨,积极面向社会,加强与政府有关职能部门及中小学的合作,采取多种形式联合办班,取得显著的成绩。体育学系则每年都要承担大量有关体育运动的裁判和服务工作。

(一)开展各类培训活动

教育学系根据政府有关职能部门的需要,积极开办各类培训班、讲习班和进修班:1982 年 5 月为浙江省妇女联合会开办托幼干部培训班,为时 2 个月,学员 66 人;1983 年 10 月受国家核工业部委托开办教育干部培训班,为时 2 个月,学员 52 人;1984 年 10 月和 1985 年 3 月受中国纺织机械总公司委托举办两期职工教育管理干部进修班,学员共 94 人;1985 年受杭州市职工教育委员会委托举办杭州市职工教育干部培训班,学员 60 人;1985 年和 1986 年受煤炭工业部委托举办两期中学校长培训班,学员共 82 人。另外,为提高小学教师的课堂教学能力和水平,更好地为基础教育服务,教育学系连续几年利用假期举办小学语文、数学教师讲习班,培训小学语文、数学教师近万人,邀请上海、南京、杭州等地的知名特级教师上观摩课。据统计,除西藏自治区和港、澳、台地区外,全国其他各省、自治区、直辖市都有教师前来参加。

体育学系于 1980 年 12 月举办全国高校体育理论教师进修班,有 30 余人参加;1982 年 7 月受国家教委委托承办"全国高校《体育理论》"教师暑期讲习班,有来自全国 23 个省、自治区、直辖市的代表 110 余人参加;1984 年承办浙江省首届中学体育教师保健讲习班,有 30 余人参加。

(二)参与各种社会服务

改革开放初期,中小学教师的专业书籍和小学生的知识性读物十分欠缺。教育学系组织有关教师和学生从 1982 年起陆续编撰了《记叙文写作教程》、《政治思想教育理论和方法》、《小学语文疑难问题解答》、《复式教学》、《中小学校长管理与领导》、《教育调查入门》、《教学二百例》、《小伙伴》(低、中、高年级,共 3 册)等,还与杭州市安吉路小学合作编写"小学数学第二课堂"丛书(一至六年级,共 6 册)。据统计,这些教师专业书籍和小学生课外读物的发行量达 25 万册,在教育界产生了很大的影响。

1991 年 3 月,由教育学系学生成立的未来教育家协会创办了星期日义务家庭教育学校,第一期招生 50 多人,第二期猛增到 246 人。这是一所大学生利用业余时间教小学生的学校,也是使小学生增进知识、大学生增长才干的学校,深受小学生及其家长的欢迎。中央人民广播电台记者曾到现场采访,录制的内容在中央人民广播电台的专题节目中播出。

为了加强学生的服务意识,也为使学生将所学知识运用于实际,教育学系团总支和学生会组织学生利用节假日时间,多次到西湖、武林广场及西溪街道等地举行中小学生家庭教育咨询活动,解答家长提出的问题,免费提供家庭教育资料,深受社会及中小学生家长的欢迎。

体育学系每年均有师生承担各地各种级别运动会的裁判任务,大至国际比赛,小到一个小学的运动会,只要有需要和可能,均积极参与,得到社会称赞并赢得了荣誉:王明海、汪为生、金家甫、单亚萍(女)、过平江被授予国际级裁判称号;黄成坤、杨梅琳(女)、邬显德、平郑麒、王红、金祖云、吴琳干、王金民、王金榜、林达昕、韦思陶、黎禾、马森卿、赵永昌和金熙佳等被授予国家级裁判称号;王明海、杨梅琳(女)、汪为生、王金榜、江义炯、赵永昌和黎禾等被评为全国优秀裁判员。他们在组织多项赛事中做出了积极的贡献。

二、对外交流和合作

1978 年后,教育学系和体育学系均注重对外交流和合作,一方面通过参加并举办国际会议,加强与世界各国及港澳台地区的学术交流;另一方面采用请进来、派出去的办法,达到开阔视野、提升学术水平的目的。

(一)参加并举办学术会议

1978 年春,体育学系副主任胡士煊会同江苏师范学院体育学系系主任陈鹤芳、上海师范学院体育学系系主任胡均升,共同发起成立华东地区高校体育学系协作会,每年召开系主任年会,并轮流举行运动竞赛和学术交流。此项活动至今仍在继续,在国内享有一定声誉。

1982 年,教育部确定杭州大学教育学系为联合国教科文组织亚洲太平洋地区教育革新为发展服务计划中心之一,王承绪教授为联合国教科文组织亚太地区顾问委员会成员。王承绪曾先后出席了联合国教科文组织亚太地区顾问委员会会议(泰国曼谷,1980 年)、联合国教科文组织教育革新为发展服务网工作会议(法国巴黎,1981 年)、联合国教科文组织亚太地区会议(新加坡,1981 年;菲律宾马尼拉,1982 年)。赵卫平曾于 20 世纪 80 年代分别赴长春(1986 年)和邯郸(1988 年)等地数次参加了联合国教科文组织亚太地区办事处主办的"教育革新为发展服务计划"中国联系中心会议。

1991 年 3 月 14—17 日,比较教育与国际教育学会(CIES)在美国宾夕法尼亚州匹兹堡大学举行"以教育与变革中的社会现实"为主题的 1991 年学术讨论会,出席会议的有来自美、英、德、法、苏、日等 30 多个国家和地区的专家、学者,以及联合国教科文组织、世界银行等机构的代表,共 150 余人。教育学系徐顺松副教授应邀出席会议,并作了题为"中国农村基本教育与社会发展"的报告,受到与会者的好评。

1992 年 3 月 31 日至 4 月 3 日,教育学系与高等教育研究所在杭州举办"杭州大学中英高等教育学术讨论会",国家教委教育发展与研究中心副主任王一兵、英国驻华大使馆文化参赞亚历山大、英国驻上海领事馆文化领事罗格特及杭州大学比较教育研究中心主任王承绪教授出席开幕式,北京大学等 20 多所高等学校的高等教育研究所近 30 位专家、学者参加了学术讨论会。苏塞克斯大学和香港大学的学者分别做了题为"论高等教育的发展战略""论高等教育中的教学与科研问题""论香港高等教育的发展"和"比较教育研究新动向"的学术报告。

1993 年 6 月 9 至 11 日,教育学系与香港大学课程系、浙江省教委教研室联合举办"浙、港、台义务教育课程讨论会",来自英国以及我国香港、台湾地区和浙江省的 40 多位专家、学者进行了研讨和交流。会议期间,大家饶有兴趣地考察了杭州市天长小学。

1992 年,体育学系与台湾学者在杭州举行"浙江体育名人与奥运会"学术讨论会,开展海峡两岸学术交流。此外,金家甫、李寅生、凌平等曾赴保加利亚、日本等国参加国际学术会议。

(二)邀请国外专家来访

1984 年以来,美国、英国、德国、日本、比利时、澳大利亚等国的高等学校和研究机构纷纷派著名教授、学者来教育学系访问、讲学或开展合作研究。例如,1986 年 10 月美国斯坦福大学教育学院布里奇教授(E. Bridge)夫妇来访;1987 年 4 月美国印第安纳大学教育中心大卫教授来访,给 1983 级和 1984 级学生作学术报告;1987 年 10 月美国国际教育发展理事会副主席菲利普·库姆斯(Philip. H. Coombs)教授夫妇来访,为研究生和本科生作题为"发展中国家教育"的学术报告;美国蒙大拿大学课程教学系系主任阿什·莫尔(Ash More)教授来访并开展合作研究等。据统计,至 1998 年 7 月,教育学系先后接待 50 多位来访讲学或开展合作研究的外国有关大学及研究机构的教授和学者,为师生作学术讲座 39 次,进行研讨和座谈 20 多次。

体育学系自 20 世纪 80 年代后先后聘请俄罗斯、美国、德国和法国等高等学校的有关专家前来讲学,开展学术交流,并聘请德国基尔大学汉伯特·哈克(Hebert Haag)担任客座教授。

（三）派遣教师出境进修

教育学系在邀请境外专家来访的同时，还派遣青年教师到境外去进修或访学。至 1998 年 7 月，以公派或交流的方式，先后有 17 位青年教师到美国、英国、日本、德国、澳大利亚等国家和我国香港地区的高校进修。例如，1983 年 1 月至 1985 年 8 月，李克兴、李仁根、林家俊、沐慈休和赵卫平等通过校际交流先后被派往美国印第安纳大学教育学院进修；1985 年与英国苏塞克斯大学建立学术联系后，徐辉、郑继伟、殷企平、吴雪萍和汪利兵等博士（硕士）研究生先后赴该校学习；1995 年 9 月至 1996 年 9 月，赵卫平获中英友好奖学金①赴英国苏塞克斯大学教育学院，以访问学者身份从事研究工作；1996 年 1 月，徐辉由英国文化委员会资助，赴英国苏塞克斯大学进行为期两周的学术访问研究。

至 1998 年，体育学系有李寅生、凌平、丛湖平、周启文、于可红、李建设、季建成等 17 位教师分赴德国、俄罗斯、美国、英国和日本等国高校进修、访问、讲学或担任国际比赛裁判。1990 年 6 月，副校长姜新茂率朱锡忠、陈允浩、季建成、李彩玲访问莫斯科州体育学院，建立校际合作关系，并开始互派访问学者。王金榜、陈信勇等作为首批交流学者赴俄罗斯，完成了交流计划。

---

①　中英友好奖学金（SBFSS）由中国政府、英国政府和包玉刚基金会三方设立，旨在为中国培养建设人才。

第五章

四校合并后的浙江大学时期(上)(1998—2007 年)

　　20 世纪 90 年代以来,为了整合教育资源、提高大学的综合实力,中国掀起了高校合并的浪潮。1998 年 9 月 15 日,经国务院批准,浙江大学、杭州大学、浙江农业大学、浙江医科大学合并组建为新的浙江大学。时任中共中央政治局常委、国务院副总理的李岚清参加了成立大会并发表了讲话。他说:"四校合并组建新的浙江大学是高教管理体制改革的一项重大举措,意义重大,影响深远,党和国家对你们寄予了很高的期望,希望你们在改革中发挥积极的示范作用,进一步推进全国高教管理体制的改革。"①

　　新的浙江大学于 1999 年成立了包括教育学院在内的 20 个学科性学院。教育学院最初由原杭州大学的教育学系、体育学系和原四校的公共体育部及高等教育研究所(室)等机构组成;此后,根据学校总体改革的需要,陆续有军事教研室、现代教育技术中心和思想政治教育系等单位的加盟。教育学院在坚持"发展促进融合"的指导思想下,综合了各学科和各部门的优势,不仅在教学科研、社会服务方面取得较大进展,而且在校内公共教学与支撑服务方面也发挥了很大的作用。

第一节　浙江大学教育学院的组建

　　根据"优化教育结构,加快高等教育管理体制改革步伐,合理配置教育资源,提高教育质量和办学效益"的组建精神,1999 年 7 月 6 日,新浙江大

---

　　①　《教育管理体制改革迈出极其重要一步——新浙江大学成立》,《人民日报》1998 年 9 月 16 日第 1 版。

学教育学院正式成立,由原杭州大学的教育学系和体育学系,原浙江大学、杭州大学、浙江农业大学和浙江医科大学的公共体育部,原浙江大学、杭州大学、浙江农业大学的高等教育研究所(室)等部门组成。除教育学系和体育学系以整体进入外,公共体育部和高等教育研究所由几所高校的相关部门组建而成。

原浙江大学公共体育部 1959 年曾发起成立杭州高校体育协会,1978年从学校基础部独立出来成为学校的直属单位,1985 年被教育部列为首批拥有高水平运动队的单位,并以篮球、排球、网球等课程为试点在国内率先进行体育专项教学的实践与探索。原杭州大学公共体育部教学与科研并重,1982 年曾承办浙江省首届体育科学论文报告会,1987 年从体育学系独立出来成为学校的直属单位。原浙江农业大学公共体育部 1989 年被国家体育总局授予"全国群众体育工作先进单位",同年其教改项目"体育教学系列化改革探索"获国家级优秀教学成果奖,1990 年从学校基础部独立出来成为学校的直属单位。原浙江医科大学公共体育部以提高学生和教职工健康水平为工作重点,1991 年从学校基础部独立出来成为学校的直属单位,1996 年成立原浙江医科大学"运动康复中心"。

原浙江大学高等教育研究所的前身是成立于 1983 年的浙江大学教育研究室,挂靠在教务处,1988 年 5 月更名为浙江大学高等教育研究所,作为学校的直属研究所,下设工程教育研究室和教育情报研究室,1996 年获准设"高等教育学"硕士点,截至 1999 年共招收硕士研究生 17 人。原杭州大学高等教育研究室成立于 1982 年(1990 年 2 月改称杭州大学高等教育研究所),由浙江省教育厅和杭州大学双重领导,1990 年成立高等教育情报研究室,1995 年成立高考研究中心和职成教研究中心。1994 年省教育厅组建浙江省教育科学研究院,杭州大学高等教育研究所被纳入研究院范围,同时作为浙江省教育科学研究院高等教育研究所。原浙江农业大学的高等教育研究室成立于 1985 年,初挂靠在学校办公室,后改与教务处合署办公,仅设专职人员 1~2 人。

新组建的浙江大学教育学院由田正平任院长,戚谢美任党委书记,黄明教、丛湖平、周谷平(女)任副院长,朱桦、陈发瑶任党委副书记,姜建华、张华达任院长助理,姚信任学院团委书记。学院实行院、系两级制管理,下属有教育学系、体育学系、公共体育部、高等教育研究所等 4 个部门。学院成立之初有在编教职工 227 人,其中教授 16 名,副教授 92 名。全日制本科生689 人,硕士研究生 68 人,博士研究生 25 人,在站博士后 2 人。1999 年 9

月初,学院在西溪校区邵逸夫科教馆召开了学院教职工大会,学院领导和大家正式见面,同时还宣布了各系、部、所的负责人名单。

2000年1月,根据学校要求,浙江大学军事理论教研室并入教育学院。原浙江大学军事理论教研室始建于1985年,为独立系、所建制,是全国重点院校第一批11个军事训练试点单位之一,承担全校所有本科生的军训和教学任务,同时还开展多项拥军活动。1994年和1995年,军事理论教研室先后被评为"省国防教育先进单位""全国国防教育先进单位"。1998年四校合并以后,军事理论教研室的教学对象也扩大到四个校区,教学人数从2000人左右扩充到6000人左右。

2005年6月,按照学校的统一部署,学院领导换届。田正平和戚谢美因年龄原因不再担任院长和学院党委书记的职务,学校决定周谷平任学院常务副院长,许迈进由学校党委组织部副部长调任学院党委书记,丛湖平、徐小洲任副院长,徐向阳、姚信任党委副书记。

2005年8月,浙江大学现代教育技术中心并入教育学院。浙江大学现代教育技术中心是在原四校电教中心的基础上合并建成。原浙江大学1979年成立电教科,归教务处领导,1986年1月电教科与党委宣传部下属的校报、摄影组、广播台等合并,成立浙江大学电教新闻中心。从1986年至1997年,浙江大学电教新闻中心与学科教师密切配合,先后制作电视教材(编辑型)250余部、实况电视教材近400学时,收藏电视教材32类共2000余部,制作教学、科研、学校重大活动等各类专题片300余部。原杭州大学1979年成立电化教育室,隶属教务处教育科,1991年电化教育室改名为电教中心,仍隶属教务处。杭州大学电教中心不仅制作了大量的教学录像片、专题片,而且注重电视新闻报道,曾连续两年新闻投稿数量居全省高校榜首,连续五年被省电视台评为"全省电视新闻协作中贡献突出的先进单位"。原浙江医科大学1978年成立电化教育科,1984年与美国民间健康基金会签订协议,在电化教育科的基础上扩充组建学习资源中心(LRC),下设电视制作室、摄影室、视听室以及教学设计部等,具有较强的电视教学节目制作能力、完好的教学设计理念和周密的计划,先后制作并出版卫生部统编医学视听教材(包括各类课件)45部。原浙江农业大学1981年开始筹建电教中心,初隶属于教务处,1993年改为学校直属单位,1996年电教中心更名为新闻中心。浙江农业大学电教中心自成立以来共制作电视片239部,其中电视教材132部、科教兴农电视片45部、学校行政宣传等电视片62部。1998年新浙大成立后,在原四校电教中心的基础上,合并建立浙江大学电教中心,1999 年 4 月更名为浙江大学现代教育技术中心。

2007 年 4 月,浙江大学法学院的思想政治教育系整体并入教育学院。思想政治教育系最早开始于浙江大学 1949 年成立的政治课教学委员会,四校合并前原浙江农业大学 1986 年成立社会科学部,原浙江医科大学 1988 年成立社会科学部和德育部,原杭州大学 1994 年成立政治理论教学部,原浙江大学 1985 年成立政治系。四校合并后,1999 年 7 月由原浙江大学政治系的主体部分、杭州大学政治理论教学部、浙江农业大学社会科学部、浙江医科大学社会科学部和德育部合并,成立浙江大学法学院的思想政治教育系。同时,学校增补吕有志任浙江大学教育学院副院长、张继昌任浙江大学教育学院党委副书记。

截至 2007 年 3 月,教育学院共有在编教职工 212 人(具体见表 5-1),全日制本科生 338 人,硕士研究生 136 人,博士研究生 85 人,在站学科博士后13 人。

据 2007 年年初统计,教育学院有中外文图书资料 65796 册,期刊资料19112 册,有图书资料室 528.45 平方米,可以同时提供 96 人查阅。

表 5-1 1999—2007 年教育学院教职工人数统计(不含思想政治教育系)①

年份	总人数	男	女	正高职	教授	副高职	副教授
1999	227	147	80	14	14	87	85
2000	224	145	79	17	17	89	87
2001	211	136	75	17	17	90	87
2002	198	130	68	20	20	81	78
2003	187	121	66	22	22	72	69
2004	233	114	119	25	25	67	63
2005	225	149	76	29	28	77	60
2006	214	145	69	29	28	74	62
2007	212	140	72	29	28	76	62

---

①   如果加上思想政治教育系,表格中 2007 年的总人数为 268 人。

第二节　融合与发展

自教育学院组建以来,学院的单位部门组成和规模几经变化。1999 年学院成立之初,主要由两系(教育学系、体育学系)、一部(公共体育部)、一所(高等教育研究所)组成。随着学校内部管理体制的不断调整,根据学校整体部署,浙江大学军事理论教研室(独立建制)、浙江大学现代教育技术中心和浙江大学法学院思想政治教育系先后于 2001 年、2005 年和 2007 年并入学院,学院下属单位由最初的四个增至七个,在职教职工人数也增至 268 人(含思政系),学院下属单位的性质呈现多样化(包括教学科研型、研究型、公共教学型、公共服务型)特点,承担着大量面向全校性的公共教学和服务支撑工作。

一、制订学院"十五"与"十一五"规划

20 世纪末年,我国高等教育进入了大发展时期,在提高规模效益的同时,十分注重提高教育教学质量。1998 年 5 月 4 日,江泽民同志在北京大学建校 100 周年庆祝大会上指出:"为了实现现代化,我国要有若干所具有世界先进水平的一流大学。"同年 12 月,教育部制订了《面向 21 世纪教育振兴行动计划》,明确提出要"创建若干所具有世界先进水平的一流大学和一批一流学科",简称"985 工程",其总体思路是集中资源,突出重点,体现特色,发挥优势,坚持跨越式发展,走有中国特色的建设世界一流大学之路。

1999 年,浙江大学被列入"985 工程"一期名单。2000 年,学校发布《浙江大学关于制订 2001—2005 年学科建设和事业发展规划的实施意见》,提出把浙江大学建设成为具有世界先进水平的研究型、综合型、创新型的一流大学,是时代赋予当代浙大人的光荣任务和历史责任,要求各学院、研究所通过民主讨论,明确学科建设重点,逐级制订五年发展规划,从而使学校的改革和发展再上一个新台阶,为实现新世纪的奋斗目标奠定基础。

根据学校建设"综合型、研究型、创新型"世界一流大学的办学目标,学院在 2000 年 4 月的首届教代会上制订了学科建设和事业发展规划,并于 2001 年修订完善《2001—2005 年学科建设和事业发展规划》(简称《学院"十五"规划》)。这是学院组建以来制订的第一个发展规划,为学院今后又好又快地发展确立了目标和方向。《学院"十五"规划》明确五年的建设目标是:

(1)在学科建设、教学科研、人才培养等方面的总体水平在全国居于先进行列,教育学科和体育学科在整体实力上均能跻身全国前四位;(2)在办学规模、办学条件、培养质量、教学成果等方面上一个新的台阶;(3)课程体系更加符合创新人才的培养要求,不断提高本科生的培养质量,稳步扩大研究生教育的规模;(4)通过各种形式和渠道,使人才类型及实际能力和水平符合社会发展的动态需要,为国家培养"综合型、研究型、创新型"人才;(5)充分发挥学校文、理、工、农、医学科齐全的优势,加强教育学科、体育学科与其他人文学科及自然学科、工程技术学科的交叉、渗透和互补,集中组织研究力量,承接国家级和省部级课题,加强与国际学术界的交流和合作,努力把学院建设成国内一流的教育、体育科研基地。

2005年9月,在顺利完成"十五"事业发展规划的基础上,学校颁发《关于做好浙江大学"十一五"规划制订工作的通知》。通知指出:今后5年(2006—2010年)是浙江大学至关重要的机遇期、竞争期和发展期,各学院、各部门、各单位要倾注超常规的热情,采取超常规的举措,紧紧抓住这些重大发展机遇,紧密结合各项重点建设计划的实施,从战略的高度全面规划"十一五"期间的发展。

2005年下半年,学院以科学发展观和学校"十一五"事业发展规划为指导,经过反复酝酿及广泛征求全院教职工和校内外相关专家意见,制订出学院"十一五"事业发展规划。学院"十一五"规划确立的目标是根据学校率先建设成为世界一流大学的总体建设目标,以"国际化、综合化、精品化"的发展思路,以学科建设为核心,务实创新,有步骤、分阶段地促进学院各项事业的改革,提升学院综合实力和核心竞争力,整体推进学院各项事业的和谐发展,创建特色鲜明、国内一流、与国际接轨的研究型教育学院,并从教育学科、体育学科及公共体育等三个方面提出学科建设的具体内容。

教育学科的建设目标是:(1)继续保持教育史、比较教育学等学科领域的研究优势。(2)鼓励和支持教育学科内部及与国内外相关学科的交叉、融合、渗透,探索和寻求学科新的生长点,拓展学科发展空间。(3)加强学术梯队建设,引进具有较高学术水平和发展潜力的学科带头人,重点培养中青年学科带头人。(4)建立教师,尤其是青年教师出国研修和培训的长效机制,努力提升师资质量。(5)精心设计,积极申报并承担一批有影响的省部级以上重点科研项目,策划并出版一批有较大影响的高质量学术精品,在学术论文、重大奖项和科研项目等方面取得突破性进展,科研经费有较大增长。(6)不断提升教学质量,积极探索6年制本硕连读、8年制本硕博连读等多通道、模块化培养模式,实现人才培养模式创新。参与各级各类教学改革和课程建设项目,争创国家级精品课程和优秀教学成果奖。(7)为国家、浙江省和浙江大学的教育改革提供咨询。(8)增强社会服务意识,利用现有各中心、研究所、基地等平台,为国家和浙江省的教育发展提供决策咨询服务与培养高层次人才。(9)加强国际交流和合作,拓宽国际合作研究渠道,紧密跟踪世界学术前沿,全面推进教学、科研和学生培养等方面的国际化进程,加快招收国外留学生步伐,积极探索境外办学等新途径。(10)加强现代教育技术中心建设,打造国际一流的浙江大学教育技术平台,促进学科建设。

体育学科的建设目标是:(1)经过 5 年的发展,调整师资结构,提高师资质量,形成合理梯队,涌现若干个学科带头人。(2)争取获得体育学一级学科博士学位授予权,构建符合创新人才和领军人物培养的课程体系,培养具有国际视野、创新精神、综合能力强、有特长的体育高层次人才。(3)提高运动训练和运动竞赛成绩,形成自身品牌和优势。(4)推出一批高质量的教学成果和科研成果。(5)努力开拓新的学科领域、研究方向。

公共体育的建设目标是:(1)努力建设有浙大特色的体育与健康课程体系。(2)重点建设 1~2 支能代表中国大学生最高水平的品牌运动队。(3)加强校园体育文化,努力推动浙江大学体育文化事业的全面腾飞。

二、建设各级班子和管理骨干队伍

在学院组成结构多样化的情况下,进一步理顺院、系(部所室中心)两级管理体制和机制,努力提高领导学院各项事业科学发展的能力,是学院科学发展的重要基础。

在学校党委的领导下,在学校党委派驻学院“三讲”教育联络组的认真指导下,从 2000 年 10 月 25 日开始,学院领导班子及成员接受了为期两个月的以“讲学习、讲政治、讲正气”为主要内容的党性党风教育和马克思主义理论教育。在“三讲教育”及“三讲教育回头看”活动中,学院领导班子及成员通过查摆问题、认真剖析、开展批评与自我批评,增强了全面正确地贯彻执行党的基本路线和中央决策的自觉性,加强了班子自身建设,提高了适应新形势、应对新挑战的能力。学院在教学、科研、学科建设、人才培养和社会服务等方面所取得的成绩与领导班子及成员的全局观念、奉献精神、踏实作风是分不开的。

根据党的十六大精神和中央、省委关于开展保持共产党员先进性教育活动试点工作的部署以及学校党委关于开展保持共产党员先进性教育活动试点工作方案，学院从 2003 年 2 月中旬开始至 8 月底，在学院全体党员中开展保持共产党员先进性教育活动，紧紧围绕"新世纪新阶段什么是共产党员先进性""为什么要保持共产党员先进性""怎样保持共产党员先进性"等主题，通过个人自学、集体研讨、党性分析、民主评议和制订整改计划，使参加教育活动的 155 位党员增强了党员的光荣感、责任感，达到使党员真正提高、使群众真正满意、促进学院各项工作的目的，为实现学院 21 世纪新阶段的跨越式发展，提供坚强有力的思想、政治和组织保证。

2005 年 11 月 12 日，中国共产党浙江大学教育学院党员大会在西溪校区邵逸夫科教馆胜利召开，这是四校合并组建新的教育学院以来的第一次全院党员大会。194 名正式党员和 33 名预备党员参加了大会。学院党委书记许迈进代表党委做了题为"加强和改进党建工作，促进学院跨越式发展"的工作报告。大会高举邓小平理论和"三个代表"重要思想伟大旗帜，以科学发展观为指导，集思广益，凝聚智慧，全面总结了学院成立 6 年多来取得的成绩及存在的主要问题，明确提出了今后一个时期学院党委的工作理念和主要任务，选举产生了学院新一届党委和参加浙江大学第 12 次党代会①的 5 名代表（田正平、许迈进、周谷平、赵卫平、诸葛伟民），为今后学院各项事业又好又快发展提供了思想和组织保证。新一届党委的书记为许迈进，副书记为徐向阳和姚信。

党委中心组理论学习是学院党政领导班子学习理论、加强思想政治建设的重要形式，是运用理论指导实践、提高科学决策水平的有效途径，也是加强党的执政能力建设的重要途径。学院党委通过制度的制订，以中心发言制为主要形式，辅以听辅导报告、观看录像、讨论交流和社会考察等形式，每月至少安排一次，每次围绕一两个专题，联系学院工作的实际进行学习研讨。

2005 年，学院以"三项学习教育"活动为引领，积极推动学院教师的政治理论学习与形势政策教育。按照学校要求，学院党政班子协同配合，精心组织，合理安排，以各党总支、各部门为依托，结合制订学院"十一五"发展规划、学科建设及教师队伍建设等学院中心工作，全体在职社科教学和研究人员、党政管理人员参加了以"三个代表"重要思想、马克思主义立场观点方法以及职业精神和职业道德为主要内容的"三项学习教育"活动。在自学、组

---

① 浙江大学第 12 次党代会是四校合并、新浙江大学成立后的首次党代会，于 2005 年 12 月 20 日至 21 日在玉泉校区隆重举行。

织专题辅导报告、开展小组研讨交流、酝酿建立相关制度等几个主要环节中,学院党委认真抓落实,着重在加强沟通,增强凝聚力,密切干群、师生关系,增强党员、教师的育人责任意识,保证教育教学质量等方面积极探索建立相关制度,形成长效机制,如教师理论学习制度、院领导班子成员联系基层制度、师生支部结对共建制度和院领导班子成员学生支部联系点制度、听课制度与督导制度、情况通报会制度等。

学院按照校党委的部署和组织部门的具体要求,有条不紊、平稳有序地做好学院党政领导班子换届工作,以及各系、部、所、室、中心行政负责人换届工作。2005年,学院首次采用公开竞争上岗的方式选拔产生了内设各系、部、所、室行政负责人和学院机关的科职岗位。管依群(女)任教育学院党政办公室主任,石伟铮(女)任教育学院本科教学科科长,甘露(女)任教育学院研究生教育科科长,吴建绍任教育学院团委书记,徐晓霞(女)、胡林江任教育学院党政办公室副主任,陈红玉(女)任教育学院组织人事科副科长,沈萍(女)任教育学院科研科副科长,姚加丽(女)任教育学院本科教学科副科长。在实施过程中,学院坚持德才兼备、群众公认的原则,严格程序,过细工作,一批年富力强、德才兼备的同志走上了管理岗位,使学院各级领导班子的结构更趋合理。通过举办学院下属单位领导成员上岗培训班和管理骨干工作研讨会,加强对学术骨干和管理骨干的培训。学院党委对学院的学术骨干和管理骨干提出了要认清形势,明确使命责任;要注意规范,加强制度建设;要善于沟通,积极内聚外联;要爱岗敬业,踏实开拓创新;要练好内功,提高综合素质的要求。

三、完善规章制度,推进民主管理

为尽快规范地运作,全面提高管理工作的效能,促使学院管理工作的制度化、规范化、科学化,学院在组建之初就注重实施制度化管理。经过短暂的磨合,于2000年始,通过自下而上和自上而下的方式,几经讨论,学院陆续制定了包括学院行政管理、经费管理、教学管理、科研管理、学科建设、学生思政工作等方面的规章制度,并编印成册,在管理上基本做到有章可循、有据可依,事事有人负责,人人明确责任,为学院在发展中促进融合、理顺内部管理体系打下了良好的基础。这些制度主要有《学院各项办公事务指南》《院长学科建设基金管理使用的暂行办法》《发展基金的筹集及使用管理办法》《学科建设相关工作职责》《学术委员会工作职责》《学院教育改革与发展的基本思路及主要措施》《本科生思想政治教育与管理工作办法》《研究生

(含研究生课程班)教育管理体制及工作管理办法》《科研管理工作实施办法》《本科教学管理工作细则》和《教学工作奖惩条例》等。

　　2006年,学院又先后制定和完善了近30项制度,建立健全学院党政联席会议制度、学院党委会制度、书记办公会议制度和"三重一大"①制度等,明确议事规则,规范工作程序,注重民主管理和科学决策,并进一步修订学院和各基层单位的内部财务管理制度,进一步落实干部谈心、述职述廉、民主测评制度,进一步明确学院及下属单位党风廉政建设和反腐败工作的组织领导和责任分工,惩防工作体系也初步建成。2007年,学院被学校评为审计先进单位。

　　为使研究生教育管理工作步入正轨,并切实保证研究生教学和培养质量,2001年,学院制定了研究生(含研究生课程班)管理体制及相应的运行管理办法。办法规定:采取统一管理、分类实施的管理体制,即在学院研究生工作领导小组的统一领导下,根据不同类别研究生的实际要求,明确职、权、责界面,分层实施研究生的管理工作。学院研究生管理工作领导小组由分管副院长、系、所分管主任或所长组成,其职能是研究解决研究生管理工作的各类主要问题。

　　与之相配套的研究生工作管理办法则对研究生的学籍管理、招生录取、中期考核及开题报告、学位申请、档案管理、校拨教学业务费的使用、研究生课程班的培养管理、学位课程的旁听管理及同等学力申请学位等工作均做了具体的规定。

　　学院注重研究生培养和管理中的制度建设工作,先后制定了全日制研究生、高校硕士、教育专业硕士、研究生课程班等各层次研究生的管理办法和规章制度,如学位论文双盲评审制度,导师组制度,优秀博士论文基金管理办法,研究生复试办法,高校硕士和教育专业硕士的教学、考试、开题、学位申请制度等。

　　学院一直十分注重发挥各类委员会在学院发展规划、决策咨询和工作协调中的积极作用,学院"十五"规划、"十一五"规划、岗聘方案等重大事项都做到了决策前集思广益、实施时过细工作并关注信息反馈和及时调整。为充分发挥教师在学院发展中的主体作用,加强学院教授对学术事务的民主参与,更好地促进学院的学科建设和事业发展,2006年年末学院又成立教授委员会,对学院学科建设规划、人才队伍建设、学术发展中的重大方向

---

　　①　"三重一大"是指重大决策、重要干部任免、重要项目安排和大额度资金管理使用。

性问题等进行决策咨询,进一步保证了学术权力的有效行使及工作决策的民主化、科学化。

学院以实行党务、院务公开为着力点,不断推进和加强学院民主管理,2006年实行院务公开,每次学院党政联席会议都形成纪要并在学院办公网上予以公布。学院成立后,学院党政办公室还开始编辑《教育学院工作简报》,报道学院各方面的重要工作和各种信息。至2005年2月,该简报已出了30期。

由于学院内设部门类型多、地域分布散、平时见面少、沟通不多,这在一定程度上不利于学院的整体和谐发展。学院党政领导班子意识到学院要发展,内部管理是关键。2006年,学院创新性地推出了年度沟通会制度,分别举办与内设部门的沟通会,一方面听取部门及个人的述职,由教职工对部门班子成员德能勤绩廉做出评价;另一方面则听取各部门对学院发展的意见和建议。这一形式在一定程度上为学院管理骨干队伍增强责任意识、提高工作水平注入了动力,增进了学院各部门间的联系和交流,为学院进一步改革发展集思广益、凝聚人心。

四、内聚人心,和谐发展

2000年4月1日,学院成功召开了组建后的首届"双代会"①第一次会议,院长助理张华达当选为学院工会主席。2001年11月13日和2003年12月28日,学院又分别召开了一届二次和三次会议。根据学校工会〔2003〕11号《浙江大学工会关于院级"双代会"换届具体工作意见》,经学院党政联席会议研究决定,学院于2004年4月23日召开第二届"双代会"第一次会议,进行学院"双代会"的换届,并听取田正平院长代表学院所作的"加强凝聚力,积极实施人才强院,为实现学院新一轮跨越式发展而努力"的学院工作报告。此次会议选举产生了学院第二届工会委员会,院长助理张华达继续当选为工会主席。2007年12月28日,学院召开二届二次会议。

教育学院的学校"双代会"代表认真履行代表职责,积极撰写提案,为学校的工作献计献策。2007年6月,周谷平代表的提案"加大研究生工作创新力度,培养研究生创新人才"被评为学校五届一次教代会优秀提案(全校共5件)。

学院工会以师德建设为重点,促进"三育人"活动。于可红获2001—

---

①　"双代会"是指教职工代表大会和工会会员代表大会。

2002 年度浙江省高校"三育人"先进个人。2004 年，田正平、陈红玉分获浙江大学教书育人、服务育人先进个人。2006 年，俞蕙琳、徐小洲分获浙江大学第三届教书育人、管理服务育人先进个人。学院工会于 2001 年和 2005 年分别举办教工迎新年文体活动，2007 年与院团委一起联办学院师生迎新趣味运动会，为学院师生创造一个气氛活跃的沟通平台，拉近了师生之间的距离，也增进了师生之间的情谊。

此外，工会积极组队参加学校组织的校运动会、教工篮球赛和教工羽毛球赛等体育比赛活动，举办教工趣味运动会等，通过各种形式的活动，培育集体意识和团队精神，凝聚人心。

学院党政领导班子成员、学院党委委员、各总支书记分工联系民主党派骨干成员、无党派教授、海归青年教师，推进落实统战工作对象联系人制度。通过个别谈心交友、重要问题和决策征询意见、年度学院工作情况通报会等方式，听取对学院建设发展的建议，从而凝聚人心，充分发挥各民主党派、无党派人士在学院改革和事业发展中的积极作用。学院党委不仅主动关心、指导、协助民主党派和无党派人士正确履行参政议政职能，还十分关注相关党派的自身建设。2007 年，魏贤超教授当选为民革中央委员会委员和省政协常委，王健教授当选为省政协委员，顾建民教授当选为民革浙江大学第三届委员会委员。

学院通过年度离退休教职工代表座谈会的召开，通报学院事业发展现状和"十一五"规划思路，听取老同志对学院事业发展、教书育人等方面的意见和建议。学院组织落实好院系两级的尊老爱老、关心老同志身心健康的工作，坚持每逢重要节日走访慰问老同志，每当有老同志生病住院及时探望的制度；每年年底给每位离退休老同志送新年慰问品，学院和系部所室中心的领导登门拜访部分离退休老同志，使老同志感受到学院的关心和温暖；每年组织全院离退休老同志开展秋游活动。

2007 年，常务副院长周谷平在学院党委理论中心组理论学习会（扩大）上谈到学院的发展时，认为学院应以"沉百年积淀、磨十年之工、创一流大学"为纲，积极应对当前学院发展面临的危机与挑战，并提出"重点突破、兼顾均衡、彰显特色、追求卓越"的发展思路。

第三节　人才培养

研究型大学如何正确处理和协调科研与教学的关系,是国内外高等教育一直探索但始终较难把握的一个矛盾和焦点问题。学院在工作中始终把与人才培养密切相关的教学工作放在重要位置,并通过教学考核、评优活动、岗位聘任、职称晋升等各个环节,把对教学工作的重视在学院职权允许范围之内,给予最大的体现,使全院形成相对良好的教风和学风。

一、重视本科生教学

学院自组建以来,经过不断的融合和机制改革,逐步理顺了学院及各系部所室之间的关系。党政领导班子和全院师生,坚持教学和科研并重,尤其从本院实际出发,不断强化教学意识,增强全院师生员工以教学为基础,以提高教学质量为核心的责任感和认同度,通过各项改革措施,取得了教学工作的较大成效。

根据学校创建世界一流大学的总体目标及学院学科与队伍建设的整体规划,在学校教学改革的整体背景和总体思路下,在学习借鉴国内外相关院校和同类学科先进经验的基础上,学院把培养"厚基础、宽口径、重实践、多技能"的高层次、复合型人才作为本科教学工作努力的主要方向。教育学系根据我国教育改革和师范教育发展的新趋势,不断调整培养目标,努力拓宽专业面和开辟新的专业方向,通过改造和更新传统专业,使学生成为既具有各专业学科的知识、技能,又掌握教育科学的理论和方法的高层次复合型人才;体育学系人才规格明确,一直致力于培养具有现代体育教育理论,具有运动训练和竞赛、体育经营和管理、体育健身和锻炼等专业知识和技能,并能在各类中等学校和高等院校的体育教学部门、运动训练、体育管理部门和其他体育职能部门或体育俱乐部从事体育教学、运动训练、体育管理和健身指导工作的高层次专门人才。

2006年,学院制订本科生教育"十一五"规划时明确提出:根据学院"国际化、综合化、精品化"发展思路,学院本科生的培养目标是具有国际视野、创新精神、综合能力的教育、体育界高层次拔尖人才与领军人物。

(一)加强专业建设

学院先后在1999年、2000年、2002年、2004年和2006年五次全面修订本科教学计划,在顺应世界教育改革和国内社会对人才新需求的前提下,下大决心整合课程结构,坚决摆脱"因人设课"的传统思维方法,根据培养目标,在保持传统强势专业的同时,根据社会发展对各类人才的需求及学校整体专业调整的思路,在专业建设上进行了积极的探索。

教育学系努力适应市场经济对应用型人才的需求,以及教育领域的计算机应用迅速崛起的现状,充分利用学校多学科优势,于 1999 年增设教育技术学专业,并在师资队伍配备、课程设置和教学条件建设方面投入了大量人财物力。2004 年 12 月 28 日,由华东师范大学教育技术学系系主任张琴珠教授等校内外教授组成的专家组对教育技术学专业进行了新专业评估。专家组对该专业所做的工作和取得的成绩给予了充分的肯定,同时也就进一步整合相关课程资源和加强基地建设等方面提出了意见和建议。2006年,教育学系还将教育学专业改造为两个新的方向:一为课程理论与教学设计;二为国际与比较教育,培养交叉、复合型人才。2007 年 6 月,教育学专业先后被评为浙江大学首批"本科特色专业"和教育部特色专业。

体育学系在原有体育教育(包括运动训练方向)专业建设的基础上,根据国内体育产业和市场的不断开拓,于 2005 年 12 月增设运动训练和民族传统体育本科专业(民族传统体育专业于 2013 年改称为武术与民族传统体育专业)。

(二)加强课程建设

课程改革是保持高校活力,提高教学质量的重要环节,也是高等教育与时俱进的具体体现,学院在保持传统优势的基础上,自觉顺应时代、社会发展和学生的需求,理论与实际密切结合,对传统学科和课程进行了较大力度的调整和改造,取得了相当的成效。

1.课程的整合

当今学科发展方向正从分化走向综合,对人才的需求也从单一的狭窄专业知识趋向具有广博的知识基础、创新意识和实践能力,综合素质俱佳的复合型。在学校加大学分制改革力度的大背景下,学院上下统一认识,坚决改变过去因人授课的状况,压缩必修课和总学分数,给予学生更多的自主发展空间。教育学系结合教学计划修订,一次次将存在内容交叉重复的课程予以合并,如 2001 年对教育技术学专业原教学计划中所设的"多媒体技术""素材制作技术""计算机辅助教学"三门课程进行合并调整,取消"多媒体技术",同时适当增加另两门课的授课和操作训练的学时,将"素材制作技术"更名为"媒体素材电脑制作技术",相应地对学分也进行了调整。

2.对一些传统课程进行更新

"教学论"一直是教育学科的主干课程之一,但随着中小学教育改革实践的深入,需要教学理论更加贴近课堂实际,改变原来教学论课程中存在的空洞抽象状况。从 20 世纪 90 年代后期以来,担任此门课程教学任务的教师坚持一边教学一边调整改革,最终形成"教学理论与设计"这一新思路,将教学理论定位于应用性理论或处方规范性理论,强化对教学策略、教学目标、教学任务分析、教学过程及教学评估等方面的探讨,直接将中小学课堂或学校作为教学理论的实验室,更直接地关注各种教学基本技能的训练。2006 年 2 月,由盛群力教授主持的"教学理论与设计"课程被教育部批准为高等学校国家精品课程(同时也是 2005 年浙江省精品课程和浙江大学精品课程),这是学院首门国家精品课程,也是浙江大学人文社科类该年度唯一入选的国家精品课程,它由盛群力和褚献华两位老师共同主讲,建设周期是2005—2010 年。该课程建设的特点是教学与科研相互促进,本科生和研究生教学彼此贯通,课堂多媒体教学和网站资源协同配合,在双语教学、授课方式、实践环节、网络教学配套、考试改革和校际联合等方面进行了系列改进。教学研究促进课程建设,课程建设促进教学改革,教学改革促进了教学质量的全面提高。

学院积极争取精品课程和重点课程建设,鼓励教师建设网络课程和多媒体教学课程,推进教学现代化进程。军事理论教研室的《军事理论》多媒体课件在"浙江大学教学资源网——网上授课系统"使用,在全国产生了较好的影响。林小美主持的"武术教学"2006 年被评为浙江省精品课程。学院还注重充分利用学校多学科资源,加强院系间、学科间合作,共同开发课程,资源共享,优势互补。教育学科本身具有很强的交叉性和综合性特点,如教育技术学专业就是一个由教育科学、心理科学和计算机科学相结合的产物。为培养具有现代教育理论与信息技术素养、能适应各级各类学校及行政部门对教育技术提出的新要求,能胜任教育与培训领域的计算机辅助教学、课件制作、远程教育、计算机辅助管理与维护等工作的交叉复合型人才,教育学系同心理与行为科学系、计算机科学与工程学系、电化教育中心等部门通力协作,为本科生合作开设"电子技术""计算机组成原理""摄影概论""媒体素材电脑制作技术""计算机网络""普通心理学"等多门课程,充分发挥了综合性大学的优势,也促进了教育学系教师队伍知识结构的改造。

(三)加强教材建设

教材是教与学的重要载体和媒介,直接影响到教学的质量和成效。学院在教材的采用上严格标准、及时更新,同时积极鼓励教师争取国家级教材编写任务,既提高学科知名度,同时又使本科教学直接受益。

全院教师 1999 年以来编写的教材及教学指导用书 135 种,从 2000 年至 2007 年共撰写发表教学改革论文 189 篇。其中,王承绪教授主编的《比较教育》2002 年 10 月获全国普通高校优秀教材一等奖;丛湖平教授主编的《体育统计学》2002 年 8 月获省部级优秀教材奖;盛群力教授主编的《现代教学设计论》先后 5 次印刷,印数超过万册,2001 年 10 月获浙江省哲学社会科学优秀成果二等奖,并获 2000 年度华东地区优秀教育图书一等奖,该书由台湾五南图书出版公司购买版权,2002 年 11 月出版繁体字本,在港、澳、台地区发行。

公共体育部参与主持并主编浙江省教育厅普通高校公共体育课专项选修课系列教材,已正式出版 9 种,分别是俞蕙琳主编的《乒乓球》、姚鸿芬主编的《排球》、程路明主编的《健美》和《羽毛球》、虞力宏主编的《网球》、诸葛伟民主编的《定向越野》、冯萍主编的《健美操与体育舞蹈》、董晓虹主编的《保健体育》及张林主编的《篮球》,为许多高校所采用。姜建华主编的全校公共选修课教材《体育保健按摩》被列为学校面向 21 世纪教材建设项目。军事理论教研室组织全体教师编写《军事学概论》教材,于 2001 年 7 月由浙江大学出版社正式出版,并于 2001 年 9 月在全校学生中正式使用,取得较好的效果。2003 年,军事理论教研室依照教育部下发的新的军事理论教学大纲,对原有的《军事学概论》教材进行修订,并于 2003 年 8 月正式出版。修订本增加了大量军事图片和最新的军事技术及高技术战争案例,获得学生和同行的一致赞誉。学院还积极倡导鼓励在本科教学中引进原版教材,进行双语教学。

(四)改进教学方法

培养目标和课程设置改革后,科学、合理、有效地改进教学方式方法是提高教学效率、取得预期成果的切实保障。学院在教学方法改进上鼓励教师创新,大胆实践。

军事理论教研室注重开发并制作多媒体课件,所有任课教师都制作了各具特色的课件。教育学系在实施双语教学时,全部教学环节包括课堂讨论、发言、作业和考试等均采用英语,还积极尝试用多媒体教学手段实现视听信息结合,同时利用来访国外教授穿插授课,把各种手段和方法融为一体,创出了自己的特色。该系结合自己学科的性质及相关理论和方法,在本科教学工作中探索各具特色的教学方法,如"教育现状研究"课程请各级教育行政部门领导、各类学校校长、学科特级教师等轮流讲座,使学生更好地了解我国教育改革实际;"学校心理辅导"课程结合开设心理辅导工作室,面向全校开放,使学生在学习理论知识的同时,有实际应用和实践锻炼的机会;"浙江地方教育史"课程充分利用当地各种教育资源,组织学生参观万松书院等教育遗址;"中国教育史"课程教师探索出"事例—问题—讨论"的教学模式,使"沉闷的教育史变成了激励人心的学科"。诸如此类的种种具有研究型、实践型鲜明特色的教学方法尝试,取得较好的教学效果,受到学生普遍欢迎。

学院在教学方法改革上尤其注重以学生为中心,突出启发式、参与式与实践式,以培养学生的创新意识、主体意识和实践动手能力。体育教育专业是实践性很强的学科,学生不能只动口不动手,必须积极参与到教学过程中去。体育学系通过建立实践基地、利用新建场馆设施、组建运动队、开放实验室、运用现代化教学手段,以及组织社会实践、教学实习、社会调查等多种途径,培养学生的综合素质、实际动手能力和操作技能。教育学系也十分注重让学生把所学理论运用于教育实际,通过教学实习、去中小学听课、社会调查和大学生科研训练计划(Student Research Training Program,SRTP)[①]等途径培养学生运用所学知识分析解决问题的能力。

(五)鼓励学生开展科研活动与专业技能训练

学院较早开始设立旨在鼓励学生参加科研活动的专项资金,为学生科研提供资助,是全校实行院级 SRTP 立项最早的三个学院之一。在这一政策的导向下,学生参与科研活动的积极性与主动性有了很大的提高,SRTP立项逐年增加,1999 年至 2006 年共执行项目 217 项,使相当数量的本科生科研活动得到资助和指导,从而提高学生的学习热情,培养了创新意识和实践能力。2004 年 4 月 30 日的《浙江大学报》以"立足创新,优化环境——教育学院学生学术科研成绩斐然"为题对学院本科生的学术科研活动进行了专题报道。从 2000 年至 2007 年,学院本科学生发表项目成果论文 26 篇,在"挑战杯"全国大学生课外学术科技作品竞赛中,于 1999 年、2001 年、2003 年分别获得鼓励奖和三等奖。学院为鼓励教师对本科生学术科研的指导,制订激励措施,对相关指导老师给予奖励。1999 年以来,学院团委每

---

　　① 　浙江大学于 1998 年开始实施第一期大学生科研训练计划,每年一期,至 2016 年已实施了 18 期。该计划分学生立项和教师立项两种,但项目主要都由学生完成,教师则担负指导的责任。

年通过举办本科生学术论文报告会和编撰优秀论文集等形式，鼓励和表彰本科生科研积极分子，营造良好的学生科研氛围。

1999年来，体育学系学生在世界、全国、全省体育运动竞赛中成绩突出，多次获奖（具体见表5-2）。

表5-2　1999—2007年教育学院学生国内外重大比赛成绩统计

姓名	比赛名称	项目	名次
李鸿	2000年第6届全国大学生运动会	剑术	1
体育学系	2003年浙江省大学生健美操比赛（团体）	健美操	1
陈赛赛	2004年第6届全国大学生武术锦标赛	象形拳	1
毛亚琪	2006年多哈亚运会	南拳三项全能	1
赵莹莹	2006年多哈亚运会	女子撑竿跳高	3
张春艳	2007年第9届世界武术锦标赛	剑术	1
王青波	世界大学生运动会中国大学生田径选拔赛	男子标枪	1
赵鑫鑫	第10届世界象棋锦标赛	男子世界象棋	1

（六）坚持教学与科研互动

坚持教学与科研互动是现代大学的办学基本理念，也是学校创建一流研究型大学的基本思路。学院在教学工作中，努力体现这一思想，强调教学与科研的相互结合、相互渗透、相互影响、相互促进，从教学实践中发掘科研的源泉，以科研成果提高教学的质量，注重理论与实际的结合。

体育学系在2002年成立了大学生体能测评与训导基地。该基地既是一个承担国家自然科学基金项目的具有国际先进水平的科研基地，同时又承担全校学生实践能力和创新能力培养提高的教学任务。

学院学生在全国大学生"挑战杯"竞赛中屡次获奖的成果，正是教师的科研项目与学生学习实践相结合的结晶，许多学生的SRTP课题也都与指导教师的科研项目密切相关。

1999年来，学院承担了大量教学改革研究项目，如"振兴行动计划"本科教改项目、浙江省新世纪教改项目、多媒体课件建设项目，以及教学管理、考试、教学方法改革项目等，并取得一定的成绩：1999年盛群力完成的"系统化课堂教学模式的探索与应用尝试"获浙江省首届基础教育优秀教学成果二等奖；盛群力和褚献华完成的"教学理论与设计课程建设的实践探索"（2001年）、丛湖平等完成的《体育统计》（教材）（2002年）被评为浙江省高等教育教学成果二等奖;2003年6月肖龙海完成的"小学生人格教育实验研究"获浙江省第二届基础教育教学成果二等奖、边玉芳完成的"学校心理健康教育教材研究"获浙江省第二届基础教育教学成果二等奖;2003年7月于可红被浙江省教育厅授予"浙江省高等学校教学名师奖";2004年公共体育部诸葛伟民等完成的教学改革项目"完全学分制下体育俱乐部教学改革"(2004年)获浙江大学教学成果一等奖;诸葛伟民、姜建华、董育平、钱铁群、朱桦完成的"大学体育课程体系的整体改革与创新"(2005年)获浙江省高等教育教学成果二等奖;2007年刘力完成的"浙教版《品德与社会》新课标实验教材的开发实验"获浙江省第三届基础教育教学成果二等奖。

学院作为浙江大学本科教学评估首批三个试点单位之一,于2003年率先开展本科教学的自我检查与评估,并根据反馈意见,认真做了整改,进一步落实了相关措施。2007年11月20日,学院接受了教育部本科教学评估专家的全面评估。是日上午,教育部评估组专家——国家教育行政学院前任党委书记俞家庆教授,教育部教育发展研究中心副主任周满生研究员,香港大学教育学院前任院长梁贯成教授,美国院校研究会会员、华中科技大学赵炬明教授,来教育学院进行本科教学考察评估。专家通过随堂听课、实地考察、听取汇报、座谈讨论,对学院的本科教学水平进行了检查和评估,并提出重要的指导性意见和建议。是日傍晚,教育部本科教学工作水平评估组副组长、东南大学校长易红教授专门来到教育学院体育学系进行本科教学水平考察。学院尽管所属单位门类多,涉及面广,基础条件薄弱,迎评任务繁重、艰巨,但通过全院上下共同努力,顺利通过评估,并得到教育部评估组专家的充分肯定和好评。

通过迎评促建工作,学院上下齐心协力,发扬认真务实的传统作风,真正做到了以评估为动力,以迎评为契机,"以评促建、以评促改、以评促管、评建结合、重在建设",以本科教学评估带动全院工作更上一个新台阶。

二、提高研究生培养质量

学院在争取研究生规模扩张的同时,坚持数量扩张与质量提高并举,在教学管理、教学研究、实验条件、导师队伍建设等方面,致力于提高培养质量,努力达成创新人才的培养目标。1999年,全院研究生与本科生的比例是1∶8,至2007年,这个比例为1.13∶1,达到了学校的要求。

(一)注重研究生数量与质量的协调发展

1999年,学院共有6个硕士点和2个博士点,在读研究生总规模为71

名(其中博士生 10 名,硕士生 61 名),到 2007 年发展到拥有教育学一级学科博士、硕士点,马克思主义原理一级学科博士、硕士点,体育人文社会学博士点和体育学一级学科硕士点,在读研究生规模达到 358 名(含思政系 64 名),其中博士生 127 名(含思政系 17 名),硕士生 231 名(含思政系 47 名)。

1999 年开始,学院累计招收全日制博士研究生 134 人,硕士研究生 444 人;毕业博士研究生 54 人,硕士研究生 346 人(见表 5-3)。

表 5-3　建院以来研究生培养情况一览(截至 2007 年 3 月)

年份	类别	录取/毕业生数		在学研究生数			
		录取	毕业	一年级	二年级	三年级及以上	合计
1999	硕士生	29	12	29	11	11	51
	博士生	4	1	4	3	5	12
2000	硕士生	33	11	33	29	10	72
	博士生	5	2	5	4	6	15
2001	硕士生	47	12	47	33	29	109
	博士生	14	5	13	5	8	26
2002	硕士生	49	22	49	47	34	130
	博士生	3	11	13	15	12	40
2003	硕士生	52	29	52	49	49	150
	博士生	17	5	17	12	20	49
2004	硕士生	55	46	55	52	52	159
	博士生	23	8	23	17	16	56
2005	硕士生	60	50	60	55	53	168
	博士生	25	8	25	23	17	65
2006	硕士生	69	107	69	60	8	137
	博士生	19	13	19	25	39	83
2007	硕士生	50	57	50	69	5	124
	博士生	24	11	24	19	46	89

　　学院招收外国留学生攻读硕、博士学位共 4 人,已有 2 人毕业并获得学位。其中美国留学生欧文·雷文①创造了两个"第一":他是在中国第一个通过教育史专业博士学位论文答辩的美国留学生,他是浙江大学有史以来年龄最大的博士研究生(入学时 69 岁)。除学校交流项目外,学院研究生出境出国以短期参观交流为主。2004 年 10 月,硕士研究生 7 人随教师组团首批出境赴台湾参加学术会议。2005 年 7 月,硕士研究生 10 人随教师组团首批出国赴德国卡塞尔大学就环境教育专题进行学习交流。博士研究生以半年或一年的访学为主,2006 年 7 月、9 月有两位博士研究生分别获意大利鲍思高慈善基金会、中国教科文组织全委会资助,赴意大利、英国访学一年与半年。

　　学院注重研究生研究能力的培养,强调学术规范,鼓励研究生在读期间发表学术论文,使勤奋、钻研、探究真理的务实精神蔚然成风。学院为强化学生的学术研究意识,从 1999 年建院后,每年举办研究生学术论文报告会,编印研究生论文集。田正平院长曾为研究生论文集作了"创新是科学研究的生命"的题词。学院成立以来,研究生发表的学术论文数量不断增加,质量也不断提高,据统计,研究生在 A 级以上刊物发表的学术论文,2002 年45 篇,2003 年 30 篇,2004 年 54 篇,2005 年 81 篇,2006 年 68 篇。2002 年,教育史专业博士生商丽浩(女)撰写的博士学位论文《中国教育财政近代化研究》(指导教师田正平教授)获评全国百篇优秀博士学位论文。在 2003 年全省硕士论文质量抽检评估中,学院的硕士论文平均得分在全校各学科中位居第一名,高出全省平均水平 10 分。在全省研究生学位论文的评比中,2005 年度获浙江省优秀研究生学位论文 1 篇,2007 年度获浙江省优秀研究生学位论文 2 篇。1999 年,在浙江大学第七届 DMB(登攀)节②中,学院荣获研究生学术论文排行榜第一名;2000 年,再次荣获第一名。在此后的三届排行榜中,分别获得第二、三、五名的佳绩,连续五年名列前茅。

(二)建立以科研为主导的导师负责制

　　根据《浙江大学研究生学籍管理规定实施细则》(2004 年修订版)的精

---

　　①　欧文·雷文(Irving Levine,1932—),2001 年 9 月 10 日到浙江大学报到注册,师从教育学院院长田正平教授,2006 年 3 月 24 日通过博士学位论文答辩。

　　②　DMB(登攀)节是浙江大学研究生会等主办的大型综合性校园科技文化交流活动,从 1993 年开始,每年一届。取名"DMB",是把英文三个单词"Doctor""Master"和"Bachelor"的首字母"D""M"和"B"组合在一起,又有"登攀"的谐音,因而得名。

神,2004年起,学院的硕士研究生培养学制由2.5年调整为2年,博士研究生培养仍保持3年学制。2006年7月,教育部将浙江大学列入第二批实行研究生培养机制改革试点高校之一,学校下发了《关于进行研究生培养机制改革的若干意见》,提出为进一步保证和提高研究生的培养质量,在实行学分制的基础上继续推行弹性学制。2007年年初,学校下发《浙江大学研究生培养机制改革方案》(浙大发研〔2007〕1号),从2007级研究生开始进行培养机制改革。根据学校的部署,学院于2007年1月召开研究生导师会议,讨论学院实施研究生培养机制改革的初步方案。分管副院长丛湖平教授向导师们介绍了学校研究生培养机制改革的主要精神以及实施方案的基本内容,包括基本目标、管理体制、招生、培养方案和淘汰机制等,并详细介绍了新的研究生奖助体系,就可能出现的问题和对策做了说明。通过会议与讨论,导师们基本领会了学校研究生培养机制改革的指导思想和基本原则,也初步了解了学院的工作思路和具体做法,为进一步贯彻落实研究生培养机制改革奠定了较好的工作基础。经过近一年的实践,学院按照学校的要求正式实施研究生培养机制的工作,开展导师资助助研经费、研究生教育扶植基金、研究生"三助"岗位等改革,组织并完成了学院研究生培养的各项制度调整,基本实现了以科研为主导的导师负责制的目标。

学院成立后,导师数量有了快速增长。1999年学院有博士生导师3人、硕士生导师25人,到2007年,有博士生导师14人(其中2名为兼职导师)、硕士生导师60人。

(三)加强专业学位的建设

2003年9月,浙江大学成功申报成为国家第三批"教育硕士专业学位"试办单位,2004年首先在教育管理、学科教学(体育、英语方向)3个学科点招生,首批招收76名学生,其中教育学院招生56名;2006年新增现代教育技术、学科教学(语文、物理)3个学科点。几年来,浙江大学"教育硕士专业学位"以教育学院为主体,在办学规模、教学质量、管理水平等各方面都得到发展和提高,到2007年,已累计招生310名(其中教育学院共招生228名),为社会培养了一大批优秀的教育专业人才。2005年,学院开始招收在职人员攻读体育硕士专业学位。2006年,为了执行国家和学校的相关规定,具体落实各项教育管理任务,学校建立教育硕士专业学位教育管理中心,挂靠教育学院,负责全校的教育硕士专业学位的培养工作。2006年6月,为进一步提高专业学位研究生培养质量,学院党政联席会议讨论决定,聘请刘宝剑、季芳、方红峰、柯孔标、朱永祥、王健敏、徐一超、叶鉴铭、施光明、曹宝龙、叶翠微、任继长、缪水娟、尚可、赵兴旺、沈江峰、喻立森、沈海驯、应元涨、朱鸿、姚宏昌、戴嘉敏、徐剑津、俞立峰、李力明、周晓明、骆爱香和夏谷鸣等 28 位同志为浙江大学教育学院教育硕士、体育硕士专业学位研究生兼职导师〔他们中间包括中学特级教师、各级教育局的行政领导、知名中学的校长、省(市)教育研究机构的研究员、各级教研室的负责人等,其中不少人是学院的校友〕。2006 年 9 月 18 日,受国务院学位办委托,全国教育硕士专业学位教育指导委员会部分委员莅临学院检查教育硕士专业学位培养工作。浙江省教育厅学位办主任边颉、浙江大学副校长来茂德以及学校研究生院和其他部处有关负责人参加了此次检查评估工作。有关专家和领导通过随堂听课、参观考察和座谈等方式,对学院的工作进行了全方位的检查,华东师范大学叶澜教授最后代表专家组充分肯定了学院教育硕士专业学位的培养工作,认为学院的教育硕士学位培养定位明确、管理规范。2007 年,丛湖平教授获全国首届教育硕士专业学位优秀教学管理工作者荣誉称号,吴华教授获全国首届教育硕士专业学位优秀教师荣誉称号。

三、探索学生思想政治工作新思路

学院学生思政工作在"国际化、综合化、精品化"的办院理念指导下,始终坚持以生为本,结合大学生的身心特点与学院实际,丰富思想教育内容,创新思想教育形式,努力构建多层次开放性的人才培养平台,积极探索学生工作新思路、新载体和新方法,从学生党建、学风建设、素质拓展、就业指导、困难资助等各个方面入手,夯实基础、开拓创新,取得了较为显著的成绩。

(一)以学生党建为统领,加强理想信念教育

按照基层组织工作的有关规定,学院学生党支部定期换届选举,并根据学生规模适时调整党支部的设置。为进一步贯彻落实学校 2001 年党建和思想政治工作会议精神,学院党委于当年开始单独设立学院学生党总支,统一领导学生的党建工作。

发展党员工作是组织建设的一项重要内容,学院一直按照"坚持标准、保证质量、改善结构、慎重发展"的方针,从入党积极分子的培养到入党手续的履行,从党建材料的审查到发展前的谈话,党委都层层把关,坚持标准,积极慎重地做好在学生中发展党员工作。从 1999 年 1 月 1 日至 2007 年 12 月 31 日,学院共发展学生党员 513 人,其中本科生 322 人,研究生 191 人,为党的队伍输入了新鲜血液,增添了新生力量。2004 年 5 月,学院党委发布了《浙江大学教育学院在学生中发展党员工作的三年规划(2004 年 6

月—2007 年 6 月）》，对发展学生党员工作的总体目标任务及保障措施都做出了明确规定。

学院各级党组织积极开展形式多样、内容丰富的党建活动，如组织新党员入党宣誓仪式、师生党支部共建、以博客为平台的学习交流、创建学习型支部等，还组织党支部参加学校"基层党支部建设创新奖"的项目设计、实施和评比。2005 年教育学系本科生党支部的活动项目获得了二等奖。通过这些活动的策划与实施，基层党支部的创造力、凝聚力和战斗力都有了明显增强。

（二）以育人为根本，做细做实教育与管理工作

学院的学生规模一直以来比较小，因此学院学生的教育与管理工作始终定位在"做细做实，做出特色"。

2002 年，学院与杭州市上城区小营街道签订学生实践协议，每年组织学生开展暑期社会实践。小营街道实践基地连续四年获浙江省省级社会实践基地荣誉称号，学院组织的社会实践活动连续荣获浙江省社会实践优秀团队荣誉称号，2006 年获得浙江大学唯一一项"2006 年浙江省大中专学生志愿者暑期文化科技卫生'三下乡'社会实践活动十佳团队"荣誉称号。

2004 年 12 月，学院"义工之家"成立。"义工之家"始终秉承"奉献、友爱、互助、进步"的义工精神，以社会实践与服务社会相结合为有效途径，集志愿性与制约性、无偿性与公益性、组织性与业余性于一体。学院 97％的本科生已注册成为"义工之家"义工，服务项目范围更广、种类更多，学校其他学院的学生也开始加入"义工之家"，其影响不断扩大，也引起了多家媒体的关注，浙江卫视（海外版）、《杭州日报》和杭州网等都做了相关报道。正是通过这一平台的良好运作，2003 级本科生陆娟君和张桂莲在 2006 年学校首届"十佳青年志愿者"评比中获得十佳称号。2007 年，"义工之家"被列为浙江大学学生素质拓展基地创建单位，被学校授予"青年志愿者服务杰出集体"称号，并由学校推荐为"浙江省青年志愿者服务杰出集体"，学院也因此获学校"青年志愿者工作优秀组织奖"。这一特色活动被学校编入了向中央督查组汇报的材料——《浙江大学加强和改进大学生思想政治教育巡礼》。

为进一步充实和加强辅导员队伍建设，增进学生思想政治教育工作的有效性，学院于 2006 年 6 月在全校率先组建学生兼职辅导员队伍，并专门制订《浙江大学教育学院学生兼职辅导员工作条例》，组织上岗前的培训。《浙江大学报》专门报道了这一举措，并在全校学生工作会议上做了介绍。

学院组建了高素质的学长组队伍，制订了教育学院 2006 年级"学长辅

导计划"，创建了新生教育"新理念、新方式、新突破"的工作模式，其中《教育学院2006级新生入学适应指南》及新生"增值计划"是较具特色的亮点。《浙江大学报》对此分别做了两篇专题报道，学院也因此获2006年新生入学教育组织奖，2007年又获浙江大学第六届学生工作创新奖。

2007年，学院组建了学生思政信息员、宣传员和稳定小组三支队伍，使其成为学院学生工作的有力助手。2007年学院获浙江大学信息工作优胜奖。

学院党委始终坚持以学生科研来推动学院学生工作，以体育文化研究会和教育协会两个学术性学生社团为载体，征集优秀学生论文，每年举行本科生论文报告会，并结集编印《浙江大学教育学院本科生论文集》；学院成立之初，教育学系的学生还编辑印刷了《教育纵横》的内部刊物，它由学生任主编，学院团委书记姚信负责刊物的终审工作，由学院院长田正平教授题写刊名（见图5-1）；针对年级的特点，提出了"三个一"工程——一年级读懂一本学术著作，二、三年级写一篇较高质量的优秀学年论文，四年级写出一篇高质量的毕业论文；构建学院网上选课平台，向学生开放系资料室，拨专款设立学生书库，给学生列出专业必读书目并细心指导。经过几年的努力，学院的本科生学术科研活动已构建起较为系统的长效机制。

学院一直十分支持并鼓励学院团委独立自主地开展工作，并将共青团工作纳入到学院人才培养的有机整体。学院团委通过"支部建设月"、成立研究生团总支等多种形式，激发团员青年的创新精神和创造活力。2005年年初，团省委发文总结表彰2004年度共青团工作，学院团委书记姚信和汪峰的《网络成瘾的大学生人格特点研究——一项关于杭州市大学生网络成瘾的调查报告》荣获2004年度浙江省共青团组织调研奖二等奖。2007年学院团委创造性地实施"三结合计划"，将大学生素质拓展计划、推荐优秀团员作党的发展对象工作与团支部组织生活三者有机结合起来，推行电子评分表形式，加强对团干部的业务培训与考核。项目的开展不仅丰富了团组织生活，而且强化了团组织活动的积极作用，这一计划被列为校团委2007年重点支持项目。

在学院团委的精心组织下，学生的课外文体活动精彩纷呈，各项文体竞赛成绩斐然。例如：校"三好杯"健美操大赛连年获得一等奖；校"环港之约"接力赛年年获得冠军；学院团委还荣获浙江大学2006年"基层团组织建设先进单位"和"2005年无偿献血先进单位"等称号。

学院对经济困难的学生一直很关心。除了学校一般的资助渠道外，学

图 5-1　《教育纵横》的封面

院还积极争取校外的各种捐赠，以帮助这些学生顺利完成学业。2000 年 12 月，香港中国助学基金会决定向学院捐赠人民币 5 万元，用以资助品学优良、经济困难的学生。此次共有 33 名学生受到了资助。是年 12 月 27 日在西溪校区田家炳书院举行了捐赠仪式，校党委书记、香港中国助学基金会名誉会长张浚生在仪式上讲话，基金会主席陈月红女士代表基金会向教育学院捐赠人民币 5 万元，学院院长田正平代表学院接受捐赠。

(三)以成才为目标,系统设计学生就业指导服务体系

就业工作关系到系科的发展,也直接影响毕业生的切身利益。学院历来重视就业工作,抓好就业辅导、就业推荐、签约等各个环节。2003 年学院获本科生就业工作先进单位。随着就业压力的日益增大,学院成立由党政一把手为组长、分管副书记为副组长的学院就业工作领导小组,通过系统设计就业指导服务体系,以新生增值计划、生涯规划设计比赛、虚拟实习计划、就业论坛为主线,努力拓展学生的通用技能,全面提升学生的就业竞争力。学院、系深入细致地做好毕业学生思想政治工作,根据学生专业特长等个人情况,进行深入的个性化就业指导,并为毕业生和用人单位的交流和双向选择提供真心诚意的服务。学院就业率每年都在 95％以上,1999 年到 2003年则连续五年实现 100％。

四、改善教学条件与设施

教学条件与设施的改善和更新,是提高教学质量的重要物质保障。新浙大成立以来,这方面的投入力度大大增强,随着新校区的建设,教学条件的改善正日益得到体现。学院为适应人才培养和教育现代化需要,在教学条件改善方面也做了很大的努力。在保证教育经费专款专用、切实到位的前提下,学院学科建设资金中相当一部分投入教学。比如,2002 年学院学科建设资金中用于系部所室各项目投入的总额为 61 万元,共资助 9 项,其中 6 项为教学类项目,包括教育学系的"图书资料和信息检索中心"建设、教育技术学科专业建设,军事理论教研室的"当代世界军事理论与军事科技信息库"建设,公共体育部的"教学管理软件系统的研制开发"及体育学系的"大学生体能测评和训练基地"和该系的网络教室建设。

为进一步落实设备经费,切实改善教学条件,提高研究生的动手和实践能力,学院在几年内购置图书 1500～2000 种,增订中外文学术期刊 25～30种;逐步建设联网文献检索系统,建好学院图书资料中心;创建教育技术实验室、体育教育训练学实验室;进一步完善网络教室建设和多媒体教室等现代化教学设备。

教育学系于 1999 年 10 月至 2001 年 10 月完成对系资料室、阅览室的全面搬迁、改建和更新装备、增购图书资料的任务:1999 年年底开辟专供本科生借阅的"学生书库",增置 12000 余元的学生用书及参考书,完成"教育信息检索系统"的前期建设工作,设立"教育学系资料中心",收藏全国各大出版社教育理论图书的样书,成为当时全国教育类图书资料最齐全的学术

图书中心;2001年投资40余万元增建电脑教室2个,配备电脑27台,组成电脑网络教学系统,为本系师生计算机培训,教育技术学专业的教学、科研和教学软件的开发等提供了便利条件。2000年起,为配合心理辅导学科和课程的开展,教育学系斥资近7万元建成心理测量与心理咨询及教育心理学实验室,拥有先进的监视、监听系统和其他一系列心理学实验仪器设备和图文资料,专业性能优良,为相关课程的教学提供了条件,并成为学校大学生接受心理咨询的重要基地。2000年4月,教育学系投入70余万元,建成一个多功能大教室(兼作系学术报告厅),具有进行现场实时录播功能,可用于教育技术学专业及其他专业的多媒体教学、演播、实验,以及师资培训、教学研究等,此外还建成视像编辑刻录室和微格实验室等现代教学设施。

体育学系通过"十五"期间的重点建设,教学条件的现代化水平向前迈进了一大步:1998年在西溪校区新建和改建了一个总面积达6000平方米的体育综合大楼,一个标准游泳池,一个有400米塑胶跑道的标准田径场;2002年建成一个具有国际先进水平的大学生体能测评和训导基地,还有网络教室和多媒体教室;2003年在紫金港新校区新建了本科生运动人体科学实验室,可为人体解剖学、运动生理学、体育保健学和体育测量学等课程提供实验教学条件。体育学系资料室以收藏中文体育期刊的齐全、完整为特色,在当时我国各体育院校图书馆中名列前茅,有藏书2万余册,专业期刊560余种。几年来,该系在本科教学经费投入和使用上有显著增长,尤其在本科教学设备购置、多媒体教室和实验室建设、体育综合馆的开发和利用、运动代表队建设、本科生教学实习、科研指导和图书资料购置等方面均有显著提高。这些经费除了学校大力支持外,与体育学系的积极努力争取密不可分,其中部分经费由院系自筹。

体育场馆设施的改善及建设对公共体育部的工作影响很大,是公体教学资源的重要组成部分。近几年来,学校加大力度,新建和改建了一大批体育场地、设施。新校区的建成和投入使用,将对公体部教学的现代化和教学质量的提高起到重大的促进作用。

现代教育技术中心建有专业的演播室、导控室和播音室等工作场所,配置了用于音视频前期摄制、后期编辑、影视合成、三维制作等专业的软、硬件制作系统,建有"浙江大学大学生多媒体创新实践基地""浙江大学视听艺术与技术教学实践基地"和"浙江大学教育学院教学实习基地"。

第四节　学科、科研与师资队伍建设

1999年至2007年,学院结合学校的发展目标与思路,充分发挥学科建设、科学研究和师资队伍建设对学院发展的中坚作用,坚持以人为本和优化整合,努力实现学科整体协调发展、科研实力明显提升、教师队伍结构不断优化。

一、学科整体协调发展

2000年,在学院的融合、起步阶段,适逢国务院学位办增补学科点,学院组织力量、整合师资,新增设了教育原理、教育技术学和运动人体科学三个硕士点,突破了长期以来制约教育学科和体育学科发展的瓶颈,为两大学科的发展拓展了空间。2003年,体育学科体育人文社会学获得博士学位授予权,实现了体育学科博士点的突破,圆了几代体育人多年追求的梦想。2004年,教育学科在全国综合大学中率先获得了教育专业硕士学位授予权,并连续获得教育部"211工程"一期和二期重点建设项目;部分学科参与学校两个"985"创新基地的建设工作;教育史学科和比较教育学学科再次被评为省级重点学科。2004年10月,在全国学位与研究生教育评估所公布的学科排名中,教育学科名列第四,体育学科名列第九,该排名大致反映了学院两大学科在全国的地位。

2005年,学院获得体育硕士专业学位授予权,教育史学科被列入浙江省第五批A类重点学科,比较教育学学科被列入浙江省第五批B类重点学科。

经过多年的努力,学院在学科建设方面取得了较大的发展,特别是2006年1月成功获得国务院学位办批准的教育学一级学科博士学位授予权,成为全国100多个教育学科中10个一级学科之一,获得民族传统体育专业硕士学位授予权,为教育学、体育学两大一级学科的快速发展提供了坚实的基础。2007年,学科建设又迈出了新的一步,取得了重大突破,教育史获批国家重点学科,这是浙江大学文科四个国家重点学科之一,达成了学院"十一五"规划中的预定目标。

二、研究机构相继成立

2000 年 1 月,浙江大学中外教育现代化研究所建立,所长为教育学院院长田正平教授。2001 年,中外教育现代化研究所被学校确定为浙江大学人文社科十大强所之一。该所设有教育史和比较教育学两个博士点,主要研究领域是中外教育现代化研究、中外高等教育史研究、中外教育交流史研究、国际高等教育政策研究、比较高等教育研究和比较德育研究等,承担多项国家哲学社会科学、教育部全国教育科学以及浙江省哲学社会科学重点研究课题,主要研究成果《中国近代义务教育研究》获教育部全国普通高校人文社会科学优秀成果一等奖、"汉译世界高等教育名著译丛"获浙江省哲学社会科学优秀成果一等奖。

2000 年 11 月,浙江大学教育学院民办教育研究中心成立,中心主任为吴华。该中心是国内研究型大学中最早成立的民办教育研究机构,以教育政策与民办学校管理为主要研究领域,为政府提供决策咨询,为民办学校提供学校发展战略规划、教育科研指导、教育教学质量评估和投融资决策等学校管理咨询服务。其在"教育股份制""合理回报""民办学校产权""教育券""现代学校制度"和"教育民营"等民办教育前沿领域研究成果卓著,引起政府和学界广泛关注,对国家民办教育立法以及浙江省的椒江、长兴、杭州、瑞安和四川的成都等地方政府民办教育政策设计产生了积极影响。

2001 年 12 月 19 日,教育学院举行"教育部浙江大学基础教育课程研究中心"成立大会。这是教育部在综合性大学设立的第一个基础教育课程研究中心。中心主任为田正平教授。研究中心的工作职责是开展与基础教育课程改革相关项目的研究与应用开发,为国家新课程改革提供政策咨询。

2001 年 4 月,浙江大学体能测评与训导基地成立,负责人为王健教授。该基地是本科科研训练与教学实践基地,是浙江大学首批"教育部 985 工程"建设项目之一,设有健康体能评价、肌肉功能评价、心肺功能评价等实验室,拥有等速肌力测试系统、运动心肺功能评价系统、体成分测试仪和表面肌电信号采集系统等先进仪器和设备。"基地"先后承担多项国家级、省部级和国际科研合作项目,研究和开发了"健康体能测评与运动处方系统",在神经肌肉功能评价、肌肉功能训练和下背痛主动运动康复等方面形成明显特色。

2002 年,由联合国教科文组织亚太地区教育局(曼谷)、联合国大学、中国联合国教科文组织全国委员会以及浙江大学联合其他 7 个国家的 8 所著名大学共同发起成立全球大学创新联盟亚太中心,中心主席由浙江大学校长潘云鹤院士担任,秘书处设在浙江大学教育学院。作为全球大学创新联盟(GUNI)的一部分,中心主要任务是贯彻、执行世界高等教育大会(WCHE)的有关决议精神,推动亚太地区高等教育的革新与发展。中心以"使 GUNI-AP 真正成为本地区高等教育和革新的实验室"为目标,启动了"在向知识社会过渡过程中的研究性大学""大学科研评估与能力建设"等项目。

2003 年 4 月,浙江大学体育现代化研究中心被国家体育总局确立为体育人文社会学重点研究基地,负责人为丛湖平教授。该基地由体育学、教育学、经济学、法学、管理学、新闻传播学等学科的研究人员组成,主要研究领域是体育法学、体育经济学和学校体育教育学。该基地主持多项国家级、省部级研究项目,出版著作十余部,在国内外学术期刊上发表论文百余篇,获多项省部级科研奖。

2004 年 9 月,浙江大学教育学院亚洲教育研究中心成立,主任为徐小洲教授。该中心依托浙江大学多学科优势,旨在提升亚洲教育研究水平,促进亚洲地区教育科研的交流,提供教育研究与人才培养合作平台,重点关注东亚等地教育政策与发展动向,主要研究领域是韩国教育、亚洲教育交流、亚洲研究型大学、亚洲教育政策。中心设有"中韩教育论坛"秘书处,负责开展中韩教育学者与师生相互交流。

此外,学院还于 2006 年 9 月成立了维果茨基研究中心,聘请心理与行为科学系龚浩然教授[①]任中心主任,组织学院内外有关专家对苏联教育心理学家维果茨基(1896—1934)的理论开展深入研究。2007 年 5 月,学院成立了蒙台梭利研究中心,刘华副教授任常务副主任,该中心主要开展对意大利著名女教育家蒙台梭利的研究,相关人员发表了若干论文和著作(包括科学出版社 2009 年 9 月出版的《蒙台梭利》一书等)。2007 年 11 月,学院成立了职业与成人教育研究中心,吴雪萍教授(女)为主任,该中心结合"职业与成人教育专业"硕士研究生的培养开展相关研究工作。

---

① 龚浩然去世后,其夫人黄秀兰教授于 2014 年 6 月向浙江大学教育基金会捐赠人民币 80 万元,专项设立了浙江大学龚浩然维果茨基研究出版基金,用于资助出版和维果茨基思想相关的研究成果。

三、教师结构不断优化

没有一流的师资就没有一流的学科和人才培养,就无法建成一流的学院。关于这一点,学院历届领导班子都达成了共识。

学院在 1999 年组建初期,培养全日制学生的总量不多,但类型俱全,贯通博、硕、本、专各个层次。各系各部门学科跨度大,教学对象及侧重点也不同;教师队伍中有很大比例承担着学校公共体育教学、教育技术行政服务工作,师资学历层次参差不齐。因此,师资队伍建设问题一直是学院关注的重心,也是学院发展的重点与难点。

1999 年以来,学院在改善师资队伍、优化结构、引进人才方面,做了大量工作,概括起来主要有两大方面:一是培养、提高现有师资队伍;二是广开渠道引进人才。经过学院上上下下的一致努力,取得了较为显著的成效。

第一,学历结构得以改善。1999 年以来,学院先后有 29 位教师在职攻读博士、硕士学位。2007 年,具有博士学位者 26 位,占全院教师人数 18%,具有硕士学位者 39 位,占全院教师人数 28%。与学院刚组建时相比,教师队伍的学历结构有了明显改善。

第二,引进了一批人才。1999 年以来,先后从国内外调入和引进教师及专业技术人员 18 人,其中具有博士学位者 10 人,具有硕士学位者 6 人,缓解了部分学科急需的师资,同时也提高了学科竞争力。1999 年以来,学院聘请了 24 位国内外教育、体育学科著名学者为兼职教授,5 位为客座教授,同时引进签约教授 2 位、签约教练 1 位。这些兼职、客座和签约教授的引进,增强了学院教学科研和人才培养的力量。

第三,队伍结构得到了优化。1999 年以来,有 75 位教职工调离学院,有 30 位教职工因年龄、身体等原因离开工作岗位,同时随着军事教研室、现代教育技术中心的加入,加上陆续的人员引进和调入,学院基本保持了原有规模(212 人),虽比刚组建时减少了 15 人,但师资队伍的结构有所优化,也解决了一些人事遗留问题。1999 年以来,学院有 23 位教师晋升教授,有 26 位教师晋升副教授。2007 年学院有教授 28 人,副教授 62 人,占全院教师比例达 65%,教授的平均年龄结构也发生了变化,从学院刚组建时的平均 51 岁降至 2007 年的 48 岁。

经过多年的不断调整,2007 年学院有专任教师 141 人,其中教授 28 人,副教授 62 人,教师中具有博士学位者 26 人,具有硕士学位者 39 人。学院在 2001 年、2003 年、2004 年、2006 年先后四次对人才引进与教师培养做出了若干规定,努力为教师队伍的发展创造良好的外部环境和支撑条件。

　　学院组建以来,一批教师由于在教学、科研等方面的突出表现,先后获得各级各类荣誉,为学院、学校增添了光彩。2003 年,在联合国教科文组织第九届亚太地区教育革新为发展服务计划(APEID)国际教育年会上,我国比较教育学学科奠基人之一、浙江大学终身教授王承绪荣获"亚太地区教育革新终身成就奖"。2003 年,体育学系于可红教授获"浙江省高等学校教学名师奖"。2004 年,田正平教授获"全国优秀教师"荣誉称号。2005 年,田正平教授被评为浙江省首批特级专家。2006 年,周谷平教授获得国务院政府特殊津贴。另外,学院还有 16 人次进入省部级人才培养计划(见表 5-4)。

表 5-4　1999 年以来学院列入省部级人才培养计划人员一览

序号	部门	姓名	入选层次	入选年份
1	教育学系	魏贤超	浙江省"151"人才第二层次	1999
2	体育学系	凌　平	浙江省"151"人才第二层次	1999
3	体育学系	丛湖平	浙江省"151"人才第二层次	2000
4	教育学系	肖　朗	浙江省"151"人才第二层次	2002
5	体育学系	王　健	浙江省"151"人才第二层次	2002
6	教育学系	徐小洲	浙江省"151"人才第二层次	2004
7	教育学系	商丽浩	浙江省"151"人才第二层次	2004
8	高教所	顾建民	浙江省"151"人才第二层次	2004
9	教育学系	商丽浩	教育部新世纪优秀人才支持计划	2004
10	教育学系	汪利兵	浙江省"151"人才第三层次	2005
11	教育学系	徐小洲	教育部新世纪优秀人才支持计划	2005
12	教育学系	边玉芳	浙江省"151"人才第三层次	2005
13	教育学系	徐小洲	浙江省"151"人才第一层次	2006
14	教育学系	刘正伟	浙江省"151"人才第二层次	2006
15	教育学系	徐小洲	"新世纪百千万人才工程"国家级人选	2007
16	高教所	顾建民	教育部新世纪优秀人才支持计划	2007

四、科研实力明显提升

学院组建以来,科研实力迅速提升。在 2003 年 12 月学院一届三次"双代会"上,时任院长的田正平教授说:"如果用一句话来概括我们的科研形势,那就是'科研积极性大大提高,科研成果的质量稳步上升,科研经费大幅度增加'。"据统计,截至 2007 年年底,自建院以来学院科研经费总量为 2143 万元,获得省部级以上各类奖励 44 次,SSCI 论文 3 篇,在一级以上刊物发表论文 579 篇,专著 79 部,承担省部级以上项目 142 项(见表 5-5)。

表 5-5　1999—2007 年学院科研状况统计

成果＼年份	省部级获奖	论　文		专　著	省部级项目	科研经费（万元）
		权威	一级			
1999	9			2	1	11.6
2000	0	8	40	13	10	127.822
2001	4	8	65	17	2	170.5491
2002	7	6	42	11	28	204.2655
2003	6	14	62	7	12	290.8258
2004	6	20	76	8	12	291.242
2005	0	21	89	9	9	225.021035
2006	12	23	36	7	21	413.84（含思政系）
2007	0	17(SSCI3)	52	7	38	478.035

为保证科学研究工作的顺利进行,学院成立了科研管理领导小组,并先后制定科研项目申报遴选制度、省部级研究项目中期检查制度等一系列规章制度。

学院在科研导向上注重走精品化道路。建院以来,学院在国家社科基金项目、国家自然科学基金项目、国家软科学项目、省部级重大项目以及国际合作项目方面都有了历史性的突破,科研成果获奖档次大幅度提高(见表 5-6)。

表 5-6 1998—2007 年学院重要获奖情况一览

奖项名称	获奖成果名称	奖励级别	第一获奖人	获奖年份
教育部高等学校科学研究优秀成果奖（人文社会科学）①	世纪之理想——中国近代义务教育研究	一等奖	田正平	2002
全国教育科学研究优秀成果奖②	比较教育史	一等奖	王承绪	1999
	中外教育比较史纲	一等奖	王承绪	1999
	"珠算式心算"教育实验效应的理论论证	二等奖	刘力	1999
	现代德育理论与实践	二等奖	魏贤超	1999
	黄炎培教育思想研究	二等奖	田正平	1999
	个性优化教育的探索	二等奖	盛群力	1999
	高等教育论	二等奖	徐小洲	2006
	国家中小学生体育与健康教育个体评价标准的研究	二等奖	于可红	2006
国家体育总局体育社会科学研究优秀成果奖	我国东部省份体育产业区域发展模式及策略选择研究	二等奖	丛湖平	2006
浙江省哲学社会科学优秀成果奖	中国教育史研究（近代分卷）	一等奖	田正平	2002
	汉译世界高等教育名著丛书（共 12 卷）	一等奖	王承绪	2003
	中外教育交流史	一等奖	田正平	2005
	近代西方教育理论在中国的传播	二等奖	周谷平	1999
	现代教学设计论	二等奖	盛群力	2001
	中国教育离现代化目标有多远	二等奖	杨明	2002
	"教育民营"的理念与制度创新设计	二等奖	吴华	2003
	政府与社会	二等奖	商丽浩	2003
	论高等教育中的市场失灵及其矫正	二等奖	杨明	2006

① 该奖项是国内当时级别最高的人文社科研究成果奖。

② 四年一次。

　　其中,田正平教授和肖朗教授主编的《世纪之理想——中国近代义务教育研究》2002 年获教育部第三届高等学校科学研究(人文社会科学)优秀成果一等奖。该书由浙江教育出版社 2000 年出版,全书由理论篇、实践篇和比较篇组成,分别讨论了义务教育理论和思想在中国近代的形成与发展、20世纪中国义务教育的推进与实践和中日两国实施义务教育之异同。王承绪、徐辉、徐小洲担任总主编的"汉译世界高等教育名著丛书"(共 12 卷)2003 年获浙江省哲学社会科学优秀成果一等奖。该丛书的出版对国内高等教育研究产生了很大的影响。

　　多项重要奖项的获得,说明学院在重视科研成果数量增长的同时,强调质量、注重精品的意识也在不断增强。

第五节　对学校的支撑与服务

　　教育学院不仅拥有教育学系和体育学系,同时还设有高等教育研究所、现代教育技术中心、公共体育部、军事理论教研室等学校公共教学与科研机构,为学校改革发展、教育教学信息化、校园体育文化、大学生国防教育等方面提供大量支撑与服务。

一、促进学校改革发展的咨询服务工作

　　高等教育研究所历来就有为学校改革发展提供咨询服务的传统,四校合并前,原浙江大学高教所、杭州大学高教所和浙江农业大学高教所都为各自所在学校提供了大量的咨询服务工作。新浙江大学成立之初,潘云鹤校长就召集还未合并的高教所负责人开了一个座谈会。潘校长说,这是四校合并后他所召集的第二次座谈会,第一次座谈会请了四个学校的一些校领导来座谈,这次请高教所的同志来座谈,希望大家为四校合并及新浙江大学今后的发展出谋划策。

　　自四校合并以来,高教所一直将服务学校、服务地方作为自己的立所宗旨之一,积极参与学校的教育教学、学科建设、人才培养、学校规划、社会服务和机构改革等方面的工作,认真为学校提供决策咨询服务,努力完成学校领导及各有关职能部门委托的研究任务。例如:四校合并后不久即受学校委托撰写《浙江大学在浙江高等教育大众化进程中的作用》一文,上报教育部和浙江省委,阐述新浙江大学的发展思路;2001 年顾建民等提议将"以人

为本、整合培养、求是创新、追求卓越"作为浙江大学的教育理念,被学校所采纳;2002 年参与来茂德副校长主编《中国研究型大学本科教育探索——浙江大学的思考与实践》(浙江大学出版社,2002 年)一书的编写工作,并起草《全面贯彻党的十六大报告精神,锐意改革,开创浙江大学人文社会科学新局面》的调研报告;2004 年参与编写《独立学院——中国高等教育发展的新探索》(来茂德主编,浙江大学出版社,2004 年)一书;2005 年受学校委托,对浙江大学西迁历史进行总结(撰写《浙大西迁——抗战期间中国高校西迁的缩影》一文),参加由校党委书记张曦负责的重大调研课题"浙江大学加强为浙江省经济社会发展服务的机制研究",并根据张曦的指示撰写《浙江大学发展状况的数据分析》;2007 年撰写《关于中外大学本科教育组织建制的调研报告》,为学校组建本科生院提供依据。此外,高教所有关"教育强省"的研究成果被浙江省人民政府纳入"十一五"期间的强省目标。

二、做好学校教育教学信息化建设工作

现代教育技术中心以"教学环境建设、教学资源建设"为抓手,充分运用信息技术推进教学方法与手段的改革,成为学校教育教学信息化建设的中坚力量。

教学环境建设是基础,现代教育技术中心根据学校教学的需求,不断设计、研发新的教学设备设施,构建新型的现代化教学环境,并牢固树立服务意识,不断提高管理与技术水平。至 2007 年,现代教育技术中心负责管理与技术维护的多媒体教室已达 260 多个,分布在 5 个校区和 19 个教学大楼,有 11 个管理服务点为它们提供服务。2007 年年平均课时数达 11 万次、26 万节,人年均在多媒体教室上课 550 多节。

经过多年的研究与积累,现代教育技术中心紧紧围绕教学需求,在多媒体教学环境的建设与维护中,实现了智能化、信息化、人性化,在数量扩张的同时,做好品质的提升,不断追求完美。例如一键控制的上下课,使用更为简便、快捷;群控系统的设计实施,实现了教室间的资源共享,并有效解决大规模多媒体教室的服务、管理、技术支撑问题;以新型多媒体教室为基础研制的"课堂教学实时信息系统",将教学实况进行实时录播,实现了校内教学信息资源共享和管理,为学生自主学习、协作学习及教学观摩、教学评估等提供了条件,促进了学校教育教学改革。

学校的教育教学信息化工作,数字化教学资源建设是核心,随着"985工程"二期本科教学建设项目——课堂教学实况录制专用教室和课堂教学

实时录制系统的结题,数字化教学资源库建设、基于校园卡的多媒体教室电子认证系统两个项目建设又通过校信息化建设试点示范项目的审批立项,现代教育技术中心不断加快数字化教学资源建设的步伐。几年来,他们拍摄、制作精品课程及各类高水平的教学实况 3000 余小时,录制各类网络课程 90 余门、2100 节,数字化教学资源 4000 余小时,并将其整合于"浙江大学现代教育技术平台""浙江大学精品课程建设平台""浙江大学本科生创新网",进行资源管理、展示和应用。

同时,现代教育技术中心还充分利用已有的软硬件条件、丰富的教学资源以及富有创新精神的技术团队,完成学校的各项重大任务,在学校的重大项目与成果申报、大型活动的记录与转播、重要活动的技术保障等方面起到了重要作用。

三、推进校园体育文化建设

学校体育是大学生素质教育的重要内容,也是一流大学建设的重要组成要素。浙江大学在争创一流大学的过程中,高度重视校园体育文化建设。公共体育部通过采取多项措施,大力推进学校群众体育运动的开展,在加强大学生健康教育、增强学生体质方面取得了突破性进展。

(一)加强规划,实现学校体育可持续发展

2006 年 7 月 11 日,学校颁布了《浙江大学体育工作卓越计划》(浙大发〔2006〕33 号)。该计划由公共体育部负责构建和实施,它对"十一五"期间学校体育发展的理念、目标、方式与途径等方面做了详尽的规划,也为浙江大学群众体育的发展指明了方向。该计划明确提出学校体育应全面贯彻落实教育部颁布的《学校体育工作条例》《全国普通高等学校体育课程教学指导纲要》《学生体质健康标准(实行方案)》精神,坚持竞技体育与群众体育并重、协调发展的方针;强调群众体育以形成浙江大学特色,建设具有浙大体育文化内涵的一流校园体育文化,以为增强全校师生的凝聚力做贡献为目标,并通过设计实施"115"计划,即办好一年一度的全校运动会、办好一年一次的全校体育文化节;分别在 5 个月份设定 5 个全校群体性比赛项目来推进群众体育活动的开展。

(二)理顺体制,确保群众体育有效开展

2006 年 2 月,学校改组体育运动委员会,胡建淼副校长担任主任,组成成员不仅包括学校体育专业人员,还包括学校各职能部门的负责人,这种构成促使学校各职能部门作为主体参与学校体育工作,在校体育运动委员会

的统一协调下,发挥工会、团委、学工部、研工部、学生会、各校区与各学院的作用,打破以往学校体育条块分割的局面,实现学校体育的齐抓共管,推动我校全民健身运动深入开展。同时,在校体委下新设立"浙江大学健身工作领导小组",专门负责学校群众体育工作。

(三)畅通渠道,营造群众体育良好氛围

一方面,利用校报、校园网等宣传体育精神和价值,使浙江大学群体工作的口号"每天锻炼一小时,健康工作五十年,幸福生活一辈子"深入人心。团委、学生会和各类体育社团也通过各自的网页发布体育信息,传播体育文化。另一方面,学校各级各类体育社团在营造校园体育文化氛围方面表现出色。2007 年在校团委登记注册的学生体育社团有 30 余个,基本囊括了体育各大项目,参与学生人数达万人,部分体育社团还单独组队参加国内各种体育赛事,例如全国登攀节、桥牌比赛和划船比赛等。在校工会登记注册的教师体育社团有六个,包括围棋、桥牌、钓鱼、羽毛球、乒乓球和网球等项目,参与教师达千人。如教工"羽毛球协会"以人数多、辐射面广著称,杨卫校长、陈子辰副书记和胡建淼副校长等学校领导都曾是该协会会员,每周两次的定期锻炼活动风雨无阻。

(四)寓教于乐,激发学生体育锻炼兴趣

浙江大学在国内高校中率先改革公共体育课教学模式,建立"大学体育教育俱乐部制",面向全校本科生和硕士研究生。通过学生自主选修体育项目的方式开展专项教学,以学生为中心,满足学生的体育需要与体育兴趣,从而引导学生掌握一定的体育知识和锻炼方法,养成良好的体育锻炼习惯和健康的生活方式。公共体育部一直非常重视体育教学改革与创新,确立了"求是·创新·健康·育人"的体育教学指导思想,每两年对现有的公共体育课程教学计划和教学大纲进行修订,以不断适应学生的需求和学校体育发展的趋势,形成了一套适合学生需求的公共体育课程体系;实行"4＋N"的互动式学分管理模式,使体育学分由"4＋1"变为"4＋N",初步实现了将体育教育贯穿整个大学学习过程之中,为终身体育锻炼提供了可能和技术保障;在国内率先实行了网上"三自主选课""分级教学""平行开课"的教学管理模式;研发了公共体育信息管理系统,实现了体育信息、体育课程成绩、体育理论考试网络化。该教学模式不仅极大地保护和激发了学生的体育兴趣、促进了学生体育特长的形成,还为学校参加国家和省大运会发现、培养了优秀的大学生运动员,从而形成课内外、校内外、群体与竞技体育一体化良性互动的格局。

(五)加强考核,增强学生参与体育锻炼的自觉性

在国家对大学生实施《学生体质健康标准》的基础上,学校开展了"浙江大学学生体育健康达标"测试,面向全体本科生,每年一测,测评结果不仅记入体育成绩,同时也纳入学生评优评价指标,体育不达标者取消评优资格。学生体育课成绩的评定采用结果与过程评价相结合,实行教考分离。2006年,学校全面启动"阳光体育运动",要求85%以上的学生做到每天锻炼一小时;要求98%以上学生体质健康标准达标;要求每个学生在校期间至少掌握两项日常锻炼的体育技能,形成良好的体育锻炼习惯。

(六)加大投入,建立群众体育保障体系

公共体育部除了承担全校公共体育教学和竞技体育训练任务外,还选派40多位教师担任"学院体育指导员",分别联系各学院,其工作职责为:为学院体育活动开展提供指导和技术支持;负责三、四年级学生体质健康标准达标测试;担任学院参加校运会的指导和联络员等。该时期学校投入体育场馆等硬件设施建设的资金近2亿元,在紫金港新校区建设的设施先进的现代化体育场馆达9万平方米,还预定新建大型室内游泳馆、定向越野场、攀岩壁等场馆和设施。2006年学校投入40万元引进了"健康体能测评及运动处方系统",用于全体学生和教职工体能的评估和监控,建立健康档案;并根据锻炼者的兴趣、体质体能状况进行评估,提供个性化的促进健康和素质提升的运动处方。学校每年还拨10万元专项经费用于"115"计划和各类群众体育活动开展。学校还向在校学生全天候免费开放全部体育场馆,为学生体育锻炼提供了良好的硬件条件。

四、军事理论教育

1992—1993年,当时的浙江大学人武部从军训费用里拨款近40万元给军事理论教研室修建国防馆,由原国防部长张爱萍上将亲笔题词,馆内陈列多种最新型军事武器装备模型,被杭州市人民政府列为"杭州市国防教育基地"。军事理论教研室因成绩突出,1994年被省人民政府评为"省国防教育先进单位",1995年被国家教委评为"全国国防教育先进单位"。

1998年,四校合并成立新的浙江大学,军事理论教研室的教学对象从2000人左右扩充到6000人左右,增加了两倍。他们在开设军事理论课的同时,增设多门相关学科作为全校性公共选修课,如孙子兵法研究与应用、孙子兵法与现代商战、数字技术与现代战争等。这一时期,国际上军事冲突不断,为使学生更好地了解国内外形势,教研室老师为全校学生做了多场国

内外形势讲座,获得学生的一致好评;还应部队邀请,为野战军战士作了相关讲座。

在圆满完成学校的教学工作之余,军事理论教研室的教师发挥自身优势,积极投身到校内外服务中去,既很好地服务了广大学生,又扩展了教研室的影响力。如2004年至2007年,省教育厅共组织了四届全省高校、重点中学教师军事理论教学培训班,教育学院军事理论教研室的教师作为主讲教师参加了每一期的培训授课,获得培训班学员的一致好评,并与参加培训的学校建立了良好的合作关系。

第六节 境外交流与社会服务

教育学院一方面按照"国际化、综合化、精品化"的发展思路,积极建立和发展与海外高水平大学及高层次基金会的合作,支持师生开展境外学术交流,举办国际学术会议,聘请外国专家讲学,发展外国留学生教育等;另一方面通过承担教育部、浙江省委托的教育发展重大问题研究任务,专门成立学院教师教育基地,向全国提供各级各类高层次的教育培训,与宁波市江东区教育局等签署合作协议,成为区域教育、体育事业的决策与发展智库。同时,学院还拥有众多国际级、国家级裁判员,他们在国内外重大体育赛事活动中担任裁判,为推动我国体育事业发展做出了重要贡献。

一、境外交流

积极开展学术交流、努力与国际学术界对话,是提升学院学术水准、培养具有国际视野学科带头人的重要途径。1999年以来,学院在这方面做了大量工作,也取得了显著的成绩。

(一)以境外交流为主转向以境外合作为主

学院组建之初的境外交流形式主要是短期的教师互访、参加国际会议,这种较为单一的形式随着学术交流的进一步深入发生了很大的变化,一种受众面更广、形式更为多样、合作内容更为广泛的新型境外交流活动已经得到了深入开展。例如,2007年5月学院分别与香港鲍思高基金会、意大利慈幼会大学(Salesiana University)等签订了《浙江大学教育学院鲍思高教育奖助学金协议》《浙江大学教育学院与意大利慈幼会大学研究生合作指导项目协议书》《浙江大学教育学院与香港思高人力资源有限公司友好合作框架协议》和《浙江大学教育学院与香港思高人力资源有限公司思高教育研究中心共建协议》。为保证合作的切实进行,香港思高人力资源有限公司在接下来的 5 年内投资 200 万元人民币,并合作成立浙江大学思高教育研究中心。

(二)以参加国际学术活动为主转向以举办国际学术活动为主

随着整体实力的提升,学院的外事活动日趋活跃,成效也日益显著,并开始有意识地举办较大规模的、高层次的国际学术会议,例如 2001 年与杭州市人民政府、联合国教科文组织亚太地区教育局共同举办高等教育改革与发展国际学术研讨会,2002 年举办 21 世纪教育科学与学术期刊国际论坛,2003 年举办体育社会科学国际研讨会,2004 年与日本亚洲教育史研究会共同举办教育交流与教育现代化国际学术研讨会。2007 年是学院承办或联办国际学术会议最多的一年,如承办联合国教科文组织亚太地区科学委员会第二次会议,来自联合国教科文组织以及 14 个国家共 40 余名代表参加了大会,中国联合国教科文组织全国委员会秘书长田小刚先生代表教育部副部长、中国联合国教科文组织全国委员会主任、联合国教科文组织执行局主席章新胜向大会的召开表示热烈祝贺,校长杨卫院士出席会议开幕式并在会上作了题为"高校科研的国际化"的主旨演讲;与杭州市下城区教育局联合主办"课程改革与社会进步"国际研讨会暨第五届中国杭州国际教育创新大会,来自美国、日本、意大利、韩国等国家和香港、澳门地区共计 160 名专家学者参加大会;与宁波江东区政府联合主办"教育均衡与社会进步"国际研讨会,来自美国、日本、意大利、韩国等国家的约 120 名专家学者参加了大会;承办全球大学创新联盟亚太中心 2007 年会,来自日本、马来西亚、菲律宾、泰国、英国、西班牙等国家的近 40 名代表参加了大会。

这些高层次的国际学术会议使学院的国际影响力大大提升,尤其是学院作为全球大学创新联盟亚太中心的秘书单位,始终以"使 GUNI-AP 真正成为本地区高等教育理念和革新的实验室"为目标,启动"在知识社会过渡过程中的研究性大学""大学科研评估与能力建设"等项目,推动了亚太地区高等教育的革新与发展。学院在国际交流与合作中扮演着日益重要的角色。

(三)以教师为主的境外交流拓展到学生的出境学习

随着学校创建一流的进程,学院在"十一五"事业发展规划中明确提出了"国际化、综合化、精品化"的发展思路。为了进一步拓宽学生境外交流的渠道,1999 年以来,学院已先后与美国、日本、意大利、韩国、英国等国家及我国香港地区的高等院校签订合作协议,开展常规性的师生交流。2005 年、2007

年学院组建师生交流访问团先后访问了韩国国立首尔大学和日本国立岛根大学。这些活动对开拓学生的国际视野,增强民族自豪感和国际理解力,以及培养创新意识、实践能力和语言能力具有很大的作用(见表 5-7)。

表 5-7　1999—2007 年院际友好合作院校一览

年份	国家或地区	合作院校
2002	美国	蒙大拿大学教育学院
	美国	北爱荷华大学教育学院
2004	韩国	国立首尔大学师范学院 *
2005	日本	国立岛根大学教育学部 *
	韩国	延世大学教育研究院
	英国	布里斯托大学东亚研究中心 *
	美国	西雅图大学国际课程研究中心
2006	日本	国立岛根大学
	中国台湾	台湾致远管理学院教育研究所
2007	中国香港	香港鲍思高基金会
	意大利	慈幼会大学

注:* 合作院校已经按协议开展常规性师生交流。

自 1999 年至 2007 年,学院共有 203 位教师通过短期访问、参加会议、合作研究等途径出境,广泛与境外同行进行交流,地域遍及全球,获取了最新的学术信息。与此同时,学院还积极邀请境外专家学者来访,1999 年至 2007 年,共有 378 位国外和我国港澳台地区的专家学者来学院进行各种形式的学术交流。所有这些交流活动对于提升学院的学术地位、开阔师生的学术视野都发挥了良好的作用。

二、社会服务

社会服务作为高校的三大任务之一,学院始终将其视为应尽的责任。建院以来,学院在社会服务方面的工作主要是发展继续教育,为地方各级各类教育培养人才,为教育行政部门提供决策咨询,合作开展教育改革创新。

(一)为教育改革提供智力支持

在办学实践中,教育学系教师积极参与各级教育学会(研究会)的相关工作,多人担任了学会的重要职务;院系与浙江省多个地市建立了教育战略合作关系,部分教师担任政府教育督学等兼职,对地方教育改革和区域教育发展产生了积极影响(见表5-8)。

表5-8　教育学系教师(部分)社会兼职一览

姓名	组织名称	兼职职务
王承绪	浙江高等教育学会 中国比较教育研究会	会长 理事
田正平	中国教育学会 中国教育学会教育史分会	常务理事 理事长
周谷平	中国教育学会 中国教育学会教育史分会 教育部教育硕士专业学位教育指导委员会 浙江省人民政府	理事 常务理事、副秘书长 委员 督学
徐小洲	中国高等教育管理学会 浙江高等教育学会	理事 常务副理事长
吴　华	中国教育学会教育政策与法律研究专业委员会	理事
刘力	中国教育学会教育实验研究分会 浙江省教育厅基础教育课程改革专家组	副会长 成员
盛群力	中国教育学会教学论研究会 教育部教育技术学教学专业委员会	理事 委员
吴雪萍	中国教育学会比较教育分会 中国职业技术教育学会学术委员会 浙江省普通高校教学指导委员会	常务理事 委员 副主任委员
魏贤超	浙江长征职业技术学院	院长
肖　朗	中国教育学会杨贤江教育思想研究分会	副理事长
汪利兵	中国教育学会比较教育分会 联合国教科文组织"亚太地区教育革新为发展服务计划"浙江大学联系中心 全球大学创新联盟亚太地区中心(GUNI-AP)秘书处 联合国教科文组织"人口、环境与可持续发展"计划中国国家指导委员会 世界高等教育大会亚太地区后续执行委员会	常务理事 主任 助理秘书长 成员 委员

(二)承担政策研究重任

高等教育研究所与浙江省教育厅、浙江省教育科学研究院等部门有着良好的长期合作关系,承接了大量的社会服务工作,如为浙江省高校青年教师进行岗前培训。同时,浙江省教育科学研究院高教所、浙江大学高等教育研究会秘书处、浙江省高等教育科学研究专业委员会秘书处和《浙江高等教育》杂志编辑部均设在高教所。

1999年至2007年,高教所作为主要的学术参与者,承担了教育部、浙江省和省教育厅委托的众多针对高等教育发展难点问题的研究任务(课题),开展调研并撰写研究报告,其中不乏对国家和浙江省高等教育发展产生较大影响的力作(见表5-9)。

表 5-9　1999—2007年高等教育研究承担重要研究任务(课题)一览

年份	研究任务(课题)	委托部门	学术负责人
2000	浙江省高教园区的现状与发展策略	浙江省教育厅	方展画教授
	浙江省高职院校的现状与发展	浙江省教育厅	徐小洲副教授
	浙江省二级学院的现状与发展研究	浙江省教育厅	顾建民副教授
2002	我国大学城发展的现状、问题与对策	教育部规划发展司	方展画教授
2003	中国民办高等教育发展战略	教育部	顾建民教授
2004	浙江省"十一五"教育强省的可行性研究	浙江省人民政府	方展画教授
2005	浙江省"十一五"教育发展战略	浙江省人民政府	方展画教授
	浙江省提升高等教育质量的对策研究	浙江省教育厅	顾建民教授
2006	浙江省紧缺人才培养对策研究	浙江省教育厅	顾建民教授
	我国独立学院的现状与对策	教育部	王爱国副教授
	在我国设立工程博士的可行性论证	国务院学位办	顾建民教授
	我省高等教育分类研究	浙江省教育厅	王爱国副教授
2007	浙江省本科生教育教学质量提高的研究	浙江省教育厅	顾建民教授

(三)依托学科优势探索与地方合作模式

2006年3月20日,常务副院长周谷平代表学院与宁波市江东区教育局领导签署了全面合作协议,双方在师资培训、研究课题、教育国际化、创新型人才实践基地建设等方面开展紧密合作。浙江大学党委常务副书记陈子辰、宁波市江东区委书记宋伟等出席了签约仪式并分别讲话。这是学院融入区域创新体系、积极探索产学研合作新模式的重大举措之一,为今后进一步开展社会服务提供了可资借鉴的经验。此后,学院又与浙江省体育局签订了全面合作协议,努力为浙江体育事业发展提供智力支撑,同时充分利用其各类优质的训练资源,提高学院和学校的体育发展水平。

为加强对地方合作工作的领导,学院于2006年4月成立了地方合作委员会,周谷平任主任。

(四)创建教师教育基地开展高层次教师培训

2000年,教育学院承办教育部中学语文教师国家级培训班,开设语言文学、教育学和心理学等方向的课程和讲座,学员均为全国中学语文骨干教师,授课者有来自浙江大学人文学院、理学院和教育学院等多个学院的教授,包括祝鸿熹、吴秀明、方一新、肖瑞峰、余荩、沈松勤、吴迪、励雪琴、刘爱伦等人。本次培训班的相关工作,得到受训学员普遍认可,在教育界产生良好的影响。2006年2月,教育学院决定创建教师教育基地(见学院〔2006〕2号文件)。该基地以浙江大学优质的教育和学术资源为依托,面向全国提供各级各类高层次的教育培训。基地创建以后配合学院整体事业发展规划,整合各类优质资源,以培养具有国际视野和创新精神的高级教育管理者和骨干教师为目标,承担了多项培训任务,积极为地方合作和新农村建设服务。其中,2006年承担的浙江省教育厅重点培训项目——"浙江省中小学骨干教师高级访问学者培训班"受到浙江省教育厅的肯定,2007年承担的云南省楚雄彝族自治州职业教育管理干部培训项目也受到云南省有关部门的好评。

(五)大力推进我国体育事业发展

体育学科的教师有的从事体育理论研究,但大多以运动训练与教学为专长,特别是公共体育部的教师,在完成学校公共体育繁重的教学任务以外,还承担着学校多支高水平运动队的日常训练和比赛任务,并取得丰硕的成果。

2007年,体育学科的教师中有国际级裁判员8人,分布在田径、体操、武术、健美、排球和乒乓球等项目(见表5-10);有一大批国家级裁判员和一级裁判员,平时活跃在国内外各个赛场;还有大批有专业特长的体育教师担任国家级、省级各类体育专项协会的主要负责人(见表5-11)。为达成体育强国和强省的目标,他们承担着各级运动竞赛裁判的工作,以推动我国及浙江省体育科学事业发展,为竞技体育的发展和社会体育的普及做出了杰出贡献。

表 5-10 2007 年教育学院国际级裁判员一览

姓名	国际级裁判门类	近年参与的代表性比赛及担任的职务
程路明	健美	2005 年 11 月第 59 届世界男子健美锦标赛裁判 2006 年 4 月全国健美锦标赛副总裁判长
单亚萍	艺术体操	第 7—10 届全运会艺术体操裁判 第 7—10 届全国艺术体操锦标赛裁判、裁判长
过平江	田径 国际 B 级路线丈量员 (马拉松、竞走项目)	2006 年 8 月第 11 届世界青年田径锦标赛主裁判 2001 年 8 月第 21 届世界大学生运动会田径赛裁判 2006 年 10 月第 10 届全运会技术官员 2005 年 4 月国际田联竞走挑战赛(慈溪站)总裁判长
林小美	武术	2002 年 10 月第 16 届亚运会武术比赛(韩国)裁判长 2003 年 10 月第 7 届世界武术锦标赛(中国澳门)裁判长 2004 年 11 月第 6 届亚洲武术锦标赛(缅甸)裁判长 2005 年 7 月第 3 届亚洲青少年武术锦标赛(新加坡)总裁判长 2006 年 7 月第 15 届亚运会(卡塔尔)武术技术指导
骆文芩	排球	2005 年亚太杯青年排球锦标赛(日本)裁判 2006 年世界女排精英赛裁判 2006 年亚洲青年排球锦标赛(伊朗)裁判
俞蕙琳	乒乓球	2004 年世界杯比赛裁判员 2005 年第 48 届世界乒乓球锦标赛裁判员
喻永祥	体操	2006 年 10 月第 10 届全运会体操裁判 2006 年 8 月全国体操冠军赛裁判

表 5-11 各级体育社团部分兼职人员一览

姓名	社团名称	兼职职务
陈南生	中国大学生篮球协会	副主席兼秘书长
丛湖平	教育部全国高校体育教学指导委员会 中国体育科学学会体育统计专业委员会	委员 常委
过平江	全国高校体育教学训练研究会 中国田径协会竞赛委员会培训部	常委 副部长
姜建华	中国大学生排球、网球协会	副主席
王 健	中国生理学学会 中国人类工效学学会	理事 理事
王 进	中国体育科学学会运动心理学会	委员
于可红	教育部全国高校体育教学指导委员会 中国体育科学学会学校体育专业委员会	委员 委员
虞力宏	中国大学生网球协会	副秘书长

第六章

四校合并后的浙江大学时期（下）（2008—2017 年）

2008 年是四校合并的第十个年头，浙江大学又走到了一个新的历史节点。所谓"迈入新十年，实现新跨越"。在这新的 10 年间，学校于 2011 年 12 月召开了第十三次党代会，进一步明确了建设世界一流大学的"三步走目标愿景"①；2013 年明确提出并开始实施"六高强校战略"②；2014 年 10 月公布了《浙江大学章程》，为建设世界一流大学提供了新的制度保障；2017 年 12 月召开了第十四次党代会，根据党的十九大精神，进一步明确了学校的发展目标。③ 与此同时，教育学院广大师生员工在校党委的领导下，和全

---

① "三步走目标愿景"：第一阶段，到 2020 年左右，在中国全面建成小康社会之际，学校部分优势学科跻身世界前列，主要办学指标和整体实力初步达到世界一流水平；第二阶段，到 2035 年左右，在中国总体经济实力稳居世界前列并全面向现代化国家迈进之际，学校服务国家战略的能力更加突出，在国际学术领域的地位显著提升，更多优势学科进入世界前列，主要办学指标和整体实力稳居世界一流大学水平；第三阶段，到 21 世纪中叶，在中华人民共和国成立 100 周年、社会主义现代化国家建成之际，学校办学声誉获得世界公认，部分优势学科达到世界顶尖水平，主要办学指标和整体实力达到世界一流大学前列水平。

② "六高强校战略"：培育时代高才、构建学科高峰、打造科研高地、汇聚名师高人、积累文化高度和探索改革高招。

③ 即经过三个阶段的努力，高水平建成中国特色世界一流大学：第一步是在中国共产党建党 100 周年、中国全面建成小康社会之际，学校进入世界一流大学行列，部分优势学科进入世界前列；第二步是再经过 15 年左右的努力，在中国基本实现社会主义现代化之际，学校跻身世界一流大学前列，高峰学科数量全国领先，更多优势学科达到世界前列水平；第三步是再经过 15 年左右的努力，在中华人民共和国成立 100 周年、建成富强民主文明和谐美丽的社会主义现代化强国之际，学校整体达到世界顶尖大学水平，更多的学科达到国际领先水平，为实现中华民族伟大复兴、促进人类文明进步做出卓越贡献。

校兄弟院系一样,经过艰苦努力,在原有的基础上继续快速发展,各方面都取得了新的骄人成绩和重大突破。

第一节　学院人事与组成部门及内设机构的调整

2008 年至 2017 年,一方面按照学校的工作需要和总体安排,学院的领导干部和组成部门有了较大的调整和变动;另一方面,学院根据自身发展的需要,主动对所属学术机构进行了两轮调整。

一、学院领导人事变动

2008 年至 2017 年,因为年龄和工作需要等原因,有 6 位同志先后分别出任学院的党政主要领导,学院党政的副职领导也经历了多次调整和换届。

2008 年 4 月,周谷平调离教育学院,去浙江大学中国西部发展研究院担负领导工作[①];徐小洲接任学院常务副院长。

2009 年 2 月 20 日,校党委决定免去姚信教育学院党委委员、副书记的职务,调任环境与资源学院党委委员、副书记;王珏(女)调任教育学院党委委员、副书记。

2009 年 7 月,根据学校的统一部署,学院行政领导换届,徐小洲连任学院常务副院长;经过学院内公开竞争上岗等多个环节,顾建民、刘正伟和于可红(女)被学校任命为学院副院长。至此,学院行政领导工作的接力棒交到了四位 20 世纪 60 年代出生的教授手中,干部的年轻化得到了进一步的体现。

2012 年 5 月 15 日学校发文(浙大发任〔2012〕17 号),决定徐小洲任教育学院院长。

2013 年上半年,根据学校的统一部署,学院行政领导再次换届。9 月 11 日学校发文,顾建民、刘正伟和于可红连任副院长。经过全校公开竞争上岗等多个环节,2013 年 7 月 22 日,校党委发文,决定张丽娜(女)任教育

---

①　此后周谷平还曾历任学校社会科学研究院常务副院长和副教务长等职,并于 2011 年 12 月当选为学校党委副书记兼学校纪委书记。2017 年 9 月,周谷平因年龄原因不再担任浙江大学党委副书记、常委和纪委书记;同年 11 月 2 日,学校发文(浙大发〔2017〕33 号),决定周谷平任浙江大学发展委员会副主席。

学院党委委员、书记。原党委书记许迈进因年龄原因改任正处职调研员。

2013年7月2日,校党委发出《中共浙江大学委员会关于完善二级单位纪检监察组织建设的通知》(党委发〔2013〕31号)。根据这一通知的精神,校党委于同月决定设立39个学校二级单位党的纪律检查委员会,其中包括设立中共浙大教育学院纪律检查委员会(党委发〔2013〕34号)。同年9月23日,校党委发文,决定一批同志担任(兼任)二级单位的纪律检查委员会书记,其中包括决定王珏同志兼任教育学院纪律检查委员会书记。

2015年10月,因工作变动,学校决定张丽娜不再担任教育学院党委委员、书记,也不再兼任教育学院副院长;同时校党委决定丹青学园党总支书记兼学园主任吴巨慧调任教育学院党委副书记(主持工作)。

2017年5月24日,校党委发文,决定吴巨慧任教育学院党委书记;6月2日,学校发文,决定吴巨慧任教育学院副院长(兼)。

2017年6月19日,校党委和行政发出《关于做好中层领导班子换届工作的通知》(党委发〔2017〕45号),此后换届工作开始。经过考察和公示等环节,学校决定:免去徐小洲的学院党委委员和学院院长职务,由原副院长顾建民接任院长①;免去刘正伟和于可红的学院党委委员和副院长职务(他们担任学院副院长职务已满两届),阚阅和周丽君(女)两位教授任学院党委委员、副院长;免去王珏的学院党委委员、副书记兼纪委书记职务(该同志担任学院党委副书记一职已满两届,调离学院,2017年9月被任命为学校党委研究生工作部副部长兼研究生管理处副处长),公共管理学院党委副书记兼纪委书记包松副教授(女)调任教育学院党委委员、副书记兼纪委书记。学院于2017年8月18日上午召开教师代表会议,校党委组织部负责同志宣布了以上任免决定。至此,20世纪70年代出生的干部和教授更多地参与到学院的领导工作中来。

二、组成部门及人员的调整

2009年6月,学校决定成立思想政治理论教学科研部(直属学校领导),思想政治教育系由此整建制转出教育学院(共53人)。

为把本学院建成具有国际先进水平的教育学院,2010年年初,学院根

---

① 此前,学校已于2017年4月15日发文任命徐小洲为学校社会科学研究院院长(浙大发任〔2017〕11号)。顾建民和徐小洲的职务任免见浙大发任〔2017〕32号文件(2017年8月8日)。

据教育学、体育学、心理学和军事教育等学科建设、人才培养和管理服务等工作需要,着手开展对所属部门及机构的调整。学院根据国内外一流学科和新兴交叉学科的发展趋势,把原有的系(所)等部门重新组合成以下8个实体机构:教育学系、体育学系、教育领导与政策研究所、课程与教学研究所、应用心理交叉学科研究中心、军事理论教研室、现代教育技术中心和公共体育教学部,并对有关部门的师资队伍进行了调整,从而在一定程度上激发了学科活力,调动了有关部门的工作积极性和主动性,为新一轮的事业发展奠定了组织保障的基础。

2012年1月17日,学校发文(党委发〔2012〕2号),决定成立公共体育与艺术部(为学校直属单位),公共体育部由此整建制转出教育学院(共66人)。

2014年,学院决定撤销应用心理交叉学科研究中心,把课程与教学研究所、原应用心理交叉学科研究中心和现代教育技术研究所等部门的相关师资进行整合,计划新建立"课程与学习科学系"(当年通过学部学术委员会的审议,2015年5月获学校批准,见学校第十三届党委常委会第121次会议纪要〔2015〕11号)。此举旨在推进课程与教学论、教育心理学和教育技术学等学科的交叉融合,为寻求新的学科增长点构建组织基础。经过此轮调整后,学院下属的实体机构减为6个:教育学系、体育学系、课程与学习科学系、教育领导与政策研究所、军事理论教研室和现代教育技术中心。

2017年1月26日,学校发出通知,决定设立直属单位——信息技术中心。① 根据该文件精神,现代教育技术中心整建制转出教育学院(共29人),并入新成立的信息技术中心。

这一时期,在思想政治教育系、公共体育教学部和现代教育技术中心相继整建制转出后,学院教职工的总人数明显减少。

截至2017年12月,教育学院共有在编教职工100人(见表6-1),全日制本科生549人,全日制硕士研究生133人,全日制博士研究生110人,在站博士后4人。

---

① 详见《中共浙江大学委员会 浙江大学关于设立图书馆、信息技术中心的通知》(党委发〔2017〕5号)。

表 6-1　2008—2017 年教育学院教职工人数统计

年份	总人数	教授 （正高职称）	副教授 （副高职称）	具有博士学位	具有硕士学位
2008	250	36	91	44	不详
2009	204	27	63	34	57
2010	206	27	64	43	56
2011	205	29	72	49	57
2012	137	25	46	51	41
2013	139	26	50	54	43
2014	134	30	45	59	42
2015	128	30	40	61	37
2016	128	30	40	58	40
2017	100	29	38	59	30

第二节　实践科学发展观，加强党的建设

2008—2017 年，学院以科学发展观和习近平总书记系列重要讲话精神为指导，先后制订并组织实施"十二五"和"十三五"事业发展规划。同时，学院党委按照习近平总书记和上级党组织的要求，"把抓好党建作为最大的政绩"[①]，认真抓好历次重大的集中学习教育活动和日常党建工作，不断加强对党员干部的教育，从而促进学院工作的改革和顺利开展。

一、制订学院"十二五"与"十三五"规划

2008—2017 年，学院先后制订了"十二五"和"十三五"规划。

2011 年 3 月制订完成的《教育学院事业发展规划（2011—2015）》（即"十二五"规划）确立的办学目标是：争取经过 10 年的努力，把本学院建设成具有良好综合实力、特色鲜明、具有国际先进水平的教育学院。具体目标包括：优化学术团队，加大学科带头人和具有学术潜力的青年教师的引进力

---

①　参见《人民日报》2016 年 7 月 27 日第 7 版和 2016 年 9 月 7 日第 9 版。

度,坚持引进和培养相结合,尤其要重视中青年学科带头人的培养工作,提高教师素质;继续保持教育史、比较教育学、体育人文社会学等传统学科的研究优势;鼓励学科交叉融合、渗透,支持适应社会发展需要的应用学科发展,探求学科发展新的生长点;争取获得体育学一级学科博士学位授予权和博士后流动站;加强专业学位建设,提高专业学位质量,扩大教育博士、教育硕士和体育硕士的招生规模;积极承担一批有重大影响的省部级以上科研项目,建立若干具有国家影响力的学术平台,策划并出版一批有较大影响的高质量学术精品,争取获得一批重大奖项;创新人才培养模式,积极探索国际合作、多通道培养模式,推进各级各类教学和课程改革,争取在国家和省级精品课程、优秀教学成果奖、教学名师等指标上取得重要突破;增强社会服务意识,利用现有各中心、研究所和基地等平台,为国家、浙江省和浙江大学的教育改革与发展提供决策咨询服务;在继续扩大面上国际交流的同时,有选择性地加强国际深度合作,扩大留学生规模,全面推进教学、科研和社会服务等方面的国际化进程;加强群众体育、竞技体育和公共体育教学工作,树立优势体育团队和项目,促进校园体育文化建设;加强公共服务平台建设,建设国内一流的教育技术中心、军事教研室。

以上"十二五"规划所确定的一些具体目标已基本达成,例如:体育学一级学科在"十二五"规划开局之年的2011年就获批取得了博士学位授予权;比较教育学和体育人文社会学也于2011年获批成为"十二五"期间浙江省重点学科;在2015年由全国教育科学规划办公室组织申报的教育学单列国家社科基金项目中,徐小洲教授领衔申报的项目"经济转型升级中的创新创业教育研究"获批国家重大招标项目的立项,由此实现了学院在国家社科基金重大项目方面零的突破。

根据学校《关于做好浙江大学"十三五"发展规划编制工作的通知》的要求,学院结合综合改革发展的实际情况,在充分讨论的基础上,于2016年3月制订了《教育学院事业发展规划(2016—2020)》(即"十三五"规划)。该规划确立了"明方向、强队伍、重育人、推交叉、优机制、促发展"的发展思路,同时确立了以下总体发展目标:建设综合实力较强、特色鲜明、具有国际先进水平的教育学院。所谓"综合实力较强",是指"确保在新一轮学科评估中,教育学名列全国前五,体育学名列全国前八;力争使教育学和体育学进入世界百强学科行列。保持教育史、比较教育学、体育人文社会学等传统学科的优势"。所谓"特色鲜明",是指"实现平台、项目与活动三个维度国际办学水平国内领先;保持教育史、比较教育学和体育人文社会学三个传统优势学科的国内领先水平；推动创业教育、教育技术与评价和体育工程三个新兴交叉学科占据学科制高点"。关于"十三五"期间学院的主要发展任务，"十三五规划"提出要大力推进"12345 工程"的建设。

一个总体目标：即上述"建设综合实力较强、特色鲜明、具有国际先进水平的教育学院"。

两个交叉平台：整合多方面的资源，建设"教育技术与评估"和"创业教育研究"这两个新的学科交叉平台，以带动和促进教育学、心理学、体育学以及生理学、医学、脑科学、计算机科学、信息科学、大数据技术等多学科跨学科的交叉、融合。

三项核心任务：加强学科与师资队伍建设、加强教育教学与人才培养工作、加强科学研究与社会服务。

四大行动计划：实施"学科争锋"和"人才强院"行动计划，着力推进重点学科、交叉学科和新兴学科的发展，并按照学科发展要求大力培养和引进 60 后学术领军人才、70 后学术骨干人才及 80 后学术拔尖人才；实施"卓越人才"和"质量提升"行动计划，强化质量和国际化导向，实现人才培养的精品化和优质化；实施"科研创新"和"社会服务"行动计划，打造高端平台、强化优势领域、扶持交叉协作、鼓励学术创新；实施"国际化办学"和"影响力提升"行动计划，将国际化融入教学、科研和服务的全过程，提升办学的国际知名度和影响力。

五个支撑体系：在加强组织管理、完善制度机制、营造学院文化、加强党建廉政、强化服务职能等五个方面提供支撑和保障。

"十三五"规划目前正在努力实施的过程中。

二、以党建工作引领各级班子和管理骨干队伍的建设

（一）历次重要学习实践和专题教育活动等专项党建工作

2008 年 4 月至 8 月，学院在校党委的统一部署和领导下开展了深入学习实践科学发展观活动试点工作。在试点工作期间，学院紧紧围绕"改革创新破难题，科学发展创一流"的目标，紧密结合学院的实际，通过学习调研，分析、检查、解决问题，完善制度这三个阶段扎实有序地推进深入学习实践科学发展观活动，取得了一些阶段性成果。学院制订了《教育学院深入学习实践科学发展观四项计划》（即人才强院计划、人才培养质量提升计划、学科建设能力发展计划和管理体制机制创新计划），并且狠抓落实。2008 年 12 月 5 日，学院召开了促进科学发展专题研讨会，提出了 2009 年的工作思路。

2010年6月至2012年10月,学院在校党委的统一部署和领导下,在基层党组织和党员中深入开展创先争优活动。

2011年6月,校党委下发了《浙江大学加强和改进党支部建设若干规定(试行)》,在"领导班子好、党员队伍好、工作机制好、工作业绩好、群众反映好"的党支部建设总目标等方面提出了明确要求。同年10月,校党委又下发了《浙江大学全面推进"五好"党支部创建活动工作方案》(党委发〔2011〕94号)。根据校党委的统一部署,学院党委制订了《浙江大学教育学院"五好"党支部创建活动工作方案》(教育党委〔2011〕7号),并连着几年持续推进这项工作。2011年,学院党委研究并初步明确了进一步加强基层党支部建设的有关问题,包括完善和督促落实教工党支部书记兼任所对应的行政单位副职领导、参与讨论和决定所在单位重要事项决策等。学院党委还对原有的党建工作规章制度进行了梳理,对不适应形势发展的条文进行了更新和修订,对已经有实践基础但尚未形成制度的做法加以总结并使之上升到制度层面。2011年,学院党委先后拟定了《教育学院发展学生党员的若干实施意见》《教育学院党建工作研讨会制度》《教育学院党内评优表彰实施办法》《教育学院基层党建活动专项经费使用管理暂行办法》和《教育学院"党员之家"运行管理暂行办法》等。2012年6月,经过自主申报、相关材料预审和公开答辩等环节,体育学系教工理论党支部等6个支部首批通过了学院"五好"党支部的评议验收,并被校党委批准为"五好"党支部,其中一个支部被评为学校标兵支部,还在全省高校创先争优推进会上作了专题发言。2013年,院部机关直属党支部等3个支部通过评议验收,获批"五好"党支部;2014年,教育学系教工党支部等5个支部通过评议验收,获批"五好"党支部;2015年,教育学科本科生第三党支部等4个支部通过评议验收,获批"五好"党支部。至此,学院所有的党支部均已建成"五好"党支部。

2012年,学院教育分党校获校党委批准建立,它成为教育和培训党员的一个新的平台。自分党校成立以来,开展了各种教育培训活动,包括学生党支部书记、专兼职辅导员、党团员学生骨干等专题学习培训,宣传政治思想工作专题培训和先锋学子全员培训等。

在开展"五好"党支部创建活动的基础上,校党委于2012年12月4日发出了关于开展"五好"院级党委创建活动的通知。随后教育学院党委被校党委确定为试点单位之一。经过前期调研和试点工作方案的制订等准备阶段,2013年3月18日学院召开了教育学院"五好"院级党委创建活动试点工作推进会暨学院年度工作会议,正式启动学院"五好"院级党委创建活动试点工作。学院党委坚持把学院事业的发展水平和高度、师生员工成长成才的进步幅度以及党内外广大群众的满意度作为评价试点工作成效的最重要的尺度。

2013年7月至11月,学院在校党委的统一部署和领导下,在学校督导组的正确指导下,深入开展群众路线教育实践活动。学院紧密结合中心工作,围绕一流学院和一流学科的建设目标,找准活动的载体和抓手,认真制定活动计划,组织党员干部深入学习,开展系列专题调研活动(以召开各类座谈会、设置意见箱和个别谈心等多种形式听取各方面的意见和建议,共收集意见100多条),召开院级领导班子民主生活会,积极主动查找"四风"问题并深入剖析其产生的根源,提出整改措施。

2014年6月26日,校党委制订了《浙江大学优秀"五好"党支部创建活动方案》(党委发〔2014〕76号),决定在"五好"党支部达标的基础上,开展优秀"五好"党支部创建活动。2015年,现代教育技术中心直属党支部和体育学科研究生党支部经过自荐申报、征求党内外群众意见等环节,通过了学院首批优秀"五好"党支部的评议验收,并于当年6月被校党委批准列入学校第一批优秀"五好"党支部。2016年5月,教育学科本科生第二党支部获批列入学校第二批优秀"五好"党支部。2017年7月,院部机关直属党支部获批列入学校第三批优秀"五好"党支部。

"三严三实"专题教育①是2015年浙江大学党建工作的头等大事。4月30日,校党委召开了动员部署会。学院于5月7日分别召开党政联席会和党委理论学习中心组学习会,讨论专题教育有关工作,研究确定了学院专题教育领导小组和办公室的组成人员名单。5月29日,学院召开了"三严三实"专题教育党课暨动员部署会。学院党委专门下发了"三严三实"专题教育学习记录本,明确了对领导班子成员的学习要求。在院网主页开设了深入开展"三严三实"专题教育专栏,及时宣传学校、学院以及各党支部开展"三严三实"专题教育的情况,反映工作成果,交流工作经验,积极营造专题教育的氛围。专题教育开展期间,学院领导班子围绕"严以修身""严以律己"和"严以用权"等三个专题,结合党委理论学习中心组活动、领导班子届中考核、教育教学大讨论等工作,认真进行学习研讨,用心查找"不严不实"的问题。2016年1月15日,学院党委召开了"三严三实"专题教育总结会

①　"三严三实"专题教育是全国性的教育,聚焦县处级以上领导干部。"三严三实"是指"严以修身、严以律己、严以用权,谋事要实、创业要实、做人要实"。

暨党建工作研讨会,总结专题教育成效并部署2016年学院的党建工作。

　　2016年4月15日,校党委召开了"两学一做"学习教育动员大会。在校党委的统一部署和领导下,学院党委认真制订了"两学一做"学习教育计划,扎实开展"两学一做"学习教育。学院党委把《习近平总书记系列重要讲话读本》(2016年版)和党章党规等学习材料以及特地制作的"两学一做"学习教育专用笔记本及时发放给每位党员并组织学习,督促检查学习情况。学院党委在浙江省委党校组织举办了两期"两学一做"学习教育专题培训班(上半年和下半年各一期),邀请党校的专家学者作专题辅导报告,学院党委理论学习中心组成员、各党总支委员和各党支部书记等近90人次参加了培训。学院党委在院网主页设立了"两学一做"学习教育的专栏,先后发布各类通知和报道90余则。学院党委还编制"两学一做"学习教育工作简报6期。学院党委通过专题党课和"先锋学子"全员培训计划①等形式引导广大党员深入学习习近平总书记系列重要讲话精神和党章党规。学院党委委员、各党支部书记和委员联系实际,在相关的党支部讲授专题党课50次。学院党委还邀请学校"两学一做"学习教育讲师团成员来学院为师生讲授专题党课;鼓励各党支部加强新媒体平台的交流宣传,利用党支部公众微信号和微博号等搭建学习平台,开展学习交流。在"两学一做"学习教育过程中,学院党委根据校党委的统一安排,深入实施"事业之友"党员教职工和非党员教职工联系结对制度,以进一步加强党员对周边群众思想和生活上的关心以及工作上的帮助,充分发挥党员的先锋模范作用。② 至2016年年底,全院62名非党员教职工全部和党员教职工结了对。学院2016年的"两学一做"学习教育取得了显著成效。

　　2017年7月4日至8月10日,学院党委连续发布了一系列文件,包括:《中共浙江大学教育学院委员会关于推进"两学一做"学习教育常态化制度化实施方案》(教育学院党委发〔2017〕5号)、《浙江大学教育学院党委会议议事规则》(教育学院党委发〔2017〕6号)、《教育学院党委中心组理论学

---

　　① "先锋学子"全员培训计划由校党委于2016年在"两学一做"学习教育过程中启动实施。它面向全校学生中的正式党员,以党的理论教育和党性教育为重点,由各院级党委负责实施。该计划旨在建设一支信念坚定、素质全面和充满活力的学生党员队伍。

　　② 校党委于2016年3月8日发布《关于实施"事业之友"制度的通知》(党委发〔2016〕10号)。教育学院党委后于2017年8月10日发布《关于推进"事业之友"工作制度实施的规定》(教育学院党委发〔2017〕12号)。

习制度》(教育学院党委发〔2017〕10 号)和《关于严格执行"三会一课"制度的实施规定》(教育学院党委发〔2017〕11 号)①等。学院党委在暑假期间连续发布党建工作的文件,充分体现了学院党委在新形势下切实履行党建工作主体责任和层层传导压力的决心。

在以上各项重要学习实践和专题教育等活动中,学院党委十分重视对各级干部的培训和教育,包括进行党支部书记培训和管理干部培训等。培训和教育的形式也是多种多样,包括党委理论学习中心组和分党校的学习、"请进来"(请院外专家来做报告)和"走出去"(外出培训)等。学院还通过轮岗和挂职锻炼等多种方式进一步培养干部。2014 年,学院开始推行机关AB 角工作制度和首问责任制,机关工作人员的办事作风得到进一步的提升。

(二)三次全院党员大会

在"十一五"收官和"十二五"即将启动的关键时刻,经校党委批准,教育学院第二次党员大会于 2010 年 12 月 25 日在玉泉校区"教 7"大楼影视厅隆重召开。229 名正式党员和 36 名预备党员参加了大会。学院党委书记许迈进代表党委作了"加强和改进党建工作,为建设世界先进水平教育学院而奋斗"的工作报告。大会选举产生了由 7 名委员组成的新一届党委。新一届党委的书记为许迈进,副书记为王珏。

根据《中共浙江大学委员会关于院级党组织换届选举工作的通知》(党委发〔2013〕55 号)的要求,经过认真筹备,2013 年 12 月 21 日在西溪校区邵逸夫科教馆召开了教育学院第三次党员大会。188 名正式党员和部分预备党员参加了大会。学院党委书记张丽娜代表党委作了"落实'六高强校战略',全面深化改革,为加快建设世界先进水平教育学院而努力奋斗"的工作报告。大会选举产生了教育学院新一届党委和第一届纪律检查委员会。新一届党委的书记为张丽娜,副书记为王珏;纪委书记为王珏(兼)。

根据《中共浙江大学委员会关于院级党组织换届选举工作的通知》(党委发〔2017〕81 号)的要求,经过认真筹备,2017 年 10 月 28 日在西溪校区逸夫科教馆召开了教育学院第四次党员大会,199 位正式党员参加了大会。学院党委书记吴巨慧代表党委作了"围绕一流目标,聚焦优势特色,深化内涵发展,为建设综合实力较强、特色鲜明、具有世界先进水平的教育学院而

---

① "三会一课"是党组织生活的基本形式,具体是指支部党员大会、支部委员会会议、党小组会和党课。

奋斗"的工作报告。学院党委副书记兼纪委书记包松代表学院纪委作了"统
一思想,落实责任,扎实推进党风廉政建设,为学院发展提供政治和纪律保
证"的工作报告。大会选举产生了教育学院新一届党委、学院第二届纪律检
查委员会和学院出席学校第十四次党代会的 5 名代表(吴巨慧、吴雪萍、沈
国平、胡旭阳①、赵卫平)。学院新一届党委的书记为吴巨慧,副书记为包
松;学院纪委书记为包松(兼)。此次学院党员大会召开时恰逢党的十九大
4 天前(10 月 24 日)刚刚胜利闭幕,党员大会号召学院全体党员深入学习贯
彻十九大精神和习近平新时代中国特色社会主义思想,聚焦一流学科建设、
聚焦人才培养,以优异成绩迎接学校第十四次党代会的胜利召开。

三、综合改革发展试点

2013 年 10 月 31 日,学校发出《中共浙江大学委员会　浙江大学关于
进一步简政放权、增强院系基层组织办学主体作用的通知》(党委发〔2013〕
54 号)。为使学校这一项重要的改革工作顺利实施,学校决定通过自荐等
方式,"选 6～8 个基础条件好、积极性较高的院系作为试点单位,开展试点
工作"。本着勇立潮头的精神和抢占机遇的劲头,学院领导主动请缨,积极
向学校申请承担试点工作,并提交了《教育学院综合改革发展试点方案》(以
下简称《改革试点方案》),后终获学校批准同意,学校于 2014 年 5 月 9 日发
出《中共浙江大学委员会　浙江大学关于在教育学院开展综合改革发展试
点的通知》(党委发〔2014〕55 号),同意教育学院综合改革发展试点方案,予
以印发全校。② 学校提出,此次院系综合改革发展试点,重在扩大院系办学
自主权,突出院系办学主体作用,加快形成权责利相统一、资源配置合理、机
制运行畅通、民主监督有力的院系管理体制。学校要求教育学院进一步细
化完善试点方案,认真组织实施;同时也要求其他各院系借鉴试点院系的改
革方案。

学院根据《改革试点方案》,成立了改革试点领导小组,由院长和党委书
记任双组长。学院经过在国内外的调研和多次召开座谈会及专家论证会,
于 2014 年先后制订了《教育学院学科与人才队伍建设方案(2014—2017)》

---

①　胡旭阳当时任校党委副书记,校党委指定他的代表资格放在教育学院党员大
会进行选举。

②　和教育学院一起被学校列入试点单位的还有管理学院、化学系、化学工程与生
物工程学系、光电信息工程学系等院系。

和《2014—2017 年教育学院创新师资定编定岗实施方案》等，进一步明确了各学科的重点发展方向和人才引进及晋升的标准。

四、"双代会"和工会工作

2010 年 3 月 27 日，学院召开了三届一次"双代会"。常务副院长徐小洲向大会作了"加快人才强院进程，努力创建世界先进水平学院"的学院工作报告，提出了"十二五"期间学院的工作设想。学院工会主席张华达作了第二届工会委员会工作报告。大会选举产生了学院第三届工会委员会。教育学系副教授赵卫平当选为新一届学院工会主席。2011 年 9 月 18 日，学院召开了三届二次"双代会"，代表们主要讨论了《学院"十二五"事业发展规划（征求意见稿）》，提出了许多建设性的意见和建议。2012 年 12 月 25 日，学院召开了三届三次"双代会"，会议主题是"学习贯彻十八大精神，切实提升教育教学质量"。2013 年 11 月 10 日，学院召开四届一次"双代会"。院长徐小洲向大会作了"励精图治，全面推进教育学院事业持续发展"的学院工作报告，提出了"内涵发展、质量导向、国际协作、改革创新"的发展思路。学院工会主席赵卫平作了第三届工会委员会工作报告。会议审议并表决通过了《教育学院 2014—2015 年岗位聘任实施方案》。大会选举产生了学院第四届工会委员会。教育学系副教授孙元涛当选为新一届工会主席。2015 年 1 月 10 日，学院召开了四届二次"双代会"，代表们就"本科专业与课程建设"和"迎接学校 120 周年校庆"这两个议题进行了讨论。2015 年 12 月 4 日，学院召开了四届三次"双代会"，审议并通过了《学院"十三五"事业发展规划（2016—2020）》等。2017 年 12 月 22 日，学院召开五届一次"双代会"，45 名正式代表出席了会议。院长顾建民向大会作了"对标'双一流'，聚焦优势特色，切实推进'十三五'事业发展"的学院工作报告，提出了近期目标（2020 年）、中期目标（2030）和远期目标（2050 年）。学院工会主席孙元涛作了第四届工会委员会工作报告。代表们对两个工作报告和学院"双一流"建设实施方案进行了讨论。大会选举产生了学院第五届工会委员会，体育学系副教授邱亚君（女）当选为新一届工会主席。

2011 年 12 月 8 日，教育部部长袁贵仁签发了教育部第 32 号令，发布《学校教职工代表大会规定》（自 2012 年 1 月 1 日起施行）。该文件主要涉及高校校级和院级教代会的职责，要求进一步推进民主管理。校党委于2012 年 12 月 21 日下发了《浙江大学院级教职工代表大会工作实施办法》（党委发〔2012〕75 号），要求各院级单位认真贯彻执行。学院党委和工会在学校党委和工会的正确指导下,认真贯彻《浙江大学院级教职工代表大会工作实施办法》。根据该文件要求,凡涉及学院教职工切身利益的重要事项(包括岗位聘任等),事先都要召开"双代会"进行充分讨论,学院的有关规定(包括岗位聘任的条件等)必须经"双代会"大会通过后才能付诸实施。由于事先充分发扬民主,各项准备工作细致,学院 2013 年年底和 2015 年年底的教职工岗位聘任工作均顺利按时完成,2013 年还实现了"零投诉"。此外,经学院党政联席会议研究决定,从 2014 年秋季学期开始,学院工会主席正式列席学院党政联席会议(学校首批试点之一),这就使学院工会能够更好地参与民主管理,发挥参政议政的职能。

此外,学院工会还积极组织教职工向灾区捐款(2010 年 4 月为青海玉树地震灾区捐款 18515 元;同年 9 月为甘肃省舟曲县泥石流灾区捐款 13115 元);组织教职工参加学校工会组织的各种文体比赛(在学校 2010 圆正杯"紫金放歌"教职工歌手大赛中,现代教育技术中心的高越法进入决赛并最终获奖;在学校 2010 年和 2014 年教职工乒乓球团体比赛中,教育学院代表队分别荣获第八名和第四名;在学校 2012 年教职工篮球比赛中,教育学院代表队荣获第六名);举办教工趣味运动会,开展"工间操"培训和冬季文体活动等;积极响应学校工会的倡议,率先创建了"教工之家"(师生交流吧),并被校工会授予 2014 年度院级"模范教工之家"称号,入选学校首批"模范教工之家"(全校共 10 家);在学校专项经费和体育学系的支持下,建立了教职工健身中心等。

学院工会还要求和组织在本学院的校"双代会"代表认真履职,积极撰写提案。来自教育学系的赵卫平代表的提案"对人才引进工作实行分类指导和管理"于 2009 年 1 月被评为学校五届三次教代会优秀提案(全校共 5 件);来自课程与学习科学系的李艳代表的提案"关于进一步推进我校教育教学信息化进程的几点建议"于 2015 年 5 月被评为学校七届一次教代会优秀提案(全校共 10 件);来自学院机关的王珏代表的提案"利用教学建筑的闲置公共区设计具有'我浙'文化品位的学习与休闲空间——以田家炳书院为试点"于 2017 年 1 月被评为学校七届三次教代会优秀提案(全校共 7 件)。

学院第三届工会委员会主席赵卫平于 2011 年 6 月被浙江省教育工会授予"优秀工会工作者"荣誉称号。

第三节　人才培养

这一时期,学校分别于 2010 年和 2015 年启动了第二和第三次教育教学大讨论①,重点讨论人才培养的特色、优势和质量等问题,并先后出台了改进教育教学工作和深化教育教学改革的文件。根据学校相关文件的要求,学院进一步强化育人的中心地位和以学生为本的教育理念;不断改进招生方法,加强对优秀生源的吸引工作;注重对学生的创新创业教育;不断健全科学学位研究生和专业学位研究生的分类培养机制。

一、本科教学

学院通过各种途径和举措,持续推进本科教学工作,不断提高本科教学质量。2008 年,学院补充修订了《教育学院教师本科教学质量综合考核补充细则》。2010 年上半年,学校启动了四校合并以后的第二次教育教学大讨论。根据学校的部署,教育学院于同年 11 月 14 日召开了本学院本科教学工作研讨会(共有 40 余人参加),研讨会的主题是“规范制度,提高质量——扎实推进精品化、国际化”。在这次大讨论的基础上,学院撰写了《教育学院教育教学工作研讨活动调研报告》,并初步制订了《教育学院本科教学“十二五”规划》,还重新调整了学院教学督导组成员和学院教学工作委员会成员,重新修订了学院本科教学的相关规章制度。2012 年是浙江大学本科全面提高教育质量年,2014 年是教育学院本科教学年。学院本科教学指导委员会多次召开专题会议,认真讨论有关工作。2015 年 5 月至 2016 年 7 月,学校举行了第三次教育教学大讨论,其主题是“弘扬求是精神,强化责任体系,创新教育模式,培养时代高才”。在这次大讨论的过程中,学院先后形成了《关于深化教育教学组织责任体系的实施办法》《创新教育模式与人才质量保障体系建设》《学生优良学风及评奖评优与助学体系建设》等专题调研报告。

(一)做好招生工作,提高生源质量

不断完善招生工作程序和规范招生工作纪律,努力做好浙江省体育高考加试工作和运动训练专业单考单招工作。在校内不断加大宣传力度,做

---

① 第一次教育教学大讨论于 2001 年下半年进行。

好专业确认工作,吸引更多的学生来教育学院学习。在主修专业的确认中,2014级学生共有43人来教育学院进行相关专业学习。

国务院于2014年9月3日颁布了《国务院关于深化考试招生制度改革的实施意见》。随后浙江省教育厅在同一年公布了《浙江高考招生制度综合改革试点方案》,提出将在省内试行"三位一体"招生,即高校依据考生统一高考成绩、高中学业水平考试成绩和综合素质评价成绩,按比例合成综合成绩,择优录取。高考成绩占比原则上不低于综合成绩的50%。根据国家和浙江省的改革精神,浙江大学于2015年开始试行"三位一体"招生,涉及教育学等本科专业。教育学院积极争取"三位一体"招生资格,以突破大类招生的局限,2015年圆满完成教育学、公共事业管理和体育经济与管理等三个专业的"三位一体"招生工作,共招收2015级"三位一体"新生23人,明显提高了生源质量。2016年教育学院顺利完成教育学和公共事业管理两个专业的"三位一体"招生工作。2017年招收本科生"三位一体"新生32人。

2017年,体育教育专业招生35人,他们的综合成绩全部名列全省前50位。

(二)专业建设

2008年,教育学专业被教育部确定为高等学校本科特色专业;教育技术学、民族传统体育和运动训练学等三个新专业顺利通过验收。同年,学院完成了2008级教育学、教育技术学和公共事业管理等三个专业人文大类培养方案的制订工作。2009年,教育学专业入选评师网"2009教育学专业教学满意度十大院校榜(211院校类)",名列第二。同年,体育学系的本科新专业"体育产业管理"①成功获批,2010年正式招生,这是体育学类专业首次纳入学校大类招生的范围,也是体育学类专业转型发展的开始。根据学校要求,教育学院本科专业咨询网站建设于2009年顺利完成。2010年,学院对2009—2013年教育学系和体育学系各专业的培养方案和教学计划进行了修订,其中包括为在浙江省运动技术学院训练的运动训练专业学生和在国家队训练的学生初步制订了特殊培养方案,以积极探索培养体育优秀人才的新方法。自2010年起,学校高水平运动队的大学生进入教育学院教育领导与政策研究所的公共事业管理专业培养,根据特殊人才的培养要求,学院协调各有关部门在原公共事业管理专业培养方案的基础上,制订了新的公共事业管理(体育)的培养方案。经学校批准,自2010年起,教育学院

---

① 2013年后,该专业改名为"体育经济与管理"。

的本科新生由原来的从人文大类招生改为从社科大类招生。2011年,学院针对教育学专业和运动训练专业中的国家队优秀运动员制订了个性化的培养方案,经学校本科生院审核通过后于当年正式实施。经过多次修改,2014年学院完成了2014级学生六个本科专业培养方案的调整,其中针对专项训练和实践能力要求突出的运动训练专业,新增加了辅修专项训练和实践,以培养学生一专多能;2015年完成了2015级六个本科专业培养方案的调整,调整了公共事业管理(体育)专业的个性课程设置,突出了专业内的分类培养;2016年起恢复体育教育专业的招生(当年招生30名),体育经济与管理专业则暂时停止招生。

(三)课程建设

2008年,于可红教授主讲的"学校体育学"被评为省级精品课程;2010年,"篮球"和"体育舞蹈与健美操"被评为省级精品课程。2008年,徐小洲教授主讲的"教育与社会"和杨明老师主讲的"教育学"被列入学校首批大类课程建设项目。学院除了鼓励教师积极申报学校的通识课程、双语课程和海外教师主导原味课程建设项目(简称"原味课程")[①]外,还于2008年4月启动了院级双语课程建设工作,"教学与培训设计""锻炼心理学"和"体育社会学"等三门课程获批立项,成为首批院级双语课程。2012年,学院积极为原国家精品课程"教学理论与设计"申报国家级精品资源共享课程;2013年,该课程顺利获得国家级精品资源共享课程立项,它由盛群力教授主持、盛群力教授和刘徽副教授主讲。2014年度,学院新增通识课程两门("情绪管理"和"社科文献的批判性研读"),叶映华等人共申报双语课程18门,张剑平教授主讲的"现代教育技术"课程获"浙江大学在线课程培育项目"立项,重点建设14门专业核心课程;2015年度申报双语课程13门,"科研创新(科学与环境教育导论)"课程被列入学校"海外教师主导原味课程建设项目",英国布里斯托大学教育研究生院院长贾斯廷·狄龙(Justin Dillon)应邀担任主讲教师,祝怀新教授为责任教师,翟俊卿讲师为青年助理教师。经过公示等环节,以刘徽副教授为主要负责人的"课堂问答的智慧与艺术"入选2017年"国家精品在线开放课程"(也称"国家精品慕课",全校共9门本

---

①　每门"原味课程"由3名教师组成教学团队:海外主讲教师1人、责任教师1人、青年助理教师1人(责任教师负责挑选海外主讲教师);学校下拨相应的建设经费,一个建设周期为3年;3年后如果培育成功,就成为全英文课程。学院有一位教师配合与协助外籍教师上课。

科教育课程入选)。[①]

(四)教材建设

2010年,盛群力教授主编的国家"十一五"规划教材《现代教学设计论》由浙江教育出版社出版。2011年,盛群力教授主编的《现代教育学》获浙江省重点教材建设项目立项。2012年,教育学院两位教授分别为第二主编的教材入选第一批"十二五"普通高等教育本科国家级规划教材,即《学校体育学》(第二主编为于可红教授)和《运动生理学》(第二主编为王健教授)。2014年度,《比较教育》(由浙江大学教育学院王承绪教授和北京师范大学教育学部顾明远教授主编)和《健康教育学》(由王健教授等人主编)入选"十二五"普通高等教育本科国家级规划教材。2014年,于可红教授主编的运动训练系列教材获2014年度本科系列教材建设项目立项。体育学系丛湖平教授、郑芳教授主编的《体育经济学》(高等教育出版社出版,2004年第1版,2015年第2版)和周丽君教授等主编的《体育英语:规范与应用》(浙江大学出版社出版,2013年第1版)被评为"十二五"浙江省高校优秀教材。

据不完全统计,自2008年至2017年,学院教师共出版教材及参考书40余本,其中包括普通高等教育"十一五"教育部规划教材3本。

(五)实验室建设

2009年,教育学系的教育技术学实验中心和体育学系的体育实验中心分别通过浙江省合格实验室的评审。2013年,教育技术学实验中心获得学校探究性实验项目立项资助。

(六)深化教学改革

学院专门设立了院级本科教学改革研究项目,以鼓励教师积极深化教学改革,改进教学方法,不断提高教学技能。

2008年6月30日,学院举行了第四届青年教师教学技能竞赛,之后又举行了多届竞赛,选拔出优胜者参加校级竞赛。2008年,李艳、邱亚君和赵晖等三位教师获得学校第五届青年教师教学技能竞赛三等奖。2012年,经学院推荐的温煦获得学校第七届青年教师教学技能比赛三等奖和浙江省高等学校第七届青年教师教学技能竞赛优秀奖。

2011年在学校理论课教学改革项目立项中,杨明教授获立重点项目1

[①]　2018年1月15日,教育部新闻办公室召开新闻发布会,介绍了首批"国家精品在线开放课程"的有关情况。这是教育部首次推出490门"国家精品在线开放课程"(其中本科教育课程468门)。

项,阎亚军副教授和周丽君副教授各获立一般项目1项。2013年,李艳教授的"基于开放教育资源(OER)的高校'翻转课堂'教学探索"获立省教学改革项目,屠莉娅副教授的"构建学习共同体:小组合作学习在本科课程教学中的多维应用"获立学校教学改革项目,郭玉清老师的"基于混合学习的高校理论课程教学探索"获立学校"世界高水平大学在线课程的应用与教学法研究"项目。2015年,郭玉清老师和苏建元老师各获立浙江省高等教育课堂教学改革项目1项。2016年,徐小洲教授主持的"拔尖创业型人才培养的'PICK'模式探索"获得浙江省高等教育教学改革项目立项。

这一时期教学成果获奖的有:2008年7月,盛群力教授等人的"科研引导,教材着力,团队协作,促进学科更新"和段治文等人的"浙江大学思想政治课整体性改革的创新实践"获校级教学成果一等奖;诸葛伟民等人的"公共体育教育的改革实践与创新"、林小美等人的"武术教学课程建设及其成果辐射"和刘力教授等人的"依托浙派名师青年讲坛构建专业学习共同体"获校级教学成果二等奖。2012年,体育学系申报的"体育人才创新培养模式的探索与实践"获校级教学成果二等奖。2014年,盛群力教授主持的"推进中小学课程与教学改革的多维模式研究:基于大学课程与教学专业团队的探索"获得教育部国家优秀教学成果奖二等奖(基础教育)。2016年,徐小洲教授主持的"拔尖创业型人才培养的'PICK'模式探索"和董榕领衔的"面向高校教学创新的数字化学习支撑体系建设与应用"分别获得学校教学成果一等奖,吴雪萍教授领衔的"教育学专业本科生国际化培养的探索"获得学校教学成果二等奖。

在学校第二次教育教学大讨论之后,学校于2012年3月1日发文新设立"优质教学奖"(浙大发人〔2012〕11号),以表彰和奖励教学质量优秀和课程建设改革成绩突出的教师。该奖项每年度评选一次,其中一等奖10名左右,二等奖100名左右,学校向获奖者颁发奖金。教育学院教师获奖情况如下:2011年度二等奖:刘力、盛群力、周丽君;2013年度二等奖:王健、屠莉娅、刘淑华、李艳;2014年度二等奖:郭玉清、单亚萍、汪辉、周永平;2015年度二等奖:温煦、孙元涛、褚良才、黎禾;2016年度二等奖:叶映华、邵兴江、吕强、邱亚君;2017年度二等奖:刘徽、王慧敏、王莉华、喻永祥。

据不完全统计,自2008年至2017年,学院教师共发表教学改革和教学研究方面的论文109篇。

2009年,钱宏颖老师获得第三届高等学校教坛新秀奖。另据不完全统计,自2008年至2017年,共有54人次以上的教师获得学院历年本科优秀教学奖。

（七）鼓励学生参与科研等各种活动和专业技能训练

2008年以来，教育学院本科生积极参与校院两级组织的大学生科研训练活动，即SRTP。2008年至2016年，共结题237项（其中校级168项，院级69项）。2010年至2016年，学院共获得"浙江省大学生科技创新活动计划（新苗人才计划）"[①]项目25项。2011年至2016年，学院共获得国家级大学生创新训练计划[②]项目5项。[③] 2009年至2016年，学院本科生共发表论文48篇，这一数据比2000年至2007年的26篇有了大幅度的增加。学院探索并建立了"鼓励、指导、协作、审核"四位一体的学生参与"挑战杯"大学生课外学术科技作品竞赛的管理模式。在这一竞赛活动中，学院的学生分别于2009年获得浙江省二等奖1项、2011年获得浙江省特等奖1项，2013年获得全国特等奖1项。此外，2009级体育教育专业高雅丽等同学的省级科研项目结题后，于2010年成功申报专利1项（"一种利用Ⅱ型糖尿病健康生活管理的网络测评系统"，专利号为201010616313.1）。

2009年，学院团委承办了浙江大学第八届大学生多媒体作品设计竞赛。2016年12月9日，体育学系成功举办了首届本科生科研学术论文报告会。

2008年，学院启动了首期学生暑期国内高校游学活动。游学活动由学生个人申报并进行答辩，有关领导和专家评定人选后付诸实施（学院给予经费资助），游学的形式包括体验游学、课程游学、科研游学和专业成长游学等。2008年学院共组织三个专业的20名学生前往北京和上海等地的著名大学进行游学，学生共完成游学报告20篇、调研报告3篇和影视作品1部。

2008—2017年，体育学系学生在国内外各种体育比赛中再创佳绩（见表6-2）。

---

① 浙江省教育厅、浙江省科学技术厅、共青团浙江省委、浙江省财政厅于2010年上半年发出《关于印发〈浙江省大学生科技创新活动计划（新苗人才计划）实施办法（试行）〉》的通知（团浙联〔2010〕13号）。随后，学校于当年6月28日印发了《浙江大学"浙江省大学生科技创新活动计划（新苗人才计划）"项目实施细则》（浙大发本〔2010〕101号）。

② 学校于2007年印发了《浙江大学"国家大学生创新训练计划"项目管理办法》（浙大发教〔2007〕8号）。

③ 至2017年年底，浙江大学大学生创新创业训练计划项目一般按级别分为国家级、省级、校级和院级四个等级：国家级大学生创新训练计划（简称"国创"）、浙江省大学生科技创新活动计划（新苗人才计划），简称"省创"；浙江大学校级、院级大学生科研训练计划，简称"校SRTP"和"院SRTP"。

表 6-2　2008—2017 年教育学院本科生参加国内外重大体育比赛部分成绩统计

姓名	比赛名称	项目	名次
童笑梅	2008 年亚洲青年田径锦标赛	女子 800 米	冠军
方　舟	2008 年 CUBA 浙江赛区选拔赛	男子篮球丁组	冠军
陆敏佳	2009 年第 11 届全运会	女子跳远	冠军
韩馨蕴	2009 年第 11 届全运会	女子网球单打	亚军
童笑梅	全国室内田径锦标赛	女子 800 米	冠军
童笑梅	全国田径锦标赛	女子 800 米	季军
童笑梅	全国田径大奖赛	女子 800 米	冠军
赵莹莹	全国田径锦标赛	女子撑竿跳高	亚军
鲍森林	全国室内田径锦标赛	男子跳高	亚军
王青波	全国田径锦标赛	男子标枪	第 6
毛亚琪	2009 年第 11 届全运会	女子南拳	冠军
张春艳	2009 年第 11 届全运会	枪剑全能	第 4
章　波	2009 年第 11 届全运会	南拳全能	第 5
马国亮	2009 年第 11 届全运会	长拳	第 6
成　成	2009 年第 11 届全运会	刀棍全能	第 6
韩馨蕴	2009 年第 11 届全运会	女子网球单打	亚军
周苏红	2010 年广州第 16 届亚运会	女子排球	冠军
孙　杨	2010 年广州第 16 届亚运会	男子 1500 米自由泳	冠军
孙　杨	2010 年广州第 16 届亚运会	男子 4×200 米自由泳接力	冠军
孙　杨	第 14 届国际泳联世界锦标赛	男子 1500 米自由泳	冠军
成　成	第 11 届世界武术锦标赛	女子刀术	冠军
孙　杨	2012 年伦敦奥运会	男子 400 米自由泳	冠军
孙　杨	2012 年伦敦奥运会	男子 1500 米自由泳	冠军
孙　杨	2012 年伦敦奥运会	男子 200 米自由泳	亚军
孙　杨	2012 年伦敦奥运会	男子 4×200 米自由泳接力	季军

续表

姓名	比赛名称	项目	名次
钱晓乐	2012 年第 5 届世界传统武术锦标赛	男子地躺拳	冠军
孙　杨	2013 年巴塞罗那世界游泳锦标赛	男子 400 米自由泳	冠军
谢震业	2015 年国际田联世界田径锦标赛	男子 4×100 米接力	亚军
王　地	第 13 届世界武术锦标赛	男子南拳	冠军
郑　桐	2015 年第 15 届全国大学生游泳锦标赛	乙 A 组男子 100 米蝶泳	冠军
艺术体操队	第 28 届世界大学生运动会	艺术体操集体全能	第 5
艺术体操队	第 28 届世界大学生运动会	艺术体操集体单项五带	第 5
艺术体操队	第 28 届世界大学生运动会	艺术体操集体单项 6 棒 2 圈	第 5
谢震业	2016 年里约奥运会	男子 4×100 米接力	第 4
谢震业	2016 年国际田联钻石联赛上海站比赛	男子 4×100 米接力	冠军
徐晓龙	2016 年里约奥运会	男子三级跳远	第 11
戴丹丹	第 13 届全运会	女子太极拳、太极剑	全能季军
赵文文	第 13 届全运会	女子南拳、南棍、南刀	全能第 4
戚昕叡	第 13 届全运会	女子长拳、剑、枪	全能第 4
马家军	第 13 届全运会	男子长拳、刀、棍	全能第 6
查苏生	2017 年第 13 届全国学生运动会	男子长拳、枪、剑	全能冠军
胡钰莹	2017 年第 13 届全国学生运动会	女子刀术	冠军
胡钰莹	2017 年第 13 届全国学生运动会	女子棍术	季军
胡钰莹	2017 年第 13 届全国学生运动会	女子长拳	季军
马紫晨	2017 年第 13 届全国学生运动会	女子太极剑	第 6
吴灵芝	2017 年全国武术套路冠军赛（传统项目赛区）	女子朴刀	冠军
吴灵芝	2017 年全国武术套路冠军赛（传统项目赛区）	女子其他象形拳	冠军

续表

姓名	比赛名称	项目	名次
吴灵芝	2017年全国武术套路冠军赛(传统项目赛区)	女子其他象形拳	冠军
陈小丽	2017年全国武术套路冠军赛(传统项目赛区)	女子吴式太极拳	冠军
陈小丽	2017年全国武术套路冠军赛(传统项目赛区)	混合双人太极拳	第5
查苏生	2017年全国武术套路冠军赛(传统项目赛区)	男子八卦拳	冠军
查苏生	2017年全国武术套路冠军赛(传统项目赛区)	集体项目	冠军
戴丹丹	2017年全国武术套路冠军赛(传统项目赛区)	女子杨氏太极拳	冠军
戴丹丹	2017年全国武术套路冠军赛(传统项目赛区)	女子42式太极剑	冠军
戴丹丹	2017年全国武术套路冠军赛(传统项目赛区)	混合双人太极拳	冠军
戚昕叔	2017年全国武术套路冠军赛(传统项目赛区)	女子鹰爪拳	冠军
戚昕叔	2017年全国武术套路冠军赛(传统项目赛区)	女子双剑	亚军
戚昕叔	2017年全国武术套路冠军赛(传统项目赛区)	集体项目	冠军
郑梦轩	2017年全国武术套路冠军赛(传统项目赛区)	女子双剑	季军
马家军	2017年全国武术套路冠军赛(传统项目赛区)	男子地躺拳	亚军
马家军	2017年全国武术套路冠军赛(传统项目赛区)	男子长穗剑	亚军
胡钰莹	2017年全国武术套路冠军赛(传统项目赛区)	女子长穗剑	第5
胡钰莹	2017年全国武术套路冠军赛(传统项目赛区)	女子形意拳	第8

续表

姓名	比赛名称	项目	名次
黄陈健	2017年全国武术套路冠军赛（传统项目赛区）	男子通臂拳	第5
赵文文	2017年全国武术套路冠军赛（传统项目赛区）	女子双刀	亚军
赵文文	2017年全国武术套路冠军赛（传统项目赛区）	女子翻子拳	季军
李雨星	2017年全国武术套路冠军赛（传统项目赛区）	女子孙氏太极拳	第7
鲍焕翔	2017年全国武术套路冠军赛（传统项目赛区）	男子鹰爪拳	季军
鲍焕翔	2017年全国武术套路冠军赛（传统项目赛区）	男子双刀	亚军
王静申	2017年全国武术套路冠军赛（传统项目赛区）	男子42式太极拳	季军
王静申	2017年全国武术套路冠军赛（传统项目赛区）	男子42式太极剑	季军
王静申	2017年全国武术套路冠军赛（传统项目赛区）	混合双人太极拳	亚军

　　经过师生员工的共同努力,学院本科教学的质量不断提高。例如,2008届教育技术学专业学生毕业论文在浙江省普通高校毕业论文抽查中综合排名位居同类专业第一名。2010年至2015年,学院每年都有论文入选浙江大学百篇特优本科毕业论文(2010年3篇,2011年2篇,2012年1篇,2013年2篇,2014年1篇,2015年2篇),累计入选11篇。[①] 2017年,本科生海内外深造率达29.21%。

　　经过努力,学院的优秀本科生也获得了一些标志性的荣誉。2010年5月,民族传统体育专业2006级本科生毛亚琪(女)经过评比,入选学校首届"十佳大学生",其事迹在《浙江大学报》和求是潮网站上刊登;2015年12月,民族传统体育专业2012级本科生王地获学校第六届"十佳大学生"荣誉称号。2013级公共事业管理(体育)专业学生何苗(女)分别获得2017年学校竺可桢奖学金(校内学生最高级别奖学金)和学校第八届"十佳大学生"荣誉称号。

---

　　① 2016年以后学校不再评选百篇特优本科毕业论文。

二、研究生培养

(一)多方开拓生源渠道,不断提高生源质量

从 2012 年 7 月起,学院连续举办硕士研究生自主招生夏令营(每年一期,每期 2～3 天时间,每期营员 40～60 人),来自全国名牌高校的优秀大三学生报名踊跃,经学院组织的遴选委员会评审后确定营员名单。夏令营活动包括专题讲座、参观紫金港校区、师生交流和选拔面试等,最终确定部分优秀营员获得本学院硕士研究生(含直博生)招生优先录取的机会。

此外,自 2008 年以来,学院的留学生人数有了显著增加(2009—2017年共招收外国留学生 36 人,其中硕士研究生 15 人,博士研究生 21 人),生源的国别也逐步增多,包括马来西亚、美国、韩国、印度尼西亚、巴基斯坦、英国、墨西哥、菲律宾、越南、蒙古、泰国、也门、意大利、喀麦隆、乌克兰和摩洛哥等国。

(二)课程建设和教学改革

这一时期,学院仍一如既往地重视研究生课程建设。

经学院申报和专家组评审,学校于 2009 年 5 月 20 日发文(浙大发研〔2009〕83 号),确定教育学院的"高等教育论"(负责人徐小洲)、"教育学原理研究"(负责人魏贤超)、"科学社会主义理论与实践"(负责人段治文)、"教学与培训设计"(负责人盛群力)和"体育社会心理学"(负责人王进)等 5 门课程入选学校首批研究生示范性课程建设项目(全校共 70 门课程入选)。该项目建设周期为 3 年,学校给予每门课程建设资助经费 5 万元。2010 年3 月 25 日,学校发文(浙大发研〔2010〕41 号),确定教育学院的"教育研究方法"(负责人杨明)、"青少年心理发展与教育"(负责人刘华)、"教育信息化研究"(负责人张剑平)和"教育研究方法论"(负责人刘力)等 4 门课程入选学校第二批研究生示范性课程建设项目(全校共 44 门课程入选)。学院首批入选建设项目的 5 门课程于 2012 年全部通过终期验收,其中"教学与培训设计"考核为优秀;第二批入选建设项目的 4 门课程于 2013 年全部通过终期验收,其中"教育研究方法论"考核为优秀。

为推动研究生课程的国际化,学校在"985 工程"三期建设中列入了研究生全英文课程建设项目。经院系组织申报和专家组评审,教育学系的比较教育学专业于 2011 年 1 月入选首批该项目试点学科,获建设经费 60 万

元,建设周期 3 年。① 在全英文课程建设过程中,比较教育学专业的几位教授和副教授不断完善国际化课程体系,努力构建全英文课程内容,采用全英文高水平教材,探索建设国际网络教学平台,并聘请海外知名大学教授参与课程建设和学生培养,取得了显著成绩。2013 年,学院组织"国际教育学术前沿"和"教育领导与政策"两门课程申报学校人文社科海外教师主导的研究生全英文课程建设项目。申报成功后,学院认真组织落实,先后邀请英国布莱顿大学艾沃·古德森教授(Ivor Goodson)和美国哥伦比亚大学师范学院副院长林·古德温教授(A. Lin Goodwin)分别主讲"国际教育学术前沿",邀请西澳大学教育学院院长海伦·怀尔迪教授(Helen Wildy)主讲"教育领导与政策",两门课程均对全校学生开放,选课人数均超过 30 人。通过全英文课程的建设,学院逐步实现研究生教学和国际一流大学的接轨。

2016 年,刘正伟教授等共同完成的"教育学博士生培养实施核心素养教育的理念与实践探索"获学校教学成果一等奖(该成果还荣获 2017 年浙江省研究生教育学会教育成果一等奖);肖龙海教授等共同完成的"以学为中心的教育硕士教学改革研究"获学校教学成果二等奖,肖龙海教授还获得浙江省教学成果二等奖。

(三)加强管理制度和机构建设

2011 年,学院先后发布了《浙江大学教育学院研究生学位论文规范实施细则》《关于加强教育硕士管理工作的若干规定》和《教育博士专业学位论文指导小组成员申请条件》等一系列文件,以确保研究生教育的规范有序。2014 年 7 月,学院发文,决定各在职硕士专业学位点设立"教学工作指导小组"和"导师组",全程负责本专业学位点的在职硕士研究生的培养工作。2016 年,学院制订了《专业学位研究生教学与管理奖励办法(试行)》并付诸实施;同年 3 月,学院发文成立了专业学位研究生教育管理中心,由院长助理阚阅担任中心主任。

(四)实行国际化培养

学院通过多种途径和方式,实行研究生的国际化培养。一是学院积极推荐优秀研究生(主要是博士生)申报"国家建设高水平大学公派研究生项目",申报项目者经国家留学基金委评审获批后赴境外著名大学学习(博士生的学习方式为联合培养,在境外学习时间一般为 1 年;硕士生的学习方式

---

① 全校首批确定比较教育学等 8 个学科为试点单位,详见浙大发研〔2011〕19 号文件(2011 年 1 月 11 日)。

一般为攻读博士学位)。自该项目 2008 年启动以来,学院每年都有若干名研究生获得国家建设高水平大学公派研究生项目的资助出境学习(详见表6-3、表 6-4)。二是通过学校资助(包括人文社科专项等)出境短期学习和联合培养,近年来学院每年都有 2～6 名研究生(主要是博士生)得以出境学习(详见表 6-5)。学院还在暑假前专门为当年秋季公派留学的研究生提供行前教育和辅导,由有关领导和此前具有留学经历的学长就有关事项进行讲解。由于师生的共同努力,教育学院研究生获得国家留学基金等资助出境攻读博士学位和联合培养的人数在全校人文社科类学院中居于领先地位。

表 6-3　2009—2017 年教育学院研究生国家留学基金公派出境攻读博士学位情况一览

序	学科(本/硕/博)	姓名	导师	所去国家及学校	留学专业	年份	交流内容	备注
1	比较教育学(2008 级硕士生)	韩青青	徐小洲	美国印第安纳大学	比较教育学	2009	攻博 2009 年 2 月实习 2009 年 9 月升学	国家留学基金
2	体育教育训练学(2008 级硕士生)	刘 洵	单亚萍	爱尔兰都柏林大学	体育学	2010	攻博	国家留学基金
3	课程与教学论(2010 级博士生)	陈红燕	刘 力	德国柏林自由大学	教育人类学	2011	攻博	国家留学基金
4	运动人体科学(2009 级硕士生)	李 哲	王 健	1.东芬兰大学 2.芬兰于韦斯屈莱大学	物理医学与康复医学	2011	攻博	国家留学基金

续表

序	学科(本/硕/博)	姓名	导师	所去国家及学校	留学专业	年份	交流内容	备注
5	比较教育学(2007级本科生)	於奇慧	楮献华	1.日本京都大学 2.日本早稻田大学	教育学	2011	攻博	国家留学基金
6	运动人体科学(2010级硕士生)	高莹	王健	爱尔兰都柏林大学	物理医学与康复医学	2012	攻博	国家留学基金
7	比较教育学(2011级博士生)	张志欣	莫家豪	丹麦(学校不详)	教育学	2012	攻博	国家留学基金
8	高等教育学(2012级直博生)	沈其娟	顾建民	英国格拉斯哥大学	教育学	2013	攻博	国家留学基金
9	比较教育学(2012级硕士生)	孙佰刚	阚阅	德国柏林自由大学	学前教育专业幼儿教师教育	2014	攻博	国家留学基金
10	高等教育学(2012级硕士生)	陆慧	王力	英国格拉斯哥大学	教育政策和实践	2014	攻博	国家留学基金
11	比较教育学(2015级硕士生)	崔俊萍	阚阅	英国伦敦大学学院	教育实践与社会	2017	攻博	国家留学基金

表6-4　2008—2017年教育学院研究生国家留学基金公派联合培养情况一览

序	学科(硕/博)	姓名	导师	所去国家及学校	留学专业	年份	交流内容	备注
1	比较教育学(2006级博士生)	黄艳霞	徐小洲	美国加州大学洛杉矶分校	教育学	2008	联合培养	国家留学基金
2	课程与教学论(2008级博士生)	戎庭伟	刘力	加拿大英属哥伦比亚大学	教育学	2009	联合培养	国家留学基金

续表

序	学科 (硕/博)	姓名	导师	所去国家 及学校	留学专业	年份	交流 内容	备注
3	体育人文社会学(2009级博士生)	孙胜男	丛湖平	美国俄亥俄州立大学	体育学	2010	联合培养	国家留学基金
4	课程与教学论(2010级硕博连读)	王文智	刘正伟	美国威斯康星大学	课程与教学论	2011	联合培养	国家留学基金
5	比较教育学(2009级博士生)	孙立新	方展画	美国威斯康星大学	教育学	2011	联合培养	国家留学基金
6	课程与教学论(2010级博士生)	黄君艳	刘正伟	美国威斯康星大学	课程与教学论	2012	联合培养	国家留学基金
7	教育学原理(2011级博士生)	胡伟	魏贤超	美国威斯康星大学	教育学	2013	联合培养	国家留学基金
8	高等教育学(2011级博士生)	杨凯良	周谷平	美国印第安纳大学	教育领导与政策研究	2013	联合培养	国家留学基金
9	教育史(2011级直博生)	朱鲜峰	肖朗	美国印第安纳大学	教育史	2014	联合培养	国家留学基金
10	比较教育学(2012级博士生)	刘原兵	徐小洲	日本九州大学	比较教育学	2014	联合培养	国家留学基金
11	课程与教学论(2012级博士生)	白文倩	盛群力	美国加州大学伯克利分校	认知与发展:数学、科学与技术教育	2014	联合培养	国家留学基金
12	比较教育学(2012级直博生)	孟莹	徐小洲	美国加州大学洛杉矶分校	比较教育学	2015	联合培养	国家留学基金
13	课程与教学论(2013级博士生)	樊亚琪	刘正伟	美国加州大学伯克利分校	教育学	2015	联合培养	国家留学基金

序	学科 (硕/博)	姓名	导师	所去国家 及学校	留学专业	年份	交流 内容	备注
14	高等教育学 (2013级博 士生)	陈　娴	顾建民	美国威斯康星 大学	教育政策 研究	2015	联合 培养	国家留学 基金
15	教育学原理 (2013级博 士生)	邵　琪	杨　明	美国威斯康星 大学	教育政策	2015	联合 培养	国家留学 基金
16	比较教育学 (2013级直 博生)	倪　好	徐小洲	美国威斯康星 大学	教育政策 学	2016	联合 培养	国家留学 基金
17	教育史(2014 级博士生)	孙莹莹	肖　朗	日本东京大学	中国对外 关系史	2016	联合 培养	国家留学 基金
18	教育领导与 管理(2014级 在职)教育博 士专业学位	金忍冬	周谷平	美国威斯康星 大学	课程与教 学论	2016	联合 培养	国家留学 基金
19	高等教育学 (2015级博 士生)	方华明	周谷平	美国宾夕法尼 亚州立大学	高等教育 管理	2017	联合 培养	国家留学 基金
20	比较教育学 (2014级博 士生)	郝人缘	吴雪萍	德国柏林自由 大学	比较职业 教育	2017	联合 培养	国家留学 基金
21	课程与教学论 (2015级博 士生)	饶鼎新	刘正伟	美国伊利诺伊 大学厄巴纳- 香槟分校	课程与教 学论	2017	联合 培养	国家留学 基金
22	体育人文社会 学(2014级博 士生)	陈莺莺	郑　芳	瑞士苏黎世大 学	体育管理	2017	联合 培养	国家留学 基金
23	教育史(2015 级博士生)	苏　青	肖　朗	日本东京大学	地域文化 研究	2017	联合 培养	国家留学 基金
24	课程与教学 论(2015级 博士生)	王林卉	刘正伟	美国哥伦比亚 大学	课程与教 学论	2017	联合 培养	国家留学 基金

表 6-5　2012—2017 年教育学院研究生通过校派出境学习情况一览

序号	学科(硕/博)	姓名	导师	所去学校	专业	年份	交流内容	备注
1	比较教育学	李　薇	徐　辉	丹麦罗斯基勒大学	比较教育学	2012	学术交流	社科学部
2	比较教育学	常媛媛	徐小洲	丹麦罗斯基勒大学	比较教育学	2013	联合培养	校派
3	教育史	薛国瑞	商丽浩	台湾大学	历史学	2013	联合培养	校派
4	教育史	张　强	周谷平	台湾大学	历史学	2014	联合培养	校派
5	课程与教学论	方　向	盛群力	美国宾夕法尼亚州立大学	学习和绩效系统	2015	联合培养	校派
6	比较教育学	张义民	吴雪萍	丹麦罗斯基勒大学	职业教育学	2015	联合培养	校派
7	教育史	李宇亮	肖　朗	芬兰赫尔辛基大学	历史学	2015	联合培养	校派
8	课程与教学论	祁小荣	刘正伟	美国佛罗里达大学	英语语言教学	2015	联合培养	校派
9	高等教育学	薛　媛	顾建民	美国威斯康星大学	高等教育管理	2016	联合培养	校派
10	比较教育学	王旭燕	徐小洲	美国加州大学洛杉矶分校	比较教育学	2016	联合培养	校派
11	比较教育学	任佳萍	吴雪萍	美国威斯康星大学	教育政策学	2016	联合培养	校派
12	课程与教学论	钟丽佳	盛群力	荷兰马斯特里赫特大学	教育研究与发展	2016	联合培养	校派
13	课程与教学论	顾云卿	刘正伟	新加坡南洋理工大学国立教育学院	华文教育	2016	联合培养	校派
14	教育史	刘　璐	肖　朗	德国柏林自由大学	图像史	2016	联合培养	欧盟Erasmus[+]
15	高等教育学	邵连杰	周谷平	美国堪萨斯大学	不详	2017	联合培养	校派
16	比较教育学	吴静超	徐小洲	美国威斯康星大学	教育政策学	2017	联合培养	校派

续表

序号	学科(硕/博)	姓名	导师	所去学校	专业	年份	交流内容	备注
17	体育教育训练学	周　正	张　辉	德国慕尼黑工业大学	不详	2017	学习交流	人文社科专项
18	专业不详(硕士生)	陶　兰	苏建元	台湾"中央大学"	教育技术学	2017	学习交流	研究生院交换生项目

(五)不断提高培养质量

学院层面在课程教学之外,积极采取各种措施(包括创办"博士生学术沙龙"和"硕士生读书/研究报告会"、设立研究生优秀科研成果奖励基金等),不断提高研究生培养质量。体育学系也制订并实施了研究生学术能力提升培优计划,该计划包括举办研究生读书报告会(SEMINAR),每期报告会由几名研究生做报告,然后与会同学进行讨论,最后由一位教师点评,会议结束前评选出"优秀报告人"并颁发证书予以表彰。自2011年年初创办以来,该报告会至2017年11月30日已经连续举办了84期。学院还受教育部委托,成功举办了2010年全国研究生暑期学校(教育学)。暑期学校招收了来自全国几十所高校的在读研究生(正式学员96人,旁听学员19人),聘请海内外高校的17位知名专家授课(学术报告)24场。通过学习交流,暑期学校帮助研究生学员进一步开阔了学术视野。

在师生的共同努力下,一些学位论文获得了各种奖项(见表6-6)。

表6-6　2008—2017年学院部分研究生学位论文获奖情况一览

专业	论文作者	指导教师	论文题目	获奖奖项	获奖年份
教育史	符艳蛟	肖　朗	近代国立综合性大学教育学科课程设置	浙江省优秀硕士学位论文	2009
运动人体科学	马　静	王　健	基于表面肌电信号分析的脑卒中患者步态特征研究	浙江省优秀硕士学位论文	2009
比较教育学	贺武华	方展画	新自由主义主导下的学校重建研究	全国百篇优秀博士学位论文提名奖	2009

续表

专业	论文作者	指导教师	论文题目	获奖奖项	获奖年份
教育史	张雁	周谷平	西方大学理念在中国的传入与影响	中国高等教育学会第5届"高等教育学"优秀博士学位论文提名奖	2009
运动人体科学	陈岚岚	王健	不同状态的躯干运动对腰部竖脊肌和多裂肌AEMG的影响	浙江省优秀硕士学位论文	2010
教育史	叶志坚	肖朗	中国近代教育学原理的知识演进——以文本为线索	全国百篇优秀博士学位论文提名奖	2013
高等教育学	刘爱生	顾建民	文化视野下的美国大学治理:结构、过程与人际关系	中国高等教育学会第10届"高等教育学"优秀博士学位论文奖	2014
课程与教学论	王文智	刘正伟	多重记忆:美国课程史学的话语变迁	浙江大学首届优秀博士学位论文提名奖	2016
教育史	袁传明	肖朗	近代英国高等教育改革与发展研究——以伦敦大学百年史(1825—1936)为个案	第12届中国高等教育学会博士学位论文优秀奖	2016
教育史	朱鲜峰	肖朗	中国近代高等教育史上的"学衡派"——以其人文教育思想和实践的研究中心	中国教育学会教育史分会第三届优秀博士学位论文奖提名	2017

此外,近年学院内部也开展评选优秀学位论文的工作。2016年,学院制订了《教育学院研究生优秀学位论文评选办法(试行)》,当年评选出优秀学位论文7篇。

2016年5月,教育技术学专业2014级硕士生王嘉舟(女)的论文《知识汇聚的在线系统及其教育应用探索》(导师张剑平)经过评选,荣获学校2016年度"启真杯"学生十大学术新成果奖(全校共10项),由学校学术委员会颁发荣誉证书。同年12月,运动训练专业2016级硕士生谢震业获得学校第7届"十佳大学生"荣誉称号;2017年5月,他又获得浙江省第5届"十佳大学生"荣誉称号,并于年底作为体育界的唯一代表入选"最美浙江人——2017年度浙江骄傲"①。

(六)进一步开展专业学位研究生的培养工作

2008年年底,国务院学位委员会第26次会议通过了教育博士专业学位设置方案。2009年,学院成功申报开展教育博士专业学位研究生培养工作,使浙江大学成为国内首批开展教育博士专业学位教育试办单位之一(全国共15所高校入选)。同年,学院顺利通过了国务院学位办公室组织的教育硕士专业学位教学评估。2011年,学院的教育硕士和体育硕士两个专业顺利通过浙江省教育厅学位办公室组织的"在职人员攻读硕士专业学位工作检查"。

经多方努力,浙江大学在2012年成为教育硕士"科普教育方向"全国首批6个试点院校之一,并于当年完成了招生简章编制、培养方案制订、收费报批等前期工作,2013年首批招收新生10人(研究生教育科在当年组织这10位学生参加了浙江省科技馆"创办科技馆科学院"的研究项目)。根据全国高层次科普专门人才培养指导委员会的相关文件精神,为加强教育硕士(科普教育方向)的培养指导工作,增强学生的实践应用能力,切实提高培养质量,学院于2014年12月23日发文,决定聘请浙江省科技馆馆长李瑞宏和全国高层次科普专门人才培养指导委员会委员、浙江省科技馆展览教育部副部长翁喜丹为教育硕士(科普教育方向)专业学位研究生的兼职校外实践指导教师。

2012年,经学校推荐和全国教育专业学位研究生教育指导委员会评审,两篇教育管理专业的教育硕士学位论文被评为全国第三届优秀教育硕士专业学位论文,并被编入全国教育硕士专业学位优秀论文选集,它们是由夏艳琼撰写、杨明老师指导的《小学语文考试改革研究——以西湖区小学为例》和由魏光本撰写、周谷平老师指导的《瑞安市农村留守儿童教育问题研究》。为教育博士专业学位研究生的学术交流和专业成长搭建对话平台,2014年11月21—22日,学院承办了主题为"变革时代的学校与教育"的教育博士学术论坛暨第二届全国教育博士论坛。来自全国教育专业学位研究生教育指导委员会的代表,来自全国15所首批教育博士专业学位研究生教育试点高校的教育博士研究生、导师和管理干部以及美国夏威夷大学的代表等180余人参加了论坛。论坛收到教育博士研究生提交的学术论文96篇,近100万字。论坛结束之后,学院在全国教育专业学位研究生教育指导委员会和浙江大学研究生院的支持下,编辑了《变革时代的学校与教育——

---

① "最美浙江人——2017年度浙江骄傲"颁奖典礼于2018年1月16日在杭州举行。

"教育博士学术论坛暨第二届全国教育博士论坛"论文集》，由浙江大学出版社于 2017 年 9 月正式出版。

三、学生思想政治教育和管理

立德树人是大学的根本任务，学院始终把这一任务作为学生思想政治教育的出发点和落脚点，不断推动专业教育、交叉培养和思政教育的深度融合。专业教师努力教书育人，学生思政专（兼）职工作者更是努力成为学生成长成才的导师和知心朋友，认真做好思想引领、学习指导、生活辅导、心理咨询和资助帮扶等工作。学院按照学校的相关要求，把思想政治表现和道德品行作为评奖评优的首要标准。

（一）在社会实践中教育和锻炼学生

学院通过组织暑期大学生社会实践和"义工之家"等多种途径，使学生发挥特长、学以致用，并从中不断受到教育和锻炼。数十名学生被评为学校暑期大学生社会实践活动先进个人（每年 2～3 人）。学院也因此先后获得浙江大学青年志愿者工作优秀组织奖（2008 年）和浙江大学暑期大学生社会实践活动优秀组织奖（2008 年、2015 年、2016 年）等荣誉。此外，经学院推荐和学校审定，课程与学习科学系的刘徽副教授（女）和叶映华副教授（女）分别在 2016 年和 2017 年入选"浙江大学暑期大学生社会实践活动十佳指导教师"，学院团委余俊帅于 2010 年、学院机关巫溦涟（女）于 2011 年、学院机关张凌（女）于 2012 年、体育学系徐曼老师（女）于 2013 年、教育学系梅伟惠老师（女）于 2014 年、教育学系阚阅副教授和学院团委施晨辉于2015 年、学院机关张静波（女）于 2016 年、教育学系王慧敏讲师于 2017 年被评为浙江大学暑期大学生社会实践活动优秀指导教师。

2009 年，杭州市上城区小营街道获首批"全国和谐社区共建共享先进街道"荣誉称号；教育学院组织的赴小营街道暑期社会实践团队先后被评为浙江省大中专学生志愿者暑期文化科技卫生"三下乡"社会实践活动优秀团队（2008 年）和浙江大学暑期大学生社会实践活动优秀团队（2009 年至2014 年历年）。

此外，学院组织的意中文化交流暑期社会实践团队等于 2010 年，赴北京市"红色寻访"实践团队等于 2011 年，赴台湾暑期社会实践团队等于2012 年，赴教育部、北京高校暑期社会实践团队等于 2013 年，赴北京教育观察暑期社会实践团等于 2014 年，赴泰国文化交流暑期社会实践团、赴欧洲创业营暑期社会实践团和赴北京国家部委与高校暑期社会实践团于

2015 年，赴江西支教暑期社会实践团于 2016 年，赴安徽宁国阳光公益暑期社会实践团和赴美国创新创业教育暑期社会实践团于 2017 年被评为浙江大学暑期大学生社会实践活动优秀团队。

陈丽等同学撰写的 2 篇论文于 2010 年、章湖纬等同学撰写的 4 篇论文于 2011 年、岑俐等同学撰写的 4 篇论文于 2012 年、章湖纬等同学撰写的 4 篇论文于 2013 年、吕盈盈等同学撰写的 4 篇论文于 2014 年、冯书锦等同学撰写的 4 篇论文于 2015 年、晏利等同学撰写的 4 篇论文于 2016 年、周诗琪等同学撰写的 5 篇论文于 2017 年被评为浙江大学暑期大学生社会实践活动优秀论文。

2016 年，学院赴贵州湄潭滨江阳光教育暑期社会实践团不仅入选当年浙江大学暑期大学生社会实践活动十佳团队，还被评为团中央 2016 年"青春公益·美丽中国"大学生暑期专项社会实践活动优秀实践团队之最佳组织团队，实践报告《浙江大学乡村留守儿童心理健康教育现状调查分析——以贵州省遵义市湄潭县为例》入选团中央 2016 年"青春公益·美丽中国"大学生暑期专项社会实践活动优秀调研论文。

以"奉献爱心，传递真情，服务社会，提高你我"为宗旨的"义工之家"是学院本科生素质拓展和青年志愿者服务的品牌项目。在前几年工作经验的基础上，"义工之家"逐步变化组织形式，使义工活动不断地专业化和规范化。2008 年先从原有的以班级团支部为单位的组织形式变化为以项目为单位的组织形式，2009 年又创建了班级团支部组织形式和项目化运行相结合的模式，使得义工服务的社会面更广、工作内容更丰富、社会反响更热烈、社会效果更好。"义工之家"和浙江省爱心基金会合作，开展阳光义工活动。阳光义工们先后探访了杭州市社会福利中心的老人、浙江省慈爱康复医院的脑瘫儿童和杭州市康乃馨儿童潜能中心的自闭症儿童，为他们提供力所能及的帮助。"义工之家"还开展了"共创一个灿烂的未来"光明中学义务家教活动，实施了京都小学"感恩杭州，放飞梦想"义务家教和西溪幼儿园环境保护教育等项目。阳光义工活动多次被学校求是潮等网站报道。"义工之家"先后被评为浙江大学青年志愿者服务优秀集体(2008 年)、浙江省优秀志愿者服务项目(2009 年)和 2015 年度浙江大学最美公益集体。阳光义工团队被评为浙江大学 2008 年暑期大学生社会实践活动优秀团队。

(二)举行特色活动教育学生

学院在学生教育方面不断创新，通过创办一些特色品牌活动去引导和影响学生。2009 年 9 月 20 日，学院举办了"教授领航讲堂"的首讲活动，由学院党委书记许迈进为新生作了题为"传承求是精神,弘扬求是学风,做优秀求是学子"的辅导报告。"教授领航讲堂"属于新生教育计划的内容,每讲由一位学院领导或教授主讲。同年 11 月 26 日,学院举办了第一期"院长共聚时间"交流活动,由常务副院长徐小洲主持,以"拓展国际视野,提高创新能力"为主题和学生进行交流。该交流活动每季度举行 1～2 次,以沙龙为活动形式,每期活动确定一个主题,由学院的一位党政领导主持,学生报名参加。该交流活动已经成为学院文化建设和新生教育的一个特色载体。2010 年 4 月 9 日,学院开始举行心理健康教育与宣传系列活动,包括由专业教师为学生作心理健康教育辅导报告等。

除了学院层面,下属有关系所也创办和开展了一些师生交流的特色活动。例如,课程与教学研究所于 2014 年 10 月 10 日启动了"双周制师生学术沙龙",举办了第一期活动;之后每两周举办一期,由该研究所的一位教师主讲(或者聘请国内外其他学者主讲)。至 2017 年 12 月 5 日,该活动已经举办了 44 期。

(三)学生辅导员工作

2009 年,学院遴选 3 名优秀研究生担任兼职辅导员。兼职辅导员参与对学生的日常管理,指导学生会和研究生会等开展活动。学院严格实施辅导员例会制度,每周开展专职和兼职辅导员之间的工作及经验交流。学院还制定了《教育学院辅导员与学生干部沟通月会制度》,加强辅导员对学生干部的引导。学院根据相关制度,强化对辅导员的管理考核。经学院推荐和学校公开评选,学院团委书记施晨辉老师被评为 2016 年浙江大学优秀辅导员。

(四)班级建设

自 2008 年起,学院进一步完善了学生班级思政信息员、宣传员和稳定小组三支队伍的建设。信息员负责收集所在班级中同学的学习、思想、生活及工作信息,每周固定时间向辅导员汇报;宣传员负责把所在班级的先进事迹和新闻报道及时发送给相关部门,宣传班级的有关活动;每个寝室选一名思想品质好且做事认真的同学组成所在班级的稳定小组,由班长和团支书负责,以便在突发事件和重大事件中保障班级同学的安全稳定。2009 年,学院全面启动了学习型学生组织建设,其中以建设学习型班级为主体。

(五)勤工助学与困难学生资助

学院制定了《浙江大学教育学院本科学生资助工作条例》,并按照该条例开展经济困难学生的资助工作,具体做好困难补助和助学贷款等工作,基本实现了每一个经济困难学生都至少得到一项助学金帮扶的目标。学院积极探索经济困难学生"助人自助"的模式,从奖助学金政策等各种制度上引导鼓励经济困难学生积极参加义工等志愿者服务,使他们在帮助别人的过程中自己也得到各种帮助。此外,学院也鼓励经济困难学生积极参与学校的经济困难生教育实践项目(NSEP)等活动,使他们得到更多的帮助和锻炼。学院积极申报学校校友总会基金项目,2013年获香港梁广榕教育基金捐资10万元,设立了"浙江大学教育学院梁广榕奖助学金",从而为困难学生的资助开辟了新的渠道。至2017年,该奖助学金项目已经颁发了三届(2014年、2015年、2017年)。

(六)就业工作

2009年,学院进一步建立健全学生生涯规划和就业指导服务体系。学院召开毕业生就业动员大会和举行专题讲座、"年度就业论坛"、"虚拟实习计划"之"模拟讲堂"①、"E路启程"就业系列培训等活动,建立"学业与职业发展"小班活动机制,不断加强对毕业生的就业指导,并不断推进对非毕业班学生的生涯规划教育。2008年以来,学院的应届毕业生一次就业率始终保持在95%以上(见表6-7)。2008年,学院荣获学校毕业生就业工作先进学院(系)优胜奖。2009年,学院荣获学校毕业生就业工作先进学院(系)鼓励奖。2011年,学院荣获学校毕业生就业工作先进学院(系)优胜奖。2015年,学院荣获学校就业工作先进集体三等奖。2009年,吴建绍被评为学校毕业生就业工作先进个人。2010年,赵卫平被评为学校毕业生就业工作先进个人。

表6-7 2008—2017年学院应届毕业生一次就业率统计

年份	应届本科毕业生一次就业率(%)	应届毕业研究生一次就业率(%)
2008	98.80	95.37
2009	100	98.80
2010	98.57	98.24
2011	98.33	95.77
2012	100	97.30
2013	95.59	95.89

① "模拟讲堂"从2011年起连续多年得到"985三期学生综合素质能力推进工程"项目的资助。

续表

年份	应届本科毕业生一次就业率(%)	应届毕业研究生一次就业率(%)
2014	98.18	98.46
2015	98.84	98.70
2016	98.99	97.40
2017	96.63	96.34

(七)继续开展学习型学生党支部创建活动

学院继续深入开展创建学习型学生党支部的活动,学院党委还于2009年发布了《关于持续深入开展学习型学生党支部创建活动的通知》。该项工作在2008年12月学校举行的高等教育管理论坛上由学院党委代表作了大会主题发言,2009年又在学校举办的学生党建骨干培训会上被介绍,引起了广泛关注。教育学系本科生党支部由于在学习型党支部创建活动中成绩突出,2009年荣获"浙江大学本科生党支部建设创新奖"。

第四节　学科、科研与师资队伍的发展

2008—2017年,学院在学科建设、科学研究和师资队伍建设等方面有了许多重大突破。

一、学科建设

体育学一级学科于2011年获批取得了博士学位授予权①,这样,学院的两大学科即教育学和体育学形成了比翼齐飞的可喜局面。同年,比较教育学和体育人文社会学获批成为"十二五"期间浙江省重点学科。

为进一步完善学科建设制度,学院于2014年7月9日发文(教育学院〔2014〕7号),决定设立"学科负责人"(包括一级学科和二级学科),具体人员名单见表6-8。

---

① 学校于2018年1月1日发出关于新增三个博士后科研流动站的通知(浙大发人〔2018〕2号),包括体育学在内的三个一级学科增列为博士后科研流动站。

表 6-8　学院各学科负责人名单(2014 年 7 月)

学科级别 \ 学科名称及负责人	学科名称	负责人
一级学科	教育学	徐小洲
	体育学	王　健
二级学科	教育学原理	杨　明
	课程与教学论	刘正伟
	教育史	田正平
	比较教育学	徐小洲
	高等教育学	顾建民
	教育技术学	张剑平
	体育人文社会学	林小美
	体育教育训练学	张　辉

学院通过"以评促建",不断推动学科的内涵建设。以教育学和体育学这两个学科参加教育部的几轮学科评估为契机,学院不断总结学科建设的成绩,客观分析存在的问题和挑战,努力寻求学科发展的新策略。2016 年,学院召开了"综合性大学教育学科研讨会",之前完成了教育学和体育学两个一级学科的自我评估报告(2012—2015 年)。① 就学科整体水平层面看,学院教育学科(体育和心理学并入教育学科参评)在全国参评的 59 所高校中位列(并列)第 6 位(位次百分位是 10.2%),在具有博士学位授予权的 24 所高校中位于(并列)第 6 位(位次百分位是 25.0%)。

2016 年,学院组织有关专家完成了"十二五"时期省重点学科比较教育学和体育人文社会学的学科建设发展报告,并顺利通过校内学部组织的学科答辩和专家验收。

2017 年 2 月,浙江省教育厅正式发出《关于公布"十三五"省一流学科建设名单的通知》,其中浙江大学教育学院的教育学入选省一流学科(B类)。同年 12 月 28 日,教育部学位与研究生教育发展中心公布了全国第四轮学科评估结果,浙江大学教育学院的教育学被评为 A—(全国共 5 所大

---

①　此次评估是第三轮国家一级学科评估。

学),进入全国教育学一级学科的前 10％;体育学被评为 B。

学院还积极参与学校"16＋X"科研联盟建设,特别是通过"浙江大学大数据跨界服务科技联盟",加强和计算机学院等校内相关机构的协同与合作(包括招收相关专业的博士生等),努力推动交叉学科的融合。

2017 年 12 月,学院根据学校"双一流"建设的部署和要求,制订了学院"双一流"建设实施方案以及优势特色学科建设方案,进一步明确了学科重点发展方向和交叉学科建设方向。

二、研究机构

2008—2017 年,随着情况和人员的变动(包括相关教授、副教授的退休和离职等),有关的院级研究机构也相应地经历了一系列的变化。

2008 年 7 月,学院成立了教育技术研究所,张剑平教授任所长,成员包括李艳副教授等。该研究所整合现代教育技术中心的相关力量,结合"教育技术学专业"博士研究生的培养开展研究工作。

2015 年 11 月 28 日,学校决定成立浙江大学教科书研究中心,行政挂靠单位为教育学院。中心主任由教育学院刘正伟教授担任。

从 2016 年年初开始,学院依托联合国教科文组织和中国教育发展战略学会国际教育专业委员会等多个平台,筹建浙江大学国际教育研究中心,于当年 3 月引进 1 名博士到该中心(筹)开展研究工作。同年 5 月 23 日,新设校级研究机构——浙江大学国际教育研究中心举行揭牌仪式,常务副校长宋永华任中心主任,教育学系吴雪萍教授和刘淑华副教授任副主任。该中心挂靠教育学院,依托教育学系比较教育学专业的师资队伍,以高等教育国际化为主要研究方向。

为规范和完善学院研究机构的管理,学院于 2016 年 10 月 20 日出台了《浙江大学教育学院研究机构管理办法(试行)》(教育学院〔2016〕8 号)。同年 12 月初,为进一步优化组合研究机构,学院对院级研究机构进行了较大的调整和重组,发文撤销了亚洲教育研究中心、民办教育研究中心、维果茨基研究中心、蒙台梭利研究中心、职业与成人教育研究中心、教育技术研究所、文琴学前教育研究所和教育生态研究所等;同时另外发文新成立了 5 个研究机构并任命了负责人:教育研究与评估中心(方展画教授任主任)、数字化学习研究所(张剑平教授任所长)、体育大数据研究所(张辉教授任所长)、学习与认知科学研究中心(徐琴美、金·普伦基特①任主任)和体育产业与健康管理研究中心(郑芳教授任主任)②等。

三、教师结构持续优化

通过引进和培养,学院的师资结构持续优化,日益适应教学、科研和社会服务等方面的需要。

学院教师的学历结构持续改善,新引进的全职教师全部拥有博士学位。至 2016 年年底,具有博士学位的教师占教师总人数比例已达到 67.8%。

经过多方联系和加大投入,学院陆续引进了一批人才(包括高层次的学科带头人和青年教师),逐步打破了学院发展的瓶颈。例如,2008 年 12 月,引进了浙江师范大学原教师教育学院院长、教育技术学专家张剑平教授,他成为学院教育技术学专业的学科带头人,曾担任现代教育技术中心主任,并于 2014 年 11 月担任学院学术委员会第一任主任。2009 年,学院聘请香港教育学院莫家豪博士为讲座教授(他于当年获批教育部"长江学者奖励计划"讲座教授),他不定期来学院授课。2014 年 5 月引进上海体育学院的知名专家张辉到体育学系任教,他于当年成为学校求是特聘教授③。2016 年,学院引进了两位浙江大学"百人计划"④教师,即体育学系于 6 月从新加坡国立大学引进的彭玉鑫及教育领导与政策研究所于 9 月从香港中文大学引进的黄亚婷。2017 年,学院又引进了黄聪和刘超两位新教师。据不完全

---

①　金·普伦基特(Kim Plunkett)是牛津大学教授,2016 年被聘为浙江大学求是讲座教授。

②　2018 年 1 月,浙江大学成功入选首批 16 家国家体育产业研究基地。体育学系周丽君教授和郑芳教授参加了 2018 年 1 月 12—13 日在福建厦门举行的由国家体育总局主办的 2018 年全国体育产业发展大会,教育学院副院长周丽君教授同时代表学校参加国家体育产业研究基地授牌仪式,接受国家体育总局的授牌。

③　2005 年,学校参照教育部"长江学者奖励计划"特聘教授的聘任办法,出台了《浙江大学求是特聘教授岗位制度实施办法》,按照"按需设岗、公开招聘、竞争上岗、合同管理"的机制,每年择优选聘一批求是特聘教授。学校于 2006 年 3 月聘任了首批求是特聘教授 13 人。

④　2014 年 5 月 15 日,学校正式启动国际高水平优秀青年人才引进计划——"百人计划"。该计划每年面向海内外招聘 50 名左右优秀青年学者,对象是具有国际高水平大学助理教授或副教授相当水平的人才,年龄一般在 35 岁左右,能够独立发展一个学术方向,入选后能够全职在岗工作。该计划入选者即聘为研究员并具有博士研究生招生资格。

统计,2011年以来,学院先后引进青年教师10人,引进求是特聘教授1人、教授1人。

在引进人才的同时,学院原有教师的层次和水平也在不断提升。教育学系田正平教授于2014年2月被学校聘为文科资深教授,从而和两院院士一样,进入学校第一层次高端人才"求是讲席教授"(University Professor)的行列。2015年,教育学系徐小洲教授获批学校求是特聘教授,从而进入学校第二层次高级人才"求是特聘学者"(Distinguished Scholar)的行列。经过个人申报和严格的评审,徐小洲教授还于2016年获批成为教育部第16批"长江学者奖励计划"特聘教授。

学院始终坚持引进和培养并举,十分注重培养现有的年轻教师,积极创造条件,使他们更好更快地成长起来。通过鼓励年轻教师积极申报国家留学基金委资助等方式,学院派遣多人次的年轻教师出国留学和进修(为期1~2年)。学院还于2010年1月14日成立了青年教师联谊会,组织各种活动,提升青年教师的素质,帮助他们更快地成长。2010年以来,青年教师中已有14人入选浙江大学"求是青年学者"。

在师资队伍的建设中,学院也得到了学校的各种支持。根据《浙江大学高层次人才培育支持专项计划实施办法(试行)》(浙大发人〔2015〕30号)等文件精神,学院经过认真讨论和研究,推荐教育学系的田正平、徐小洲和体育学系的张辉等3位教授为"直接列入"的高层次人才培育支持专项计划人选;推荐教育学系的吴雪萍,体育学系的于可红和王健,课程与学习科学系的刘正伟和教育领导与政策研究所的顾建民等5位教授为"遴选列入"的高层次人才培育支持专项计划人选,以上人选均通过了学部和学校的审批。以上8位教授分布在学院4个主要的系所,在一定程度上体现了各学科和专业的均衡发展。

至2016年12月,学院部分高层次人才见表6-9。

表6-9　教育学院部分高层次人才一览

人才名称	人员姓名和获批年份
浙江大学文科资深教授	田正平(2014)
"长江学者"特聘教授	徐小洲(2016)
享受国务院特殊津贴专家	张剑平(2009),徐小洲(2010),张辉(2012)
教育部新世纪优秀人才支持计划	刘正伟(2011)

续表

人才名称	人员姓名和获批年份
浙江省功勋教师	田正平(2010)
浙江大学求是特聘教授及讲座教授	张辉(2014)，徐小洲(2015)
浙江省优秀教师	吴雪萍(2014)，王健(2016)
"长江学者"讲座教授	莫家豪(2010)
浙江大学求是讲座教授	安东尼·迈克尔·莫里斯(Anthony Michael Morris,2012)，金·普伦基特(Kim Plunkett,2016)，弗仲·利(Fuzhong Li,2016)
浙江大学永谦讲座教授	罗伯特·罗兹(Robert Rhoads,2011)

2008—2017年，学院又有一批教师先后获得了各种荣誉，为学院和学校增添了新的光彩。据不完全统计，2008年，叶志坚等5位教师获校级优秀教师奖。2009年10月，教育学系王承绪教授荣获浙江大学"竺可桢奖"①。2010年9月，王承绪被评为学校第五届"三育人"标兵②(教书育人标兵)，在评选过程中，他最想对广大师生员工说的一句话是："高举中国特色社会主义伟大旗帜，跟共产党走，为中华民族伟大复兴尽毕生精力！"(亲笔手迹见图6-1)。这充分体现了一位老教育家博大的爱国情怀。2010年，教育学系田正平教授被评为浙江省功勋教师(当年全校仅两人)，享受省部级劳动模范待遇。2014年，课程与教学研究所盛群力教授被评为学校第七届"三育人"先进个人(教书育人先进个人)。2015年9月，教育学系吴雪萍教授被评为浙江省第四届师德标兵(她当时还在浙江省教育工会组织召开的"庆祝第31个教师节暨浙江省第四届师德先进表彰大会"上作为全省的师德先进代表作了典型发言)。2016年9月，体育学系单亚萍副教授被评为学校第八届"三育人"标兵(教书育人标兵)。2017年6月，教育学系肖朗教授被评为浙江大学第五届师德先进个人。2017年11月29日，《中国教

---

① "竺可桢奖"是浙江大学为表彰在教学、科研、管理等方面做出重大贡献的教职工而于2001年6月11日决定设立的最高荣誉奖。

② "三育人"指教书育人、管理育人和服务育人。"三育人"标兵评选活动由学校教代会"三育人"工作委员会、校工会、校团委、学生会、研究生会和博士生会共同举办，两年一届。评选过程包括民主推选、全校师生网上投票、评选工作委员会研究后把获奖人选报学校同意，最后于9月在学校庆祝教师节大会上予以表彰。

育报》公布了当代教育名家名单（全国共 90 人），田正平教授入选。①

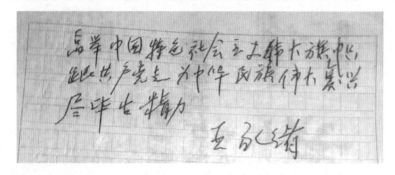

图 6-1   王承绪手迹（2010 年 6 月 1 日下午写于浙江医院病房，时年 98 周岁）

四、科学研究

学院在承担科研大项目方面不断取得突破。2008 年，学院在四校合并后首次领衔承担学校"211 工程"三期项目"人才成长规律与创新型人才培养研究"（参与研究的人员主要有徐小洲、田正平等）；承担教育部政策与法规司的项目"教育优先发展的历史研究"、中国工程院的项目"创新型工程科技人才培养研究"等和国家教育发展密切相关的重大咨询项目。徐小洲主持的"'十二五'时期提升我国高校大学生创业技能战略研究"获 2010 年国家社科基金重点项目资助。2014 年，周谷平主持的"质量导向的义务教育均衡化"入选国家社科基金重点项目。2015 年 12 月 16 日，在由全国教育科学规划办公室组织申报的 2015 年度国家社科基金项目（教育学单列）中，徐小洲领衔申报的项目"经济转型升级中的创新创业教育研究"获批国家重大招标项目立项，由此实现了学院在国家社科基金重大项目方面零的突破，这也成为学院高层次科研项目立项的一个新的转折点。2016 年 3 月 17日，该项目举行了开题报告会，评审专家组一致同意通过开题报告。2017年，周谷平主持的"一带一路与民心相通"入选国家社科基金重大专项。经相关学院推荐、现场答辩、专家评议和公示等环节，2017 年全校共 7 个团队入选浙江大学"大数据＋人文社会科学"创新团队（培育），其中包括教育学

① 此次推选活动由中国教育学会、中国高等教育学会、中国职业技术教育学会、中国教育电视台、中国教育报刊社和人民教育出版社等 6 家单位联合发起，经过专家初评和专家委员会终评等程序评定。

院体育学系张辉教授负责的"体育大数据创新团队"(培育)。2008 年至 2017 年学院的科研项目和成果见表 6-10,科研成果获奖情况见表 6-11。

表 6-10　2008—2017 年学院科研情况统计

年份	省部级获奖	论文					专著	编著等	省部级以上项目	科研经费(万元)
		权威	一级	SSCI	EI	SCI				
2008	5	19	52	1			23	22	7	515.32
2009	6	15	43				9	16	16	643.31
2010		8	39	2	1		12	8	20	706.66
2011	8	7	27	2		2	11	8	21	985.50
2012	4	12	34	7	2		12	9	15	1115.58
2013	3	6	34	5	1		14	13	21	800.54
2014	4	12	37	7	3		19	6	11	515.91
2015	7	7	27	7	4	2		14	13	671.86
2016	6	8	27	10			6	12	14	980.58
2017	2	8	34	8	1	4	11	8	12	1226.99

表 6-11　2008—2017 年学院重要科研成果获奖情况一览

奖项名称	获奖成果名称	奖励级别	第一获奖人	获奖年份
教育部高等学校科学研究优秀成果奖(人文社会科学)	中国高等教育百年史论——制度变迁、财政运作与教师流动	二等奖	田正平	2009
	中国教育早期现代化问题研究——以清末民初乡村教育冲突考察为中心	二等奖	田正平	2013
	运动竞赛关键时刻的"发挥失常":压力下"Choking"现象	二等奖	王　进	2013

续表

奖项名称	获奖成果名称	奖励级别	第一获奖人	获奖年份
全国教育科学研究优秀成果奖	读书·修身·治家——《曾国藩日记》阅读札记	一等奖	田正平	2016
	中外教育交流史	二等奖	田正平	2011
	教育实验学	二等奖	刘　力	2011
	自由与责任——西方大学终身教职制度研究	二等奖	顾建民	2011
	网络学习及其适应性学习支持系统	二等奖	张剑平	2011
	高校创业教育体系建设战略研究	二等奖	徐小洲	2016
	概念的寻绎:中国当代课程研究的历史回顾	二等奖	刘　徽	2016
	Teaching Science in Out-of-school Settings: Pedagogies for Effective Learning	二等奖	翟俊卿	2016
国家体育总局体育哲学社会科学研究优秀成果奖	清末民初中国武术社团文化研究	二等奖	林小美	2011
浙江省哲学社会科学优秀成果奖	中国高等教育百年史论——制度变迁、财政运作与教师流动	一等奖	田正平	2008
	政府与市场——高等教育财政政策研究	一等奖	杨　明	2009
	中国教育早期现代化问题研究	一等奖	田正平	2012
	中国近代大学的现代化转型——移植、调适与发展	一等奖	周谷平	2014
	马克思主义教育思想的中国化历程——选择·融合·发展	二等奖	周谷平	2009
	自由与责任——西方大学终身教职制度研究	二等奖	顾建民	2009
	学校建筑:教育意蕴与文化价值	二等奖	邵兴江	2014
	认知风格影响课堂学习行为机制初探——基于跨文化比较研究的视角	二等奖	程宏宇	2014
	大学生创业技能发展战略研究	二等奖	徐小洲	2016
	当代体育社会心理探索——从理论到实践	二等奖	王　进	2016
	欧洲国家资格框架:演变、特点与启示	二等奖	吴雪萍	2017

　　其中,田正平和商丽浩两位教授的《中国高等教育百年史论——制度变迁、财政运作与教师流动》于 2008 年和 2009 年分别获得浙江省第 14 届哲学社会科学优秀成果奖一等奖和教育部第 6 届高等学校科学研究优秀成果奖二等奖(人文社会科学)。该书是教育部人文社会科学"十五"规划课题研究成果,由人民教育出版社出版,它以专题的形式深入阐述了百年来中国高等教育发展史上的几个重大问题。

　　2017 年 11 月 10 日,学校在紫金港校区召开会议,正式启动《浙江大学史》编撰与研究项目,校长吴朝晖和副校长罗卫东为新成立的浙江大学校史研究中心揭牌。学校聘请教育学院田正平教授担任《浙江大学史》编撰与研究项目总课题负责人,同时任命田正平为校史研究中心主任(几位副主任中包括教育学院的刘正伟教授)。吴朝晖于 2015 年 3 月担任校长以后,多次指示有关部门聘请专家认真梳理 1998 年四校合并以来浙江大学的发展历程,同时亲自推动《浙江大学史》的编撰和研究工作。2017 年 8 月 17 日,校党委常委会专题审议并通过了由学校档案馆提交的《〈浙江大学史〉编写工作方案》。《浙江大学史》课题研究周期为 4 年,总课题下面包括 7 个子课题项目(7 卷),研究范围涵盖 1897 年至 2017 年的浙江大学历史。子课题的七位负责人分别来自教育学院和人文学院等单位(其中,教育学院刘正伟教授是第二卷"国立浙江大学卷"的负责人;教育学院汪辉副研究员是第三卷"浙江大学卷"的负责人;教育学院赵卫平副教授是第七卷"新浙江大学卷"的主要参加者)。预计主要成果包括《浙江大学史》(7 卷本)、《浙江大学史料选编》(7 卷本)和《浙江大学简史》(单卷本)等。学校专门成立了《浙江大学史》编撰工作领导小组,学校党委书记邹晓东和校长吴朝晖担任组长。这样正式和完整地编撰学校历史,在浙江大学还属首次。

　　此次教育学院田正平等多位专家学者参与《浙江大学史》的编撰和研究,将为学校的人文科学研究等做出独特的贡献,同时也将进一步深化中国高等教育史的研究工作。

　　为营造良好的学术氛围,进一步繁荣学术文化,学院学术委员会决定自 2016 年起每年举办一届"教育学院年度学术周"活动(活动安排在每年 5 月校庆期间举行)。在活动中,以主题展板的形式呈现近年来学院所取得的学术成果与进展,并以各系(所)为单位组织多场学术沙龙和讲座。2016 年和 2017 年的学术周活动都已如期举行。

第五节　对学校的支撑与服务

一、承担决策咨询研究工作

高等教育研究所一如既往地继续承担学校有关政策实施的事前调研和事后评估工作(学校则每年拨出专款给予经费保障)。仅 2015—2017 年,高等教育研究所就完成了六项学校及其下属部门相关政策调研和评估工作(见表 6-12)。

表 6-12　高等教育研究所承担学校相关政策调研和评估工作一览

序号	名称	负责人	委托部门	年份
1	浙江大学教师分类管理评估报告	汪　辉 王莉华	浙江大学	2015
2	浙江大学基层教学组织现状调研	汪　辉 张　佳	浙江大学本科生院	2015
3	新高考背景下浙江大学的招生对策	汪　辉	浙江大学	2016
4	浙江大学本科毕业论文质量评估	汪　辉	浙江大学本科生院	2017
5	浙江大学课程考核质量评估	汪　辉	浙江大学本科生院	2017
6	浙江大学课程助教需求调研	王莉华	浙江大学本科生院	2017

二、参与学校教育教学信息化建设工作

2008—2017 年,教育信息化技术飞速发展。现代教育技术中心紧跟时代步伐,一如既往地继续做好学校教育教学信息化方面的技术服务和保障工作。

随着学校教育事业的不断拓展,现代教育技术中心提供日常技术服务和负责维护工作的多媒体教室的数量也不断增加,2010 年达到 350 多个,2016 年达到 398 个,它们分布在 7 个校区。

在学校未来教室的建设规划、在线课程平台建设和优质资源课程的建设、积累等方面,现代教育技术中心承担了主导作用。2011 年起,该中心完成国家(教育部)精品视频公开课"当代中国社会建设"等多门课程的制作,完成学校"教学理论与设计"等几十门申报"国家级精品资源共享课"课程的

全程教学录像等工作,使这些课程最终顺利入选国家级精品资源共享课。2012年起,该中心启动了智慧教室的建设(玉泉校区教七大楼304教室)、体验教室的建设和医学院智能教室的建设等工作,并逐年推进。2013年起,该中心开始进行实时异地互动教学的尝试,这方面已完成的工作包括:大学为中学开设先修课(浙江大学和湖州中学)、跨校区开课(玉泉校区—紫金港校区)、五校协调授课(浙江大学、上海交通大学、西北工业大学、华南理工大学和浙江工业大学)等。2014年起,该中心开始参与"中国近现代史纲要"等多门大规模在线课程即"慕课"(MOOC)的拍摄和制作工作。

中心还圆满完成了学校的许多重要任务,例如学校申报国家级教学成果奖电视专题片的制作、参与学校对新教师的培训工作、中央电视台重要节目在各校区的收视转播、各类招生工作现场的拍摄、各种大型活动的现场录播等。

三、开展校园体育活动

在群众体育活动方面,公共体育部于2010年6月被省体育局授予"浙江省非奥项目发展培训基地(2010—2015)"称号。根据省体育局的要求,公共体育部积极推动非奥项目群众性体育活动的开展。2010年11月12日,学校举行"阳光冬季长跑"启动仪式,旨在增强师生身体健康。此外,公共体育部还和校团委、校学生会等联合主办或单独承办学校学生"三好杯"羽毛球赛、"三好杯"三棋比赛(即象棋、围棋和五子棋比赛)、"三好杯"乒乓球赛、"三好杯"足球赛、"三好杯"篮球赛、"三好杯"排球赛、"三好杯"游泳赛、"三好杯"健美操赛、"三好杯"网球赛等。

四、进行军事理论和形势方面的教育

军事理论教研室的老师除了承担学校的一般教学任务以外,继续为全校学生(特别是本科生)开设各种讲座,对他们进行形势等各方面的教育。例如,由中国特色社会主义理论体系研究会主办的系列讲座之"从钓鱼岛问题看大国博弈"于2012年10月18日晚在紫金港校区西1—103大教室举行,军事理论教研室党支部书记沈莉萍老师担任主讲,200多名学生聆听了讲座;2013年9月18日晚,沈莉萍老师又在紫金港校区为本科生开设讲座,题为"当前东亚局势与中国的战略选择";陈昆福副教授一直担任校级学生社团——国防协会的指导教师,并为学生不定期地开设了多场讲座。

第六节　境外交流与社会服务

国际化是学院发展长期坚持的基本方向,也是学院发展的重要驱动力。学院不断搭建新的平台,拓展境外交流的范围。因成绩显著,经学校社会科学研究院批准,教育学院荣获 2010 年度学校人文社会科学国际化推进奖;学院常务副院长徐小洲荣获 2011 年度学校人文社会科学研究先进个人——国际化推进奖(全校共 3 人)。① 学院还勇于担当相应的社会责任,坚持提供精品化、特色化和优质化的社会服务,努力发挥教育决策咨询智库的作用。

一、境外交流

(一)进一步拓展境外合作

2008 年,学院分别和丹麦罗斯基尔德大学(Roskilde University)、意大利博洛尼亚大学(Bologna University)教育学院、俄罗斯圣彼得堡大学国际关系学院及我国香港教育学院等建立了合作关系。2009 年,学院和澳大利亚西澳大学教育学院、学院的教育学系分别同澳大利亚西澳大学教育领导与管理系及我国台湾暨南国际大学比较教育学系新建了合作关系。2010 年,学院先后和日本岛根大学、意大利慈幼会大学教育学院、韩国首尔国立大学教育学院等签订了合作协议。2011 年 4 月,学院和我国香港教育学院正式签署了学术合作协议以及学生交流项目协议书;根据协议,在以后 3 年内,双方在学术科研项目研究、师生互换交流、师资培养、举办学术会议、图书文献数据及学术信息交流等方面开展合作。2011 年,学院的体育学系和美国北爱荷华大学体育学系签订了学术交流与合作协议。2015 年,学院和法国 GIMCA 管理有限公司签订合作谅解备忘录,同意就搭建创业教育合作平台、设立创业教育项目、培养创新创业人才和互通学术信息等方面开展合作。据统计,2011 年至 2016 年 3 月,学院和美国、英国、日本、韩国、泰国等国家以及我国香港等地区的高校或研究机构等共签订合作协议 9 项。

2016 年 8 月,学院和美国夏威夷大学马诺阿分校(University of

---

① 见浙江大学校长办公室《关于表彰 2011 年度人文社会科学研究先进集体和先进个人的通报》(浙大校办〔2012〕1 号,2012 年 1 月 9 日)。

Hawaii,Manoa,UHM)教育学院签署了"3＋2"双学位项目协议,该协议包括教育管理等多个专业,入选的学生在浙江大学教育学院学习3年,在夏威夷大学马诺阿分校教育学院学习2年,达到相关要求后可获得浙江大学的学士学位和夏威夷大学的硕士学位。2016年,学院还和新加坡南洋理工大学新加坡华文教研中心签署了合作备忘录,以推进双方合作招收与培养博士生。2017年,学院和英国伯明翰大学教育学院实施本科生"2＋2"双学位项目,具体实施方案已经开始对接。2017年10月,学院和加拿大多伦多大学安大略教育研究院(Ontario Institute for Studies in Education,OISE)签署了合作谅解备忘录,计划开展全面合作(包括本科生硕士生学位衔接、全英文课程开设、博士生联合培养等)。2017年,学院还分别和英国牛津大学圣休学院(St Hugh's College,Oxford)、俄罗斯高等经济大学教育研究院签署交流合作备忘录。此外,学院和美国的加州大学洛杉矶分校(UCLA)、威斯康星大学麦迪逊分校(UW-Madison)稳定实施博士生联合培养项目。

经过评估和审核,联合国教科文组织于2010年2月正式批准在浙江大学设立"创业教育"教席。[①]当年7月,校长杨卫和教育学院常务副院长徐小洲飞赴位于法国巴黎的联合国教科文组织总部签署相关协议,由徐小洲正式担任"创业教育"教席主持人和创业教育讲座教授。2014年,该创业教席顺利通过联合国教科文组织的评估,进入第二期发展建设阶段。

2010年暑假,受意大利特伦托大区政府资助,学院举办了三期"国际暑期学校",来自意大利的特伦托大学、博洛尼亚大学和威尼斯大学等高校的学生参与活动。

2013年,学院分别成为联合国教科文组织亚太地区教育研究机构网络(ERI-Net)成员及指导委员会成员和联合国教科文组织亚太地区创业教育网络(Entrepreneurship Education Network,EE-NET)中国国家网络中心(National Chapter)。2014年11月26日,联合国教科文组织中国创业教育联盟成立大会在杭州举行。该联盟由联合国教科文组织亚太地区教育局根据《联合国教科文组织创业教育联盟章程》的规定设立,旨在共同打造中国创业教育合作平台,浙江大学为该联盟主席单位,由教育学院院长徐小洲任联盟主席。该联盟包括海归创业联合会、文化创业促进会、中国大学生创业促进会和创业学院等四大板块,通过举办创业教育国际研讨会、开设创业大讲堂、组织创业沙龙和公益性活动等,将不断提高教育学院在创业教育领域

---

① 浙江大学是当年中国唯一获批联合国教科文组织教席的单位。

的引领度和影响力。2016 年 6 月 17 日,在 20 国集团智库会议(T20)举办的"创新、新经济与结构改革"国际会议期间,联合国教科文组织浙江大学创业教育教席和联合国教科文组织亚太地区教育局、联合国教科文组织北京办事处等 8 个单位共同签署了《全球创业教育绿色发展杭州行动倡议》,共塑全球创新创业教育理念和愿景。为进一步推进创业教育的深入开展,联合国教科文组织浙江大学创业教席还于 2016 年和国际著名出版集团——德国的斯普林格出版社(Springer)合作,创办了亚太地区首份创业教育英文学术期刊《国际创业教育》(*International Journal of Entrepreneurship Education*,国际连续出版物编号为:Print ISSN 2520-8144,Electronic ISSN 2520-8152),由徐小洲教授任主编。通过以上各种举措,学院不断推进"以我为主导"的聚合型国际合作。

随着和联合国教科文组织的联系不断加强,学院不断提升了学院的国际学术影响力,增强了国际学术话语权。

学院不仅自身不断拓展境外合作,而且还积极鼓励和派遣教师出国任职,为学校和国家层面的国际教育合作做出了贡献。2012 年 11 月,汪利兵教授经过竞聘,从全世界 300 多名候选人中脱颖而出,赴泰国曼谷正式出任联合国教科文组织亚太地区教育局 P5 级高级官员,主管高等教育和亚太地区教育创新为发展服务计划。在近 5 年的工作中,汪利兵教授为我国在教育多边国际合作领域做出了贡献。也是在 2012 年,褚献华副教授经学院和学校选拔推荐,由国务院国家汉语推广领导小组办公室派遣至澳大利亚西澳大学孔子学院①任首位中方院长,2017 年年底卸任回国。在褚献华任职期间,西澳大学孔子学院被授予"先进孔子学院"称号。在褚献华离任之际,西澳洲"澳中友好协会"为表彰褚献华对澳中友谊所做出的贡献,向他颁发了"友谊奖",西澳中文教师协会也向他颁发了首个"感谢奖"。2015 年 9 月至 2017 年 8 月,张文军副教授受学校的委派,赴英国伦敦担任浙江大学驻英国办事处主任,主要负责引才引智、对外宣传、联络校友、拓展海外办学资源、传递海外合作信息等工作。

徐小洲教授因为在促进学院和意大利有关大学等机构的教育合作等方面贡献突出,于 2009 年荣获意大利政府颁发的功勋奖章。

---

① 该孔子学院于 2005 年 5 月 20 日成立,由西澳大学、中国教育部国家对外汉语教学领导小组和浙江大学合作创办,是大洋洲地区第一所孔子学院。

(二)境外互访交流

学院继续广泛开展和境外高校等有关机构全方位交流的活动,内容包括组织和参与国际会议、访学研究、学术交流、科研考察、体育文化交流、学生海外游学、联合培养学生等。学院先后派遣代表团出访美国的南康涅狄格州立大学、耶鲁大学,日本的国立岛根大学、韩国的首尔国立大学和泰国的朱拉隆功大学等。体育学系也曾于2009年派遣教师代表团访问德国科隆体育学院。据不完全统计,2008—2017年,学院每年都有数十人次到上百人次的师生出境进行学术交流或考察(其中,2011年至2016年3月出境583人次;2014年有171人次出访21个国家和地区,为历年最高值);学院同时也邀请境外的专家和大学师生来学院访问,每年的来访人数从数十人次到上百人次不等(其中,2011年至2016年3月接待境外来访专家798人次;2010年有来自31个国家和地区的424人次到访,为历年最高值)。2011年,学院派出学生代表参加"韩国首尔国立大学·中国浙江大学亲善足球交流赛"和第10届亚太篮球邀请赛等国际交流活动。2015年,学院作为中国创业教育联盟主席单位首次组织了"2015欧洲创业夏令营",来自浙江大学、东北师范大学和温州大学的17名师生赴意大利和法国的高校、企业和社会文化机构学习。2016—2017年,学院连续两年组织"美国创新创业教育夏令营",选拔部分本科生、硕士和博士研究生(共约30人)去美国加州大学洛杉矶分校、纽约福特汉姆大学和夏威夷大学马诺阿分校等高校开展为期数周的学习交流活动。该夏令营项目由徐小洲教授担任指导。2016年学院组织了"暑期泰国合作夏令营""暑期韩国首尔国立大学(SNU)合作夏令营"和"美国伊利诺伊大学及北爱荷华大学学术访问"等各种学生短期海外交流活动。2017年8月下旬,学院组织师生访问团赴泰国进行文化交流(2017年暑期浙江大学教育学院泰国营)。此外,学院还组织了联合国教科文组织等国际组织志愿实习生项目,为学生更多地搭建国际化学习平台。2014年至2017年,学院本科生境外交流率达到了65%。

学院每年主办、承办或联合举办多次国际学术会议(其中2014年至2017四年间超过了20次)。其中重要的有:2010年10月8—10日,由浙江大学等单位主办、浙江大学教育学院承办的"庆祝王承绪教授百岁华诞国际学术研讨会"在杭州之江饭店举行,与会的国内外专家学者围绕"比较教育学科建设""高等教育均衡发展"和"王承绪比较教育思想"等专题开展了深入的研讨。2016年5月21—22日,由联合国教科文组织浙江大学创业教育教席、联合国教科文组织中国创业教育联盟和浙江大学教育学院主办的

"经济转型与创业教育国际研讨会"在浙江大学举行,来自联合国教科文组织,中、英、美、韩、沙特等国内外大学,研究机构和企业的40余位专家学者出席会议。2017年10月28—30日,由联合国教科文组织中国创业教育联盟等单位主办、浙江大学教育学院等单位承办的"创业教育生态系统建设国际研讨会暨联合国教科文组织中国创业教育联盟2017年年会"在杭州举行,与会的国内外专家和高校创新创业教育工作者围绕以下三个主题进行了深入的研讨:"创业教育生态系统的理论发展与建设路径""各利益相关者的角色与使命""专业教育与创业教育的融合"。

(三)聘请境外专家担任专(兼)职教师

国际化的师资队伍是衡量一所大学国际化水平高低的一个重要指标。2008年7月,学院首次全职聘任韩国籍女教师宋吉缮博士[①]为教育学系比较教育学专业的副教授,同年还聘任美国俄勒冈大学(University of Oregon)副校长张春生博士等为客座教授。2010年,学院聘请美国马萨诸塞大学波士顿分校(University of Massachusetts, Boston)教育领导系系主任严文蕃博士为客座教授,聘请韩国籍教授禹龙济[②]为长期外国专家等。2011年,经学校批准,学院分别聘请美国加州大学洛杉矶分校的高等教育研究专家罗伯特·罗兹(Robert Rhoads)教授为浙江大学永谦讲座教授,聘请联合国教科文组织亚太地区教育局局长金光祚教授和英国阿森纳足球俱乐部主教练亚森·温格为客座教授,聘请美国印第安纳大学罗伯特·阿诺夫等7位教授为外国短期专家等。2012年,经学校批准,学院聘请澳大利亚悉尼大学安东尼·迈克尔·莫里斯(Anthony Michael Morris)为学校求是讲座教授,聘请美国威斯康星大学托马斯·波普克威兹(Thomas S. Popkewitz)等6位教授为外国短期专家。2016年,经学校批准,学院聘请牛津大学金·普伦基特(Kim Plunkett)教授为学校求是讲座教授;之后3年内,他每年来教育学院2~3个月,和学院教师合作开展科学研究。2017

---

① 宋吉缮(Gilsun Song)在学院任教期间曾担任硕士研究生导师和教育学系比较教育学教研室主任,2010年3月起任教育学院院长外事助理,参与和承担了学校和学院的多项对外交流工作。因为成绩突出,她荣获2012年度浙江省人民政府颁发的"西湖友谊奖"(该奖项是浙江省人民政府为表彰外籍专家在浙江省经济建设和社会发展中所做出的突出贡献和奉献精神而设立的最高奖项,它于1997年开始设立,每年评选一次,2012年度有30人获奖)。她在和浙江大学教育学院签订的工作合同于2017年6月30日到期后离职回国。

② 禹龙济曾任韩国首尔国立大学教育学院副院长。

年,联合国教科文组织终身学习研究所所长阿恩·卡尔森博士(Dr. Arne Carlsen)受聘担任教育学院客座教授。

二、社会服务

(一)为教育和体育事业的发展提供智力支持

2010年3月,应丽水市教育局邀请,学院和该局签约,合作编制《丽水市"十二五"教育改革与发展规划》。刘力教授任规划研制组组长,吴华教授任首席专家,邵兴江等教师参与,该项目于2011年完成。2010—2011年,高等教育研究所王爱国副教授和汪辉副教授等受浙江省青田县教育局委托,参与编制《青田县"十二五"教育规划》。此外,学院的部分教师还担任了一些社会兼职,为国内外教育和体育事业的发展出力,详见表6-13。

表6-13　学院教师部分社会兼职一览

姓名	组织名称	兼职职务
田正平	中国教育学会教育史分会	名誉理事长
田正平	中国地方教育史志研究会	副理事长
肖　朗	中国教育学会教育史分会	副理事长
赵卫平	中国教育学会教育史分会	理　事
周谷平	国务院教育督导委员会	第10届国家督学
周谷平、方展画	浙江省教育学会	副会长
周谷平	教育部教育专业学位研究生教育指导委员会	委　员
张剑平	中国教育技术协会	常务理事
张剑平	中国教育技术协会信息技术教育专业委员会	主　任
张剑平	浙江省高等教育学会教育技术专业委员会	理事长
董　榕	中国教育技术协会	理　事
盛群力	中国教育学会教学论专业委员会	常务理事
盛群力	中国教育学会课程专业委员会	常务理事
吴雪萍	中国教育学会比较教育分会	常务理事
吴雪萍	中国教育发展战略学会国际教育专业委员会	常务理事兼副秘书长

续表

姓名	组织名称	兼职职务
吴雪萍	亚洲职业技术教育学会	理事
刘正伟	中国高等教育学会语文教育专业委员会	副理事长
刘正伟	中国教育学会教学论专业委员会	常务理事
刘正伟	浙江省人民政府教育督导委员会	督学
魏贤超	全国教育学研究会德育学学术委员会	副主任委员（副理事长）
徐小洲	教育部高等学校教育学专业教学指导委员会	委员
徐小洲	联合国教科文组织中国创业教育联盟	主席
徐小洲	浙江省人民政府教育督导委员会	督学
徐小洲	浙江省高等教育学研究会	理事长
徐小洲	浙江省教育学类专业教学指导委员会	主任委员
徐小洲	浙江省创新创业教学指导委员会	副主任委员
周谷平、徐小洲	杭州市人民政府决策咨询委员会	委员
顾建民	中国高等教育学会高等教育学专业委员会	常务理事
顾建民	中国高等教育学会院校研究分会	常务理事
顾建民	浙江省高等教育科学研究专业委员会	副理事长
吴华	中国教育学会教育政策与法律研究分会	常务理事
吴华	中国民办教育协会	常务理事
阚阅	中国教育学会比较教育分会	理事
阚阅	联合国教科文组织"亚太地区教育革新为发展服务计划"浙江大学联系中心	主任
阚阅	全球大学创新联盟亚太中心秘书处	执行秘书
张辉	国际体育计算机科学协会	秘书长
于可红	国务院学位委员会全国体育专业学位研究生教育指导委员会	委员
于可红	中国体育科学学会学校体育专业委员会	常务委员
于可红	中国教育学会学校体育研究会	理事

姓名	组织名称	兼职职务
于可红	浙江省体育科学学会学校体育专业委员会	主　任
周丽君	世界休闲组织	理　事
周丽君	世界休闲体育协会	常务理事
汪　辉	中国高等教育学会高等教育学专业委员会	理　事
汪　辉	浙江省高等教育科学研究专业委员会	秘书长

(二)地方合作

在地方合作方面,学院不断拓展合作对象,既和地方的教育局开展合作,也和企业、重点中学以及研究机构等开展合作。

除了继续实施和宁波市江东区教育局的全面合作、和绿城集团的人才培养合作等重大项目之外,2008年,学院和杭州市下城区教育局签署并开始实施全面合作协议。当年12月27日,学院与下城区教育局在京都教育集团京都校区和杭州光明中学正式签订教育教学研究合作协议,共建实验学校。和下城区教育局的合作扩大了学院在下城区教育界的影响。

2009年1月,学院和宁波市北仑区教育局签订了为期三年的合作协议,合力打造"北仑教育现代化强区",并在北仑区正式挂牌"浙江大学北仑教育研究基地";学院和杭州市启元教育咨询有限公司签订了合作协议。同年12月,学院和宁波市江东区教育局的合作成果"全民优质教育均衡发展的理论与实践"丛书(6卷本)由山东教育出版社正式出版,包括周谷平老师等人的《全民优质教育均衡发展的区域探索——基于宁波市江东区的实践》、杨明老师等人的《价值与选择:区域教育综合评价研究》、吴华老师等人的《从"差距合作"到"差异合作"——宁波市江东区学校合作的创新实践》、李艳老师等人的《以教育信息化促进教育均衡发展——宁波市江东区的实践与思考》、刘正伟老师等人的《学校文化建设:特色与品牌》和盛群力老师等人的《走近五星教学》。

2010年4月28日,学院和宁波市江东区教育局的重大合作课题"全民优质教育均衡发展的区域探索"成果鉴定会在宁波市江东区顺利举行。

2011年6月15日,学院再次和下城区教育局签订合作协议。当年12月,由学院常务副院长徐小洲和下城区教育局党委书记周培植主编的《基础教育体制创新——杭州下城区的实践研究》一书由浙江大学出版社出版,它是双方合作的成果之一。同年12月,学院和湖州市教育局签订了为期三年的合作协议。

2013 年 3 月,学院和杭州国际城市学研究中心签订了为期一年的合作协议,双方共建"城市教育"研究平台,联合培养城市学研究人才,共同开展城市学的研究。同年 4 月,学院和下城区教育局签署新一轮为期三年的全面合作协议(2013—2016 年),双方围绕教育干部队伍、实验基地、数字校园和教育品牌等四个方面的建设开展深入合作,依托教育学院的著名品牌和在人才、学科、管理、培训等方面的优势,本着"优势互补、资源共享、务求实效、互利共赢"的原则,合力推进下城区教育现代化的发展。2013 年 8 月,学院和宁波市北仑区的合作成果"区域教育现代化实践探索"丛书(6 卷本)由浙江大学出版社正式出版,包括阎亚军老师等人的《北仑模式:区域教师专业发展探索》、肖龙海老师等人的《北仑经验:区域推进综合实践活动课程研究》、刘华老师等人的《北仑范式:区域推进式农村学前教育发展模式探索》、杨明老师等人的《北仑机制:区域基础教育质量评价研究》、于可红老师等人的《北仑策略:区域推进体艺特色学校建设研究》和张文军老师等人的《北仑实践:区域推进学校文化建设研究》。

2015 年,学院和杭州萧山中学开展合作,于当年 6 月建立浙江大学教育学院萧山中学研究基地。根据协议,双方在 2015—2018 年围绕办学经验和发展理念、学科课堂教学范式、课程建设、智慧课堂、教师专业发展、学生成长与生涯规划指导等六个方面开展深入研究,促进萧山中学的内涵建设和特色发展。学院还积极参与浙江大学和杭州市的市校战略合作,于 2015 年 9 月和杭州市共同建立了"杭州终身学习研究中心",重点探索终身学习、创新创业、文化融合以及信息技术等要素在城市发展过程中的作用等。

为进一步促进学院和地方合作项目的有序进行,学院于 2016 年 11 月 7 日出台了《浙江大学教育学院与地方合作项目管理办法(试行)》(教育学院〔2016〕9 号)。

2017 年 1 月 6 日,学院和杭州市高新区(滨江)教育局签署合作办学协议,共建浙江大学教育学院附属学校。根据该协议,双方将通过 5 年时间,把附属学校办成教育质量一流的示范学校。附属学校为财政全额拨款事业单位,设计规模为 36 个班的初中,计划于 2018 年秋季招生。签约时,附属学校的用房已在建设中。双方决定成立附属学校合作办学领导小组及办公室,教育学院院长徐小洲和滨江区教育局局长陈玉棠任领导小组组长。双方还决定组建专家团队,方展画教授任首席专家。同年 3 月 10 日,滨江区教育局发布公开招聘附属学校校长的公告,面向全国招聘校长 1 名。领导小组办公室自3月15日起陆续分期编辑发布了《附属学校工作简报》。5月27日,附属学校办学方案咨询会召开,来自京、沪、苏、浙四省市的专家在会上对方案提出了中肯的意见和建议。浙江省教育厅副厅长韩平到会并讲话,他充分肯定了教育学院和高新区(滨江)教育局的合作,希望切实办好附属学校,在未来不仅引领高新区(滨江)的基础教育,还要能够引领杭州市乃至浙江省的基础教育。高新区(滨江)教育局和教育学院的领导等也参加了咨询会。7月10日,附属学校情况进展汇报会召开,方展画教授在会上代表专家团队向附属学校领导小组汇报了半年来的工作,与会人员(包括附属学校校长欧自黎)就下一步的工作安排进行了讨论。9月11日,附属学校办学方案审定会召开,省市有关专家对方案的可行性和创新性进行了论证,并对进一步改进和完善该方案提出了意见和建议。

(三)继续教育

这一时期,学院继续承担了各种培训任务。

2011年5月12日,学院常务副院长徐小洲和浙江大学继续教育学院(远程教育学院)院长阮连法签署了《浙江大学教育学院—浙江大学继续教育学院合作办学协议》。根据该协议,双方合作组建了浙江大学教师教育培训中心和浙江大学教师教育学习中心,分别采用面授和远程在线学习等形式进行教师教育培训和学历教育。浙江大学教师教育学习中心由教育学院院长助理赵卫平任主任。该中心主要进行远程学历教育,开设学前教育专业(包括高中升专科和专科升本科两个层次),2011年秋季首次招生112人(主要是幼儿园教师),2012年新招生11人。为保证学前教育专业的教学工作顺利进行,2011年学院还组建了学前教育专业教学委员会,由赵卫平任主任。该委员会的工作对继续教育学院(远程教育学院)负责。根据形势的变化(高校全日制学生的招生数量逐年增加,远程教育的生源逐年减少),教师教育学习中心在几年前已停止招生,至2017年夏,所有在读学生已全部毕业(或离校),该中心也已完成了自己的历史使命。

2013年,学院获批开始承担浙江省"十二五"中小学浙派名师名校长培养工程培训项目。同年4月9日,学院教育学系和教育领导与政策研究所等单位首批承办的初中名校长培训班、高中名校长培训班和高中语文名师培训班联合举行开班典礼。60位省内名校长和名师在学院参加了为期两年的在职高级研修,后均按期结业。2014年,教育学系连续第二年申报并获批承办以上培养工程的初中名校长培训班,19位省内初中名校长参加了为期两年的培训并按期结业。

2013年12月17日,学院发文(教育学院〔2013〕5号),决定根据继续教育工作的需要成立教育学院教育领导力研修中心。该中心成立后,和深圳市宝安区教育局、青岛市市北区教育局建立了长期合作关系,重点开发了提升"教育领导力"方面的培训项目(包括"青岛市市北区现代学校管理教育领导力提升研修"等),举办了"好教育"系列高级研修班。2014年12月24日,学院发文(教育学院〔2014〕12号),决定根据继续教育工作的需要成立教师教育研修中心,承担省培项目以及其他省内外教师培训项目等。

2014年,学院开始连续承办省培项目"微课制作与翻转课堂的教学应用",至2016年已成功举办了6期,学员报名踊跃,社会反响良好。

2016年度,学院承办各类培训项目69项(包括省培项目),同比增长3%;培训学员5317人次,同比增长16%;培训经费逾914万元。

2017年度,学院共承办教师类培训项目65项,同比下降5.8%;培训学员5869人次,同比增长4.2%。学院继续教育培训的项目数量递减,培训费用递增,项目效益提升,契合了学校关于继续教育实现"品牌化"和"高端化"的改革取向。

以上培训项目在取得良好社会效益的同时,也创造了可观的经济效益。据统计,2011年1月至2016年3月,学院继续教育培训项目共160余项,培训10400余人次,结算经费累计达2528万元。

为进一步规范继续教育培训工作,学院先后于2016年12月31日和2017年12月28日两次发文,对原有的《浙江大学教育学院继续教育培训管理规定》进行了修订。

第七节　校友工作

学院历来重视校友工作,近几年来更是不断加强和广大校友之间的联系,一方面做好校友的服务工作,另一方面也不断促进学院自身的发展。

一、校友代表大会和校友分会

2011年5月21日①,浙江大学校友总会教育学院校友分会成立大会暨

---

① 2004年起,依据求是书院开学日(1897年5月21日)及国际惯例,浙江大学决定每年5月21日为校庆日。此前,学校有关部门曾把4月定为校庆活动月。

首届理事会一次会议在西溪校区隆重举行,数十位校友出席了大会。大会通过了《浙江大学校友总会教育学院分会章程》,选举了首届理事会理事。常务副院长徐小洲当选为校友分会会长。理事会聘请浙江省副省长郑继伟、浙江省政协副主席徐辉和联合国国际学校创始人姚文琴女士等三位校友为名誉会长,聘请原浙江省教育委员会主任邵宗杰等校友为顾问。校友分会的成立揭开了教育学院校友工作史上新的一页。同年,学院的发展联络工作正式起步。

2014 年 5 月,学院校友分会理事会召开扩大会议,80 余位校友代表与会,共庆母校建校 117 周年,同时为学院发展献计献策。

2016 年 5 月 22 日,教育学院校友分会第二届校友代表大会暨理事会二届一次会议在西溪校区田家炳书院隆重举行。学院院长、校友分会会长徐小洲在大会上作了校友分会首届理事会的工作报告,大会审议并通过了《浙江大学校友总会教育学院分会章程(修订稿)》,选举了新一届理事会理事(110 人)。徐小洲再次当选为校友分会会长。理事会聘请浙江省副省长郑继伟,联合国国际学校创始人姚文琴和全国政协副秘书长、民盟中央副主席徐辉为名誉会长,聘请原中国美术学院党委书记毛雪非等 6 位校友为顾问。与此同时,学院还举办了内容丰富的校庆月活动,包括开展"2016 年学术周"活动等。

2017 年 5 月 21 日下午,教育学院庆祝浙江大学 120 周年华诞大会暨教育学院校友分会第二届理事会第二次会议在西溪校区体育综合馆隆重举行,教育学院海内外校友和在校师生 500 余人参加。在大会上,学院院长、校友分会会长徐小洲作了校友分会的工作报告,随后大会举行了捐赠仪式和文艺表演。与此同时,学院还举办了内容丰富的校庆月活动,包括召开多场国际研讨会和组织"2017 年学术周"活动等。

二、院(系)庆和各类校友活动

2012 年 5 月 20 日,体育学系建系 60 周年庆典在西溪校区隆重举行。校党委书记金德水和校长杨卫分别题词祝贺。金德水的题词是"育体育德,追求卓越",杨卫的题词是"求快求高求是,健体砺志创新"。来自海内外的系友和该系师生共 300 余人参加了庆典。此次系庆共筹集教育基金 18 万元。

　　学院重视校友值年返校活动①,为活动提供必要的服务,有关领导也积极参加活动。近年来,随着校友之间的凝聚力不断增强,此类活动也日益增多,例如包括:

　　2013年举行的体育学系1979级学生"相约30"同学会(毕业30周年)和2003届毕业生十周年同学会。

　　2014年举行的教育学系1964级学校教育专业学生入学50周年座谈会、1989届教育管理学专业学生毕业25周年座谈会和体育学系1994届体育教育专业学生毕业20周年座谈会。

　　2015年体育学系专科1965届田径、球类和体操等三个专业同学毕业50周年同学会、体育学系1965级同学入学50周年同学会,体育学系1965届同学毕业50周年同学会,教育学系1985级学校教育专业本科生入学30周年返校活动,体育学系1985届同学毕业30周年同学会,教育学系1995届同学毕业20周年返校活动,体育学系专科1995届同学毕业20周年同学会,体育学系2005届体育教育专业同学毕业10周年返校活动。

　　2016年举行的教育学系本科1982级2班学生毕业30周年返校活动、教育学系1994级教育管理专业(专升本)同学毕业20周年同学会、教育学系1996级教育管理专业同学入学20周年同学会、体育学系1996届体育教育专业同学毕业20周年同学会、体育学系1997级毕业生毕业15周年同学会、体育学系2006届同学毕业10周年同学会。

　　2017年举行的体育学系1967届学生毕业50周年同学会、1978级学生毕业35周年同学会和教育学系1997级教育管理专业同学入学20周年返校活动等。

　　2013年7月,学院组织了首届校友论坛,邀请教育学系校友、香港理工大学祝新华博士回母校作主题报告。2014年,学院举办"校友开讲了"系列讲座,先后于5月、11月和12月分别邀请体育学系1977级本科生、美国佐治亚州肯尼索州立大学(Kennesaw State University)运动心理学专业终身教授王晋博士,浙江省人民检察院反贪局副局长王正林和1982届体育教育专业同学、香港教育学院妣刚彦副教授等三位校友为师生作专题报告。2015年,"校友开讲了"系列讲座先后邀请王晋教授和教育学系学校教育专业1978级本科生、民盟中央副主席徐辉教授为师生作专题报告。2016年,

---

　　①　值年返校即学生入学或毕业5周年(10周年)等"逢五逢十"的返校。在校友毕业50周年的返校活动中,学校会向他们每人颁发毕业50周年荣誉证书。

"校友开讲了"系列讲座先后邀请教育学系教育管理专修科 1985 届毕业生、浙江省社会科学界联合会党组成员和副主席邵清,教育学系 1997 届毕业生、《教育发展研究》杂志(上海)编辑翁伟斌,教育学系学校教育专业 1977 级本科生、上海肯耐珂萨研究院执行院长李仁根和体育学系 1983 届毕业生、杭州市体育发展集团管理委员会主任顾俊俭等为师生作专题报告。

三、校友联络工作

学院认真贯彻学校发展联络工作会议精神,虚心学习校内兄弟院(系)的先进经验,于 2012 年成立了学院发展联络领导小组,下设工作小组,以确保该项工作能落到实处。校友联络工作的目标是"密切联系,凝聚力量,促进发展",工作定位是"突出重点,形成特色"。经过努力,学院校友库已初步建成。至 2014 年,已确认 1936—2014 年毕业的 6909 位校友的相关信息,共涉及 300 个班级(至 2017 年,已有近 9000 名校友登记在册)。学院把一批优秀校友作为重点联络对象,利用各种机会和他们保持密切联系。学院还建立了班级联络员制度,在毕业班中选聘联络员,以使各班同学能够保持永久性的联系。至 2017 年,学院已在 1985—2017 届毕业生中聘任联络员124 人,并向他们颁发了聘任证书。

四、校友捐赠

许多校友多年来情系母校,曾多次慷慨解囊,向学院(系)捐款,为院系的发展出力。例如,教育学系 1937 级毕业生姚文琴女士在四校合并后曾连续 10 年向母系捐款,每年捐款 1000 美元;教育学系学校教育专业 1978 级学生林家俊和陈建萍夫妇在多次向学院捐款的基础上[①],成立了林家俊、陈建萍基金会,并于 2015 年捐资 10 万美元专门设立交叉学科讲座教授岗位即"木木基金会讲座教授"(Chair Professor of Mumu Foundation)[②]岗位;教育学系 2004 届毕业生程华玲于 2016 年向学院捐资人民币 2 万元。在迎

---

① 他们曾于浙江大学建校 110 周年之际向浙江大学教育基金会捐款,在母校以林家俊父亲的名义设立"林坚奖学金",主要资助教育学院品学兼优的全日制在校本科生,每年资助 6 人左右,每人资助额度为 10000 元人民币。

② 2015 年 6 月,学院正式对外发布"木木基金会讲座教授"招聘通知。2016 年 10月,牛津大学发展心理学教授金·普伦基特(Kim Plunkett)受聘成为首位"木木基金会讲座教授"。2017 年 3 月,联合国教科文组织终身学习研究所所长阿恩·卡尔森(Arne Carlsen)博士受聘为"木木基金会讲座教授"。

接 120 周年校庆之际,学校"聚沙成塔"众筹捐赠平台于 2016 年正式上线。当年 11 月,学院在该平台上设立了"爱归求是园浙江大学教育学院新大楼捐赠活动"和"筑梦赛场——浙江大学教育学院体育运动队'筑梦成长'捐赠活动"等项目,得到了校友的热情支持,当年年底即筹资 3.3 万余元。2017年 5 月,体育学系 1958 级校友、时任杭州欣盛房地产开发有限公司董事长叶朝生先生向浙江大学教育基金会捐赠 50 万元人民币,设立"浙江大学教育学院朝生助学金",支持家庭经济困难、品学兼优的学生完成学业;同时再捐赠 20 万元人民币支持教育学院用于举办校庆活动等相关事务。

结　语

    2018年是我国改革开放40周年,是四校合并、新浙江大学成立20周年,也是浙江大学师生员工全面贯彻落实党的十九大精神和习近平新时代中国特色社会主义思想以及学校第十四次党代会精神的开局之年。站在新的历史起点上,教育学院全体师生正认真按照学校的要求,在已有成绩的基础上,牢固树立一流意识,紧紧对准一流目标,切实执行一流标准,努力建设一流学科,培养复合型创新型人才,建设高端智库,开展全球合作,为加快建设具有世界先进水平的教育学院而不懈奋斗!

    教育学院全体师生正以"不忘初心、牢记使命、忠诚担当、求是创新、永攀高峰"的奋斗精神和昂扬斗志,努力做到在求真求善求美中砥砺奋进,在创新创业创造中追求卓越,发扬光荣传统,不断创造新的辉煌!

附　录

峥嵘岁月

风雨共翱翔：我与教育系

王承绪

　　1932 年夏天，我本来在江苏无锡的一所师范学校学习，因为成绩好，按照规定直接可以到中央大学就读教育系。但是那年暑假，中央大学换校长，学生们对新校长不满意，闹运动，所以就决定不招生了。当时，我明白中央大学是去不了了。当时我的两位老师给我写了介绍信，让我到浙江大学借读。我拿着介绍信，直接到了浙江大学，见了当时的教育系系主任郑晓沧教授，他很快就同意我进校学习。

　　当时的注册主任俞子夷教授，是有名的小学教育的专家，做过很长一段时间的小学教师，在东南大学办过杜威院，他也十分欢迎我。当时，教育系有六位教授：郑晓沧、俞子夷、黄翼、沈有乾、庄泽宣和孟宪承，师资比中央大学还要强。这些老师上课都各有特点。郑晓沧老师学识十分渊博，他的教育概论课学生十分愿意听，非常有兴趣。教教育社会学的孟宪承先生的宿舍是学生经常光顾的地方，大家都乐意向他请教问题，共同探讨。心理学老师黄翼为了上好心理课，常带领教育系的学生观察浙大培育院的孩子，以帮助学生更好地掌握心理学知识，深受大家欢迎。

　　当时学校规定，成绩好的借读生可以免试成为正式生。一年之后，我申请成为浙江大学教育系的正式学生，老师们接受了我的申请。从此我就在浙江大学念书和教书，一直到今天。

　　20 世纪 30 年代是个特殊的年代。抗日是整个中华民族的要旨。教育系的热血青年们对于抗日的态度也是异常坚决。1935 年 12 月 9 日，我们夜里开会，决定第二天出发去南京请愿，要求政府抗日。但当晚军警包围了学校,并且要抓学生,也准备抓我,因为我当时是教育系的学生代表。第二天天还没亮,教育系和工学院的学生,通过军方不知道的小门出了校园,去火车站,准备偷偷去南京,但因铁路被切断没走成。回来之后,学生们组织了罢课。罢课一直到 1936 年 3 月,蒋介石到学校来训话,希望学生复课。但是,学生们也没有理他。当时的学生领袖施尔宜和杨国华要被开除,是郑晓沧先生保护了他们,当时郑先生到蒋介石宿舍,要南京政府收回开除学生领袖的成命。后来,新校长竺可桢来校,学生们恢复了上课。

1951 年 11 月左右,文科学生参加土改,教育系也参加了。我作为教师和文科学生同去了安徽的五河县参加土改。当时,文学院院长是陈立。到了之后,便成立土改工作队,教育系的学生分成几个工作队。我是一个工作队的队长。当时,我们睡的是稻草绳子编织的床,与农民同劳动,同斗地主,并同他们一起忆苦思甜。本来我是还要继续参加土改的,后来因为院校调整就回来了。1952 年,浙江大学院系调整,教育系同之江大学教育系合并,成立了浙江师范学院教育系;后来,又更名为杭州大学教育系,再到今天的浙江大学教育学院。

中华人民共和国成立后教育系的课程建设、科学研究、国际合作与交流等,我都亲身经历,感受较深。

教育系成立的时候,主要是学习英美的教育理论和课程。1949 年以后主要是学习苏联的教育学,批判英美的东西,连教学制度都是学习苏联的。但是,学习苏联的时间并不长。苏联专家撤走之后,我们进行教育革命。20世纪七八十年代开始自编教材,有南京师范学院的老教授熊子容、罗炳之、杜佐明和王辉明等,杭州大学教育系有郑晓沧和我,还有陈书和赵端瑛等,编写了《西方资产阶级教育论著选》(人民教育出版社 1979 年 12 月重版)等教材,还同华东师范大学教育系合作编写了《西方古代教育论著选》《现代西方资产阶级教育思想流派论著选》和《西方现代教育论著选》等教材。这些课程教材的编写为当时中国教育学科的发展做出了十分重要的贡献。从80 年代开始,在我的带领下,教育系的老师和研究生们共同编译了"汉译世界高等教育名著丛书"。另外,还有不少其他的教材,如《中国古代教育史资料》和《中国近代教育史教学参考资料》等。

1980 年,杭州大学作为中国唯一的大学代表参加了亚太地区高等教育会议。我当时是与会代表,在会议结束回国后,学校很快成立了高等教育研究室。1982 年起,该研究室陆续刊印了十几期的《高教研究丛刊》。研究领域包括亚洲和太平洋地区的高等教育、东南亚国家的人力规划、世界高等教育的统计与分析、德国的大学、日本的大学、英国的大学、美国教育法研究、法国教育、印度教育管理、新中国浙江高等教育、浙江省中学师资供需研究，还有高校干部进修班学员论文选辑等。其涉猎的领域非常之广，不仅丰富了国内对于世界教育事业发展的研究，而且为当时我国教育研究和教育事业的发展提供了不可或缺的启发和引导。

国际交流与合作，这是教育系在发展过程中十分重视同时也是十分有成效的一方面。英国的埃德蒙·金（Edmund King）、柳基思（Keith Lewin）、黎安琪（Angel Little）、迈克尔·埃劳特（Michael Eaurt），美国的伯顿·克拉克（Burton Clark）、爱泼斯坦（Erwin H. Epstein）、菲利普·库姆斯（Philip. H. Coombs）、罗伯特·阿诺夫（Robert Arnove），法国的德博韦（M. Debeauvais）和德国的米特（Wolfgang Mitter）等，这些教育学界的前辈和大师都曾在教育系留下过他们的足迹，传播教育学知识和研究成果。同时，教育系还与英、美、德、日、韩、泰国等国家和我国香港、台湾等地区的著名大学和科研机构建立了密切的交流合作关系。除了邀请大师来系讲学之外，送学生出去学习也是教育系十分重视和努力的方向。尤其是比较教育学专业的许多研究生，都曾到国外大学进修访学，这对他们拓宽视野、丰富知识和高质量完成学位论文，对学科学术梯队建设和人才培养都有很大裨益。

（王承绪口述　傅淑琼整理）

人物简介：王承绪（1912—2013），男，江苏江阴人。1936年浙江大学教育系毕业留校工作。1938年考取中英庚款第六届留英公费生，赴英国留学，1941年获伦敦大学教师证书和教育学硕士学位。曾任英国诺丁汉大学讲师。1947年回国到母校任教。历任浙江大学教育系教授、系主任，浙江师范学院教育系教授、系主任、副教务长，杭州大学教育系教授、比较教育研究中心主任、高等教育研究所所长和名誉所长，中国比较教育研究会顾问、中国教育史研究会理事、中国高教学会理事、中国陶行知研究会副会长等。曾任第五、第六届浙江省政协副主席。四校合并后任浙江大学教育学系比较教育学专业教授、博士生导师。主要从事比较教育学的教学和研究。1993年被伦敦大学教育学院授予荣誉院士称号。2003年获联合国教科文组织亚太地区教育局首度设立的"亚太地区教育革新终身成就奖"。2009年10月14日获浙江大学教职工最高荣誉奖"竺可桢奖"。2010年11月退休。2013年11月19日在杭州浙江医院病逝。

体育,要让学生终身受益

蒋　新

1937年,抗日战争全面爆发,浙江大学的师生在竺可桢校长的带领下踏上了艰苦的西迁之路。1940年在贵州安顿下来,我就在那个时候作为一位体育老师加入了浙江大学队伍。虽然当时学校的办学条件很差,教学楼以寺庙为主,学生则住在学校附近的简易房子内,但是,竺校长还是十分重视学校体育方面的教学,嘱咐我们要利用一切可利用的资源,让学生身体得到尽可能多的锻炼。

在贵州,我们落脚的地方有三处——遵义、湄潭、永兴,都有着得天独厚的自然条件:贵州是一个多山的省,素有"八山一水一分田"的说法,在山与山之间几乎都有着宽六七十米的河流,水深1～2米,在河床上的几乎是沙石,那水真是清得见底啊!看到这样好的自然条件,我们就地取材,因地制宜,选择了游泳这个能充分锻炼身体的体育项目进行教学。我们截取溪流约50米长的距离,在两端分别做上记号,这样就建成了天然的游泳教学场所,并把三个地方的天然游泳场分别取名为杨柳湾、湄江、永兴场。岸边临时搭建的草棚则作为学生上游泳课的更衣室,每堂游泳课学生必须在教师的带领下做完准备活动或者辅助活动后才可以下水,当时以蛙泳为主进行游泳教学。

除了游泳课之外,1941年,我们在湄潭建造了一个简易的田径场,1942年在那里开了一个运动会。在遵义的时候,学校开展了篮球、足球、排球的体育教学。综合各个方面的因素,我们主要把学生游泳课的出勤率作为学生体育最终成绩的考核标准,无特殊情况,学生若两次以上旷课则视为该学生体育成绩不合格。竺校长对体育非常重视,规定如若学生体育成绩不合格是不能拿到毕业文凭的,因此体育不合格的学生想要拿到毕业文凭必须进行体育补修,补修合格后才可以拿到毕业文凭。

1954年浙江大学迁校,省里定了万松岭和杭州市第一公墓两块空地给浙江大学选择用于作为新校区的校址。这项工程由后来担任浙江大学名誉校长的刘丹负责,经过多方面斟酌,他毅然选择了后者作为浙江大学的新校址。在新校区的体育设施工程正式施工之前,刘丹反复征求我们的意见。

如今玉泉校区的田径场是大家再熟悉不过的,但是在起初的施工图上,田径场是建在正大门的附近，当时刘丹拿着施工图征求了我的意见，我看到田径场建设的位置，觉得离大门太近，离学生平时的活动区域太远，一个学校田径场的建设应更多地考虑怎么方便学生进行体育锻炼以实现它的真正价值。综合上述考虑，我向刘丹建议，田径场应该建在学校的中心地带，以实现资源的最大利用，我的建议最终被采纳了。现在每次提起这件事，我都有种莫名的自豪感和欣慰感。

还有现在坐落于田径场边上的体育馆在最早的设计施工图上是不存在的，是我们体育老师争取过来的。体育馆争取来了，可是我们又面临了一个问题：学校有关方面把体育馆的建设位置选在了北校门附近。我觉得体育馆不应该建在那个位置，要向学校争取让体育馆和体育场建在一起，形成一个体育中心。因为本来学生的时间就比较紧，不应该把他们宝贵的时间浪费在两个运动场的路上。如果把两个体育设施建在一起，能更有利于学生进行体育锻炼。这一建议也顺利得到学校的认同和采纳。再谈谈体育馆建设的经费来源：当时香港邵逸夫先生每年投资1000万元用于全国各地学校建设，但是这个1000万元只能投资一个学校，而且同一个学校不能连续两年获得这项投资。那一年的投资正好用于我们学校的科学馆建设，当时邵逸夫对我们建成的科学馆非常满意。我抓住机会，又一次向学校建议再申请一年邵逸夫的投资用于我们急需的体育馆建设。由于邵逸夫对浙大科学馆的建造过程非常满意，加上校方努力，邵逸夫破例将第二个1000万元投资给浙江大学。也正是这个1000万元建成了我们现在所看到的玉泉校区的体育馆。

浙江大学历来重视体育，学生也都很踊跃地参与，但人多与场地小、设施少是个突出的矛盾。因此，我们专门派教师到各个系，具体安排体育锻炼和训练活动，以解决学生体育活动争场地问题。学生的体育课是男女分班，两个班的女生并班上，并班后一个班的学生大约30个，很类似现在的小班制形式；而且我们充分考虑到学生身体状况，区别对待，专门设立了体弱班（即保健班），以太极拳等运动负荷较小的项目作为主要的教学内容。体育课的课时起初为每周两次，每次一至两个小时，后来调整为每周一次，每次两小时。还有一天两操，即广播操和课间操：当时浙江大学有5000多名学生，我们要求把每个学生都集中到田径场做广播操，并且实行班级点名制度，作为学生体育课考核的标准之一；课间操要求全校学生和教职工一起参加，考虑到时间等因素，我们选择了就地进行。

1957年，高等教育部部长杨秀峰来浙江大学视察，对我们的体育教学工作非常满意(尤其是早操和课间操),并在视察其他高校时对浙江大学的体育教学工作做了充分肯定。

无论浙江大学的体育教育工作过去做得如何,也不管浙江大学的体育教育工作如今完善得怎样,我认为,我们体育教师应始终坚持:学生成长成才有体育方面的需求,体育教师就要切实担当起责任;体育教育不仅要服务于学校当前的人才培养,更重要的是要使学生终身受益。

(蒋新口述　皮学菊整理)

人物简介:蒋新(1914—2012),男,江苏宜兴人。1936 年毕业于上海东亚体育专科学校,1940 年进入浙江大学从事体育教育和研究工作,1986 年退休。是浙江省在中华人民共和国成立后晋升的第一位体育教授,全国第一批田径国家级裁判。曾任浙江大学体育教研室主任、体育部主任,中华全国体育总会浙江省分会常务理事,浙江省高校体协主任,浙江省田径协会副主席兼裁判委员会主任。

一蓑烟雨任平生

张定璋

学习求索,辗转三所大学坚持人生理念

我所处的那个时代十分动荡,我是辗转南北,读了三所大学才圆了自己的一个大学梦。这一路走来,虽然有许多坎坷,但苦难并没有让我屈服,反而让我坚定了人生的理念,意识到上大学的重要性。

1939 年,我考入的第一所大学是迁徙在广西桂林的江苏省立教育学院(今天的苏州大学前身)。当时桂林的文化环境还比较优越,每周都有进步文化人来讲时事形势,校里和班上都有进步同学组织的读书会,由年轻进步教授朱智贤先生作辅导。朱先生不但教心理学,还教中国教育史,不但教求学、著文,还教做人、处世,各方面都让我获益良多。然而从 1940 年下半年开始,形势越来越紧张,除夕前一批同学无辜被"转学""退学"或"开除",我是其中之一。幸得朱教授竭尽所能,为我们这批学生的出路而奔走,还帮助买火车票,次日拂晓时送我们上火车。此情此景,每回忆起来,无不热泪盈眶。

我是身怀两封介绍信走上征途的,乘火车、步行两三天,终于转入了人生中的第二所大学——广东省立文理学院。因为广州沦陷,学院由一所大

学拆散，向湘桂交界的粤西北迁徙，天高皇帝远，反倒为它的发展提供了自由新鲜的空气。而且当时的院长林砺儒先生德高望重，开明办学，因此学院里名士荟萃，倾向于马列主义的教和学蔚然成风。然好景不长，传闻要更换院长，学校随即就掀起挽林运动。但当时毕竟是在国统区办学，林院长仍然被迫辞职，不幸的是，教育哲学家张栗原先生过早病逝，许多名师如郭大力、盛叙功、许杰等也相继离校。虽然说我只在院里待了半年，但那些大师春风化雨般的熏陶真是刻骨铭心，一辈子也忘怀不了。

我读的第三所大学是湖南蓝田国立师范学院。由于湖南国师不招收三年级生，无奈只能从二年级读起。然而幸运的是，廖世承院长为学院聘请了众多大师级的教育专家，如实验心理、教育心理、发展心理等课的专家郭一岑、高觉敷教授，中等教育等课的专家朱有瓛、董渭川、张文昌教授，教育测验和统计等课的专家陈一百、陈孝禅教授，哲学、中国教育史、教育研究法等课的教授黄子通、刘佛年、王樾、朱有光等先生。尤其值得一提的是，正是在湖南国师，我遇到了"高山景行，春风化雨"的孟宪承先生。至今，恩师上课时那一幕幕精彩的片段，都在我的脑海中清晰可触。他让我收获的不仅仅是知识和机会，更令我明白了作为一名大师应有的气度和风范。而这，正是我一生不懈的追求。

我所就读的三所大学，虽办学的思想和模式不同，但有一点相同，就是名师荟萃。这些大师"博喻""善喻""长善救失""使人继其志"，学生从他们那里学到的，不仅是知识，而且是做人、为学之道，人生求真、求善、求美的价值观。所谓大学，就是大师之学。在众师长面前，我永远都只是个学生；在现实的生活和教学中，也力图效法，使之精神传承下去。

自学俄文，致力于介绍研究巴班斯基教育思想

从湖南国师毕业之后，我先就教于湖南汉寿县中简师学校，抗战胜利后一年回到浙江，任教于鄞县师范、三一中学；1947—1949年在镇海简师、辛成中学担任校长工作两年；1950年上半年在嘉兴师范任教。是年夏，召开全省中教暑期讲习会，师范学校教师住在一处，孟宪承先生参加了师范一组讨论，正是这次机会让我得以重逢恩师孟先生，我激动不已。孟先生对我也是记忆犹新，我们俩熟稔的关系使有关领导感到好奇，对我这个从嘉兴来的教员更是刮目相看。当时，省文教厅与浙大倡议合办优秀中小学教师教研班，我报了名，9月开始从嘉兴转到杭州。教研班学习一年结束后不久，我被调入浙江师范学院教育学系任教，从此结束了飘零的生活，开始了真正的

教育科研之路。

我虽然早在读大学的时候，就对苏联教育产生了一定的兴趣，但真正开始学习俄文，翻译国外教育文献，还是从进杭大开始的。我是自己捧着本俄语词典、俄汉对照读物学出来的。但是学语言毕竟是件辛苦且枯燥的事儿，你要有点耐心，当然还要付出努力。但当你学好了一门语言，你的研究就会展现一个全新的天地！

我学习苏联教育，一开始是受马列主义书籍的影响和当时整个社会环境的熏陶。初期的学习，不但是教学业务上的需要，也是为了改造教育思想和观点。我较早地学习马卡连柯的有关资料，学巴甫洛夫的高级神经活动学说，并练习翻译俄文《教师报》上的短文刊于《文汇报》，后来与人合译或主译苏联教育专著和文集。到了 20 世纪 60 年代初期，杭大教育系成立编译组，我作为其中的成员之一，翻译了不少乌申斯基等苏联教育家的代表性论著，并就所积累的资料写了几篇论文。

再后来就遇到了"文革"，这段时间，我有机会通过学习英译《毛选》，恢复了英文底子，迎来了学术生涯的一个高峰，系统地介绍、评述和研究了大量苏联教育改革家的理念和成功经验，有第一线的实践者，也有大学者，还有拥有丰富教学实践经验的学者，其中尤以巴班斯基最具代表性和影响力。在中国教育向苏联学习的较晚历史阶段，巴班斯基"教学过程最优化"的思想，其影响的范围和深度不亚于赞科夫和苏霍姆林斯基等人的论著，是当时教育思潮中的主流派，对当时许多国内的研究者和教师都产生过一定影响。而杭大教育系在介绍巴班斯基教学思想这点上是处在领先地位的。也正是在那个时候我系高质量地翻译了许多国外的教育文献，特别是王承绪先生重新翻译了杜威的《民主主义与教育》。

身体力行，扎扎实实开展教育实验研究

杭州大学教育系的发展，在很长的一段时期里，都是以实证研究见长的。教育系的同志们将教育学的相关理论研究深深扎根于中小学实践，在全国的教育研究领域形成了鲜明的发展特色。我也正是以这样一种研究的方法和态度在前进道路上不断求索和奋进的，也取得了一些成绩。

20 世纪 80 年代中期，我参加了中小学教育改革的实验研究。我指导的杭州天长小学实验，与当时华东师范大学附小实验、华中师大研究人员在武汉若干学校进行的实验、北京教育科学研究院的红庙小学实验，被并称为"四大教育实验流派"。我把自己对苏联教育的理论研究运用到实践之中，

一方面是对理论的再检验,另一方面又是对实践的再指导。90 年代初期,《光明日报》曾经整版介绍过杭大教育系如何开展中小学教育实验研究,如何通过教育实验研究促进教育科学发展和改进教育实践。尽管人们对教育实验有各种争议和讨论,但我还是坚持了自己的学术见解,最终看到了成效。

　　搞天长小学的教育实验,我当时的考虑很单纯。因为这项实验的课题是综合性的,对本专业有直接联系,为了加强教学和科研的理论联系实际,也为了加强对研究生的全面培养和锻炼,我就接受了这个任务。但当时根本没有想过会有这么大的影响,只是没有人系统地做过,许多事都得慢慢摸索,遇到过不少困难。但幸好最终都坚持了下来,并取得了成绩,为后来教育系在实验研究方面的发展提供了借鉴。

　　说到我的实验研究,分析下去其实都是在苏联那些教育理论的基础上展开的,尤其是巴班斯基"教学过程最优化"思想的贯彻。所以你可以看到,我在教育实验上所依据的是苏联优秀的教育思想,我能够对苏联教育名家的论著有如此系统的学习又得益于我的俄文功底,而我的俄文又是建立在英语的基础上自学而来的。因此说,这都是一环扣一环,一步一个脚印,踏踏实实地走去,才能最终获得些成就。

　　最后,就近些年来的教育与心理研究问题形成的看法谈点我所谓的"教育观":人皆有智能,智能本多元,异在潜、显、强,扬长须补短,补短利扬长,优构促成才。人皆有个性,个性多彩谱,光点闪素质,教育个性化,优化促发展,健康长人格。教育是科学,施教亦艺术,科学讲理智,艺术重情感,科艺融人文,育才兼育德。

（张定璋口述　　程艳整理）

　　人物简介:张定璋(1919—2007),男,浙江温岭人。1945 年湖南国立师范学院教育系毕业,1951 年 1 月开始先后在浙江师范学院、杭州大学教育学系任教,1986 年晋升为教授。1987 年 3 月退休。曾被中国教育学会教育实验研究会、全国中小学整体改革专业委员会、杭州市拱墅区人民政府和省内外 10 余所中小学及浙江省实验学校研究会、浙江省杭州市和宁波市教育科研所等单位聘为顾问。对我国教育实验领域的研究和教学论专业的发展做出了一定贡献,是教育学系发展阶段上一位颇有影响的学者。

　　2018 年,张定璋夫人童妙琴根据张定璋的生前遗愿,向浙江大学教育基金会捐赠人民币 50 万元,设立"浙江大学教育基金会教育学院张定璋/童妙琴专项基金",以帮助浙江大学教育学院课程与学习科学系学生成长成才。

莫道桑榆晚　为霞尚满天

董远骞

教育学院编写院史,让我回忆在教育系的难忘岁月。我很高兴,因为我有幸在抗日战争胜利之后就进入竺可桢校长领导的、被人称为"东方剑桥"的浙江大学求学,从此便与浙江大学结了不解之缘,浙江大学对我可以说是恩重如山。

恩师篇

我在教育系求学时,曾受郑宗海、孟宪承、陈立、俞子夷、王承绪、陈学恂等名师的教导。他们都是德高望重、学贯中西、诲人不倦的名师。后来,我又有机会被调到教育系工作,他们亲切的关怀、言传身教,使我体验到前辈做人、教学和治学的风范,深深地感受到难以企及的各具特色的学问之道。今略谈几位恩师,而事实上,三言两语是不可能说明恩师本人及他们对我的教诲的。

印象最深、对我帮助最大的莫过于孟宪承先生。在浙大教育系求学时,我不仅有幸得到孟老的教诲,还在后来担任了他的助教。孟老上课时的情景现在还历历在目,恍如昨日……他着一身挺洁的长衫,神采奕奕地走入教室。师生见面礼后,他立即拿起粉笔,在黑板上流利地写下 100 字左右的英文纲要,接着转身翻开讲稿,扫视一下心爱的学生,侃侃而谈。他极少看稿,智慧的眼神透过眼镜片说出无声的言语。有时,他指着纲要,用粉笔补注汉释;有时,在汉语讲授中加上英文。关键处,他提出问题激发思考;激情时,他用手轻敲讲台。忽而微笑,忽而点头,教室中弥漫着严肃而又生动的气氛。这就是孟老上西洋教育史课的情景。他精心备课上课,教学与治学结合,真正实践了"学者殚精研究,锐意发明,既穷毕生之力于其所学,也要能够得人而传其所学"的大学精神。为了表达我的怀念、崇敬、感激之情和继续向恩师学习之意,我曾发表《教育学大师孟宪承的教学和治学作风:纪念孟宪承教授诞生 106 周年》①一文，以上所举是其中的一段。

陈立先生当时教的是心理与教育测量，陈先生思维活跃，教授内容精辟，他的课需要课后阅读指定的参考书才能跟得上。陈先生学识渊博，科研成果卓著，又平易近人。他几次谈到"转益多师是我师"这句话，给我很深的印象，联系其他类似的论述使我在今后的治学中一直都很重视"学问杂交"。

俞子夷先生是一位自学成才的教育家。他毕生从事小学教育的实验和研究，重视小学算术教材教法的探索。俞先生一直强调理论联系实际，强调做学问要有一定的实际经验，写东西要有血有肉。对此，我印象深刻并尽力依此践行。我曾出版《俞子夷教育思想研究》②。近两年写的《教育天才、教育艺术家、算术教学法的奠基者：俞子夷传》即将完稿。这也是我对恩师的纪念吧。

中国教育史的前辈陈学恂先生一直是我心目中非常佩服的老师。陈先生做学问十分之严格，所有的研究都是从最初的原始资料中查找出来，旁征博引，而且喜欢看书的时候做笔记。他有许多用毛笔字正楷摘录的笔记。而这，也一直影响着我，时至今日每每阅读的时候我都会做些笔记。我曾发表《忆敬爱的陈学恂老师》一文以纪念他。

同学篇

我考入浙江大学教育系之后，就面临着解放战争。在那个特殊的时期，浙大的爱国主义学生运动在竺校长的同情、支持下，与全国学生运动汇合在一起，蓬勃发展，在国内形成第二条战线。而反迫害、争自由的"于子三运动"就是从浙大开始的。那时教育系学生不足百人，许多学生都参加到学生运动中去。在学生自治会、全校性社团中也有教育系的同学。同学们一方面向老师学习，另一方面在第二条战线的斗争中得到锻炼，学习到了许多课堂上学不到的东西。应该提到的是，同学们在全校形势的影响下，在教育系内组织社团，开展活动，与全校的学生运动相呼应。

当时教育系里有一个不公开的社团——耕耘社。它是一个系内部的跨年级的社团，有十余个社员，后来我才知道其中有三位共产党员。耕耘社主要是学习的组织，还起到了推动系内学生工作的作用。记忆中搞过一个比较出色的活动就是"学陶行知"。学的内容不限于教育，还有不少进步的书刊。当时的一些小教室里只有灯头而没有灯泡，我们就自己带着灯泡一起

---

① 该文发表于《华东师范大学学报·教育科学版》2000 年第 3 期。

② 董远骞：《俞子夷教育思想研究》，辽宁教育出版社 1993 年版。

到教室去自学。那种钻研学问的快乐冲淡了生活的困苦。同学们在热烈的学习探讨中产生的团结友爱更是我一生的财富。后来在耕耘社的推动下成立了公开的"新教育社",让更多的教育系同学参加新教育的研究,共同提高。我们还出了一本关于陶行知研究的油印小册子。此外,教育系的同学还建立了图书室,组织了名为"叮咚"的歌咏队。每周,我们在河边、校园集合,放声歌唱改编的诸如《山那边的天》《你是灯塔》等革命歌曲,革命的烽火年代,给了我们这一代人更多不同的人生经历。对解放区的向往,对美好明天的憧憬,在课堂上和斗争中学习恐怕是当代学生所难以理解的。事实上,在中国共产党领导的第二条战线的斗争中学习锻炼促进了我们青年一代的成长,1949 年 5 月 3 日杭州解放后,许多同学参加了革命的队伍。

教学科研篇

20 世纪 50 年代之后,我长期潜心教育学的教学和科研,还担任过教育学教研室主任。在这过程中发生过不少故事,其中最使我难忘的是教育科学春天里的教学和科研。

党的十一届三中全会以后,教育科学的春天来了,已是 50 多岁的我又担任了教育学教研室主任。上任之初,我越来越觉得有改革的必要性和迫切性,于是跟其他领导商讨并提出了将教育学课分化为几门课的想法,得到老师们的赞同与支持。从此以后"教学论"作为一门独立的课程被分化出来,同时,教育概论、德育理论等也被分化出来,并有了各自的任课老师,开始了独立的发展。与张定璋、裴文敏合作取得第一个主要成果《教学论》时,我已年近花甲。这是教学与科研相结合的产物,也是与努力学习恩师治学方法分不开的。以后的成果多在 1990 年离休之后取得,如《教学原理与方法(修订本)》《中国教学论史》《教学火花集》和《教学的艺术》(合著)等。2005 年我 80 岁时,浙江教育出版社还出版了我和女儿董毅青合著的《幽默愉悦教育艺术和乐育乐学思想的发展:中国乐育乐学简史》一书。[①]

我深深地体会到教育科学的春天是美好和长存的。在春天里,教育系的学术气氛是浓郁的,浙江大学的求是精神是生机勃勃的,个人的奉献是快乐的。当前教学工作中新情况、新问题、新经验层出不穷,极为丰富,对教学论的研究既是挑战又是机遇。我对教学论的发展充满了信心,希望并深信

---

①　2007 年 8 月,董远骞先生在人民教育出版社又出版了《教学的理论与艺术》一书,该部著作是"十五"国家重点图书出版规划项目"中国当代教育论丛"中的一本。

后来人在"春天"里定能创造出辉煌的成绩。

（董远骞口述 蒋福超整理）

人物简介：董远骞(1925—2012)，男，浙江省宁海县人。1949 年毕业于浙江大学教育系，同年 5 月参加革命工作，历任杭州市军管会文教部干事等职。以后在浙江大学、浙江师范学院和杭州大学任教，长期潜心教育学科的教学和科研，1986 年晋升为教授。曾兼任全国教育学研究会理事，浙江省教育学研究会理事长和浙江教育学会副会长。是享受厅局级待遇的离休干部。2012 年 11 月 29 日在杭州浙江医院病逝。

我与教育系共成长

金　锵

我是 1948 年暑假进入浙江大学师范学院学习的，那时候师范学院的院长是郑晓沧，教育系系主任是王承绪。当时教育系的学生绝大部分来自比较穷苦的家庭。我家里也很穷，在报考大学时，我选择了全部公费的浙江大学师范学院教育系。

中华人民共和国成立前，浙江大学的教育系与北京师范大学的教育系一样著名，名教授很多。对我教益很大的是孟宪承教授。中华人民共和国成立初，浙江大学师范学院撤销，教育系并进了文学院。孟先生任文学院院长，他特通古今中外，哲学素养深厚，开设外国教育史课程，讲得非常好。1950 年夏调到华东军政委员会任教育部长之前，孟先生还开设了马列主义经典哲学选读课，教学生读毛泽东的《矛盾论》和《实践论》、恩格斯的《费尔巴哈与德国古典哲学的终结》和《自然辩证法导言》、列宁的《唯物论与经验批判论》的前三章。那时候我是文学院学生会主席，作为学生会代表有时也参加院务会议，加上听他上述两门课，所以孟宪承先生对我很关心。他的一些讲稿也借给我看，他的《教育哲学》有三章借给我看，我全部抄下来了。50 多年过去了，听课笔记等我至今还保存着，现在已经成为孤本了。

在浙江大学，除了听课，我也参加学生运动。浙江大学在当时是"南方的民主堡垒"，地下党力量比较强大，党的外围活动蛮多。教育系里也有地下党，当时地下党一个比较核心的外围组织叫耕耘社，经常组织成员学习马列著作和毛主席的论著等。

　　我中学时就喜欢文学,喜欢写文章,常给报纸的副刊投稿。我考大学是在福州考的,当时在一个初中同班同学家里住了两个月,他是中共福州城工部地下党员,也喜欢写文章,跟我非常要好,"延安""红军"和"长征"等名词都是从他那儿听来的。虽然当时我对共产党了解不多,但深受启发,向往一个美好的世界。到了大学,我们系里有个地下党员叫丁国祥,是我们系学生活动的组织者。他经常找我谈话,介绍一些进步书刊给我看,启发我。他还介绍我参加系内的地下党外围组织耕耘社。

　　我参加学生运动,主要是搞宣传工作。杭州解放前的两个月,浙江大学内部已经基本可以公开收听解放区的电台,公开看地下刊物。当时浙江省的地下学联由浙江大学地下党领导,出了一个刊物《每日新闻》,专门刊发收录下来的解放区的新闻等消息。我当时参加了《每日新闻》的编辑工作。那时的学生会叫浙江大学学生自治会,也出版了一份油印刊物《浙大生活》,一周一期。丁国祥是当时浙江大学学生自治会的秘书长,刊物归他管。他叫我负责编辑。与此同时,我还在于子三图书馆工作,在那里可以看到许多优秀的进步书籍和刊物。快解放时,浙江大学成立了"应变委员会",迎接解放,保护学校的财产和员工的安全。"应变委员会"出版油印的《应变快报》,三天一张,由我和另外一个地下党员汪全华负责编辑。

　　接下去就参加接管了。1949 年 5 月 3 日杭州解放,5 月 8 日在胜利剧院召开动员大会,共 600 多人与会,浙江大学派了 60 多人参加。这次大会主要是动员大家协助南下干部进行接管。5 月 8 日下午分配工作以后,12日就正式开始参与接管。我和另一位同学被分配去绍兴邮电管理局参加接管工作。接管工作结束后,恢复了原来的体制,参加接管的人可以继续留下来工作,也可以回学校。当时浙江大学的同志希望我回学校去搞学生工作。我回校以后,任文学院的团支部宣传委员,同时做学院的学生会主席,参编校刊。

　　这之后我又参加了土改。孟宪承调走以后,文学院院长是陈立。1951年年初至同年 10 月,他带领文学院三年级以上的学生和教师去非常穷困的安徽五河县搞第一期土改,后到泗县进行第二期土改。此时,复旦大学文学院的同志也来了,还在那里听了曹禺的报告。到 10 月底,传来了院系调整的消息,浙江大学文学院参加土改的师生全部回校。

　　1952 年开始了院系调整。那时候我们国内的苏联专家总顾问主张按照苏联的办法调整大学,他们认为专业越细就学得越精。浙江大学也因此变成了以工科为主的大学,原有的医学院与浙江省医学专科学校合并,成为浙江医学院，后来发展成浙江医科大学。原来的农学院后来发展成浙江农业大学。文理学院的一些教授调到中国科学院和复旦大学。后来，以文理学院为基础，加上之江大学的文理学院、解放初成立的浙江省立师范专科学校、浙江省中苏友好俄文专科学校，四个学校合并成立了浙江师范学院。时值1952年年初，我当时处于四年级下学期。

浙江师范学院刚成立时，学生只有500多人，党组织人也很少。学校成立了政治辅导处，配合党组织做思想政治工作。政治辅导处成立以后，在文科、理科各搞试点，派政治辅导员进去。教育系是文科的试点，当时的教育系有八九位教授，其中好几位参加了民主党派，王承绪先生是系主任，参加了民盟。我那时被派到教育系担任政治辅导员，兼教学秘书，主要负责政治学习、教师的思想工作。1954年起，我开始兼任教育学与教育史的教学辅助工作。

院系调整以后，还是王先生做主任，他任副教务长后，由陈学恂接任系主任，一直到"文革"结束。1983年年初，我任杭州大学教育系系主任，参加了第三次全国教育工作会议。同年10月，我就任杭州大学副校长。

我于中华人民共和国成立前夕入浙江大学教育系学习，1952年浙江大学教育系成为新成立的浙江师范学院的一个系，1958年浙江师范学院和新成立的杭州大学合并，我仍在教育系。从当学生到毕业留校工作，将近60年的时间，我一直都未离开教育系。在这近60年的时间里，我得到了教育系老师的培育和先后一道学习的校友、系友的帮助。可以说，我的一生与教育系是共成长、共命运的。我衷心感谢师友们长久培育的恩情。

（金锵口述　孙秀玲整理）

人物简介：金锵，男，1929年生，福建建瓯人。1948年进入浙江大学师范学院教育学系学习，1952年毕业后留校工作。1962年晋升为讲师，1980年晋升为副教授。1983年年初任杭州大学教育学系系主任，同年10月任杭州大学副校长。1987年晋升为教授。1988年起任杭州大学校务委员会副主任。1994年退休。曾任浙江省第四至六届政协委员，中国教育学会理事，浙江省社联理事会第一、二届副主席，浙江省第三届社联顾问。

校 友 感 怀

教育印象与影响

林正范

1978 年 3 月,我作为"文革"后的首批大学本科新生,来到了当年的杭州大学教育系,开始了为期四年的学习生涯。1982 年 1 月,我本科毕业后,就留在了教育系任教,以后又转到高等教育研究所工作。1995 年秋季,我再次考入教育系,师从王承绪先生,开始攻读博士学位。

先后两次作为教育系的学生,我深深地感受到了存在于教育系的那种良好的教风,并感受到了那种浓浓的师爱之情,至今不能忘怀!

记得在本科生阶段,我曾经作为班长、系学生会主席,在自己努力学习之余,还多少承担着一份为同学服务的责任。也正因为是"学生干部",我较多地感受到了系里的老师对于我学习生活的关心。记得那时的老师,上课特别认真,言语表达之中常常充满了激情。课后,老师们尽量找机会与我们交谈,讨论一些学习问题。很多老师经常会问我班里同学们对教学有什么意见,或者有什么要求等等,对我们很关心!

教育系的老师不仅很关心学生的学习,而且在教学中表现得十分严谨,严格要求每一位学生。比如曾经是我的当年"中国教育史"这门课的任课老师、以后又担任过教育系系主任的邵祖德教授,在上课时对任何一个人物、任何一个教育历史事件、任何一段文献和引述,都搞得清清楚楚,包括他上课时的板书,让我们很深刻地感受到他教学中的那种严谨、一丝不苟!再比如我的导师王承绪先生,教学要求十分严格。我当时已担任原杭州师范学院院长,工作繁忙,但王先生对我的学习要求毫不放松,上课时经常提问我,或者让我讲课程中的英文内容。我有时因预习不充分讲不出来急得满头是汗,他也不会让我不讲算了,而是要求我继续讲下去。这么几次过后,我就得老老实实地充分预习、准备后才敢去听他的课。在我写博士学位论文时，王先生每一次指导都会让我阅读很多资料；初稿完成后，让我一次又一次修改，绝不因为我"工作忙"这样的理由而降低要求。教育系的老师几乎都是这样严格要求学生的。

我想，正是当年教育系老师的严谨、严格的教风，在我们这些学生身上留下了深刻的印记，以至于我们自己在毕业后的工作和继续学习生涯中，也能体现出让人认可的认真的作风。

教育系的老师不仅教风好，而且非常关爱学生，在浓浓的爱生情谊中帮助我们克服了许多学习生活中的困难，使我们树立起努力学习、努力工作的信心。在那个特殊的"文革"时期，我们"老三届"高中生中有些人已经有家庭、有孩子了，尤其像我们这些家在农村的，经济压力很大，困难很多。当时系里的老师以各种方式关心我们，无论是班主任邵珊老师等还是系主任陈学恂先生，会经常问起我在农村的妻儿好不好，有什么困难，时时送来关切的温暖。直到我毕业留校工作后，金锵老师等还非常关心我的家庭生活，把当时他们自己省下来的粮票、煤饼票、豆制品票等接济我，帮助我渡过了最困难的一段岁月……

20多年过去了，我们的境况发生了巨大变化，一切都好起来了，但我时时还会回忆起当年在教育系学习和工作生活的情景，眼前总能浮现出教育系老师们那些充满爱生之情的动人目光！我想，这些目光中传递了一个教育的真理：教育对于学生的培养不仅仅在书本知识的方面，用平凡而伟大的师爱去熏陶学生也是培养他们成才、成人的极佳途径。

这么多年过去了，无论是在教授还是在大学校长的岗位上，我一直记得教育系老师们的严谨教风与师爱之情，并且在我的教学与领导管理工作中，努力地像老师们那样去践行，关爱着自己的学生们。

林正范：男，杭州大学教育系1977级本科生，浙江大学教育学院2002届博士毕业生，曾任杭州师范学院院长、杭州师范大学校长等职。

难忘母校师生情

王　晋

2008年夏天，我应中国国家女子足球队之邀，到国内讲学；同时，也为参加2008北京奥运会的中国代表队运动员，制作心理学战术的碟片。能回国服务,特别是能为我国体育健儿在奥运会上取得优异成绩而尽上一份微薄之力,我感到尤为荣幸。

讲学期间,正值浙江大学召开体育系 1977 级学生 30 周年同学会,我也应邀参加,与 70 多位同学及 20 多位老师欢聚一堂,共叙友情。

30 年前大学校园的往事,历历在目。30 年弹指一挥间,真是感慨万千。昔日呕心沥血、辛勤耕耘的老师,如今虽两鬓染霜,银丝满头,却已是桃李满天下,享受着这美好的时光。他们依然精神矍铄,谈笑风生,甚至还记得每位学生的名字及许多细小的往事。此时此景,激起我无限的感触。这,也许与我的特殊经历有关。

我于 1985 年去美国攻读博士学位,至今已有 20 多年。其间,我曾有着许多不同的经历,使我不由自主地将母校和美国的校园生活进行比较。正因为有了这种比较,我更珍惜与母校老师的这种师生之情。

1977 级本科生是恢复高考招生制度后的第一批大学生。我们的入学年龄参差不齐,但大家的学习热情都很高涨,每位同学都很珍惜这一来之不易的学习机会。记得我们很早起床去出操,接着,上早自习课;一天学习后,还拖着训练后疲惫的身体去教室上晚自习,并且经常利用业余时间在老师办公室请教英语、生理等课的问题。老师们都不厌其烦地利用下班时间来帮助我们,这种忘我的敬业精神和爱生情怀,在我 20 多年国外的留学生涯中起到了良好的勉励作用。

记得在我们毕业典礼会上,有位叫吴琳干的老师的发言,至今我记忆犹新。他说:"我希望在座的每位同学,在毕业后一定要有敬业精神。天下无难事,只要有敬业精神,一定会在自己的事业中有所建树。"他又说:"我很热爱体育事业,老了以后,即使扫地搞卫生也要在体育系。我衷心地希望你们能青出于蓝而胜于蓝,为体育事业做出贡献。"他的发言得到了与会全体老师和同学的热烈掌声。就是像吴老师这样的敬业精神和爱生情怀,始终鼓舞和激励着我对事业的追求。我在美国留学期间,不仅要攻读博士学位,还要从事教学工作来维持一家五口人的生活。在紧张学习和繁重工作的压力下,正是母校老师的敬业精神,给予我克服重重困难的动力,让我最终实现了自己梦寐以求的理想,不断攀登事业的巅峰。在同学会上,见到老师尤感亲切,我由衷地感谢他们对我含辛茹苦的精心培育。

岁月无情人有情。虽然两天的同学会转眼即逝。但同学和老师们欢聚一堂的美好时光以及我们之间永存的深情厚谊,必将留在我的脑海,刻在我的心里,成为难以磨灭的记忆。

王晋：男，杭州大学体育学系1977级本科生，现为美国佐治亚州肯尼索州立大学(Kennesaw State University)运动心理学终身教授，美国国家奥委会特邀运动心理学家，美国应用运动心理学协会执照运动心理学家，美国体育联合会(AAHPERD)研究院院士。曾任国际奥委会奥林匹克学术讲座特邀教授、美国运动学院客座教授、中国奥委会特邀心理学顾问，先后被聘为浙江大学讲座教授和浙江大学教育学院客座教授。

师恩难忘

陈　瑶

浙江大学教育学院来电话联系，说是邀请杰出校友写篇回忆文章，以作为对母校校庆的纪念。我推辞再三不能，只得惭愧地拿起笔。说来真的惭愧，一则我与"杰出校友"这个称号实在距离太远，再则我怕这支多年写公文的笔已经难以充分表达出对母校、对师恩的情感了。

前些年回母校，看到原来的教育系已经成了教育学院，发展又好又快，很是欣喜。

记忆中的教育系是"三严"，即治学严谨、管理严格、学风严肃。在一批德高望重的老教授如陈学恂、王承绪等的带领之下，老师们做学问一丝不苟，教学生孜孜不倦，整个空气中都弥漫着学术的气氛。学生置身于其中则从不敢懈怠，也无法懈怠，因为任何凭小聪明蒙混过关的想法都是徒劳的。记得有一次，"马列主义教育原理"课程的作业是两人合作一篇论文，我偷懒，就让伙伴应付着写了一篇然后署上自己的名字。交上去后，当时任课的励雪琴老师把我叫到她在筒子楼的家兼备课室里，说："这就是你的水平吗？我看不是，这倒是反映出你对这门课的态度！你是愿意就以此水平记录在案呢，还是重新修正你的态度？"我红了脸，偷偷瞥了一眼我那"论文"，上面赫然批着"及格"，这样的成绩确实令我汗颜。励老师思维严谨、逻辑严密，一门枯燥的学科经她丝丝入扣的演绎而变得鲜活起来，她讲课时闭着眼睛陶醉其中的样子很是独树一帜，但是别看她讲课闭着眼睛，对学生关注的心可敞亮着呢。

教育系对学生的管理是严格的，教与学的气氛都认真而严肃。有一个笑谈，是形容各个系的学生个性的：体育系的学生穿拉链衫(当时颇为流行的衣装)是敞开了穿，显得潇洒；外语系的学生是拉上一半拉链，大翻着领，显得浪漫;而教育系的学生则是把拉链拉得严严实实的,不敢露出整个脖子,显得规矩。外系的同学戏称我们是被系里给管的,严肃有余活泼不足。我承认教育系对学生管理很严格,比如我们班主任戚谢美老师,四年里,他就像母鸡管小鸡似的管护着我们 30 个同学,我们的一举一动都在他的密切关注之下,他时不时地提出忠告,时不时地给予纠偏。拿我来说,刚入学,他对我说,请你担任班干部,你必须处处带头,走在同学前面。大二时,他对我说,你必须把全部的精力都用在学习上,不许谈恋爱。大三时我申请入党,他说,你必须从现在起就以一个党员的标准严格要求自己,不许混同一般同学。临近大学毕业了,他说,你是党员,必须带头表态到艰苦的地方去。当时同学们对这样"必须""必须"的管理方式自然是有些不理解的,我也曾抱怨班级被管得"死水一潭"。但现在想来,这种严格抑或近乎严厉的管教背后,何尝不是一种无微不至的关怀呢。这就好比一个家教甚严的孩子,成家立业后方能体会到父母的良苦用心。

严谨的治学态度和高尚的人格精神往往是统一的,我的老师们都是这样的统一体,张定璋、董远骞、曾钜生、裴文敏、王炳仁、朱作仁、方克明、王权……还有当时刚刚留校任教的周谷平,他们像标杆一般引领着我们前行,同时,他们也像长辈一样呵护着我们成长。仔细体味,我们系还是有家一般温暖亲切的一面。我时常会翻开大学毕业纪念册,里面记录着系里老师和同学们在毕业分别时的留言,很多留言都透漏出亲情。记得教我们"中国教育史"的是邵祖德老师,他的学术成就和道德为人深得全系师生的敬重。当我捧着纪念册请他留言时,他笑着说:"我送你一句古人的话吧:业精于勤荒于嬉,行成于思毁于随。"这句话作为赠言看似放之四海而皆准,但对我却是格外有针对性。因为敬畏他,我没怎么敢向他讨教过,所以接触并不多,但他像一位洞察我优劣长短的长辈,提醒懒散怕苦且尚未自觉的我今后该如何行事与为人。他不露声色却饱含深意,我倍感震撼,如醍醐灌顶。如今邵老师已经故去,但留给我的震动一如当初,我想,他会警示我一辈子。还有寿云霞老师,得知我本有机会留在省城,但最终返乡工作的消息,她给我留言"月是故乡明",这看似寻常的语言,但我当即仿佛心被触痛,泪水瞬间漫上眼眶。说实在的,回家乡工作为父老尽力我没有丝毫可委屈的,我是感受到母亲一般的细腻抚慰,感动不已。

我始终为自己曾经是教育系的学生而感到自豪,不仅我,想必同学和学长学弟们也是如此。教育系严谨的治学、严格的管教以及严肃的学风,对我们日后成长的影响之巨大,往往是我们后来才能慢慢体会到的。从教育系走出来的学生,无论在专业理论研究领域,还是在教书育人方面,或者离开专业从事其他各项事业,成大器者甚多。其余即便像我这样,虽然未能全盘秉承恩师的教诲,也始终在努力,于社会还算是有用。

都说师恩难忘。是啊,教导我四年,惠泽我一生,这如海一般无边的恩惠,又岂是这么点滴文字所能尽述的呢,所以这只能算是师恩之不完全记录吧。

陈瑶:女,杭州大学教育系1984届本科毕业生,曾任浙江广电集团副总裁、党委委员等职,现任浙江省文联党组书记、副主席、书记处常务书记。

此时追忆无尽期

——怀念我在浙江大学求学的年代

吴洪成

我的中学学习是在家乡浙江金华市的一所普通中学完成的。1981年7月,经过一年一度紧张的高考,我跨入了杭州大学教育系(现为浙江大学教育学院)求学。由此,我实现了人生的新转折,也铺就了一生道路的基本走向及色彩基调,虽然是平实而素朴的,却也稳健而坦然。及今,早已过不惑之岁月,步入中年,近30年的光阴转瞬之间,白驹过隙,朱自清名作中时间流淌的描述宛如眼前。只是大学时代的往事历程、内心感怀还若隐若现,尤其是求学的生活,师长的耳提面命,教诲谆谆,及今思之,都还历历在目。

杭州是国际著名旅游城市,以西子湖秀丽典雅、文物名胜众多而驰名。作为大运河之南端,城市自隋唐五代以来逐渐兴盛,南宋都城迁入临安,造就了中国古都的辉煌。延至今日,杭州作为江南名城、浙江省会城市而名扬于世。我的大学生活就是在这里度过的,而且非同寻常,具有特殊的意义,因为我在同一大学同一学系读书的时间长达10年,是本科、硕士、博士一口气连续下来。从这个意义上说,称我作浙江大学教育学院最老的学生当不为过。这么长的时间在一个城市学习与生活,即便是走向工作岗位也是漫长的岁月,何况正值少年到青年的黄金年代,这样的烙印与经历恐怕是十分稀有的,难怪1991年毕业离杭前夕,一些同学戏称我是"老杭州"了。

浙江大学教育学院是国内知名的教育学专业专门技术人才的培养基地,在中华人民共和国成立之前就拥有如孟宪承、庄泽宣、陈立、黄翼等一大批有精深学术造诣、享誉海内外的名流学者,积累了深厚的学术底蕴,形成了严谨邃密、求真务实、勇于开拓发展的"求是育英"学风,曾培育输送教育心理诸多尖端人才。我入学时,是浙中金华市的农村少年,高考成绩公布后,也不熟悉大学的学科专业情况,根本不知道大学有教育学系教育专业,因此,在未被历史、中文系录取的背景下意外地被杭州大学教育学专业录取了。在那争"跳农门"、大学生是骄子的年代,我确实喜出望外、格外兴奋,而没有想到的是从此奠定了自己一生的职业与人生道路。

1981 年的秋天,艳阳高照,秋风送爽,景色宜人。我在家父的陪伴下来到远离家乡 150 余公里的杭州大学。冬去春来,四载寒暑,花开花落,在今浙江大学西溪校区的校园里完成了大学第一阶段本科教育。入学阶段的专业教育是陆有德老师给我们讲的,大致是专业的特点、教育课程、目标取向等方面的内容,虽然时间甚短,印象却依然留在脑际。一天下午,金维城老师领我们去教育学系办公室参观,上三楼正面是中国教育史教研室,迎接我们的是教育史教授陈学恂先生,他微胖、慈祥平易、笑容可掬,对我们说的欢迎词带明显的江浙口音。世间的因缘巧合原来在无形之间有某种奇妙的联系,后来的我继完成四年本科学习以后连续师从陈老先生攻读硕士、博士,及今思之,不胜感激。我在求学期间的授业诸师在当时或当前均为教育不同学科专业名流,如教育学的裴文敏教授,教育史的田正平教授、邵祖德教授、张彬教授以及方克明副教授,教学论的董远骞教授,教育哲学的张定璋教授,心理学的汪安圣教授、刘爱伦教授,教学法的朱作仁教授、王权教授等。他们在各自的学科领域造诣精深,教书育人,循循善诱,身教陶冶,潜移默化。后生学子幸遇名师,感怀无限,教泽绵长,持续终身。教育学老师的博大精要、教育史老师的严谨典雅、教学论老师的灵动婉约、教学法老师的机趣深刻,交织成了一个生动多样、异彩纷呈的教学艺苑,这是一种育人的智慧景观,更是启智的图谱要津。此情此景,多少贤才俊士从中孕育、成长,报效国家,推动教育事业,谱写教育科学蓝图。可以说这是江南名城巨型大学教育学神圣庄严而又温馨柔情的家园摇篮。

杭州大学是文、理、工、经济、法律多学科综合性大学,由于原先是由老的浙江大学糅合演化而成,因而在校园文化、师生交往,尤其是教师教学讲演中,浙大的传统气息及风格特色显得十分浓郁,多学科综合性又平添了它的多元化、交叉渗透以及复合全面的教育效力。自 20 世纪 80 年代初国家实行大学学位制度以来,到我大学硕士研究生毕业,杭州大学在短短的六七年间便具有 10 多个博士学位授权点,在文学、哲学、教育学、历史学,及数学、生物学、化学等学科领域处于国内乃至国际领先水平,其综合实力与大学办学地位属于省属综合性大学翘楚。学校的地位及声誉自然会成为学生求学的一种激励动力,其导向、暗示及潜在的学术品性引领着我们去挖掘潜力、主体钻研,师生合作,同学间展开协作与竞争。大学教育的这种精神的鼓动与催化作用,使得同学们在四年间宝贵的本科年华实现人生历程的转折与飞跃,成长为有综合人文科学素养的教育学、心理学专业人才。就我目前所知,我班同学中就有主攻课程与教学论的华东师范大学教育学院博士生导师崔允漷教授、探究德育理论与实践的浙江省教育科学研究院王健敏研究员以及当年因成绩优秀而留校工作的对教育财政学、大学教育史有精湛造诣的商丽浩教授。这些突出的同学正是母校教育学研究及教学成就的典型反映,而其他同学在行政管理、教学科研、开发经营等各个相关部门领域也大都大展宏图、业绩斐然,作为中坚与骨干力量发挥着十分重要的作用,有些为社会各种媒体传颂、表彰。树木参天,春色满园,秋实硕果,冬藏丰厚,不正是大学及学子之间互动、共勉、奋斗与追求的收获与理想吗?

大学的生活紧张而有序,虽然艰苦劳累,却也格外充实丰富。学校处在西溪河畔,现代文学家郁达夫笔下的情景足以让人心驰神往。当年的西溪河能抵杭州城及毗邻乡镇,远可顺接运河,辗转至余杭、德清,通向太湖及苏南广袤地区,为江南水乡水网中的脉流。我读书期间依然见有船只往返穿梭,船上渔火闪烁。前年抵达杭州,已是通衢大道,物易景移,感慨唏嘘。人间天堂的西子湖向为唐宋以来词人墨客所吟咏寄怀,湖光山色织就的自然美景,近在咫尺,更是学校师生度假休闲、周末手足运动、游览观光、考察游历的绝佳去处。记得我班同学在杭州籍同学组织下,曾有过多场活动。黄龙洞的翠竹、宝石山的曲径、断桥的余晖、柳浪闻莺的丝竹、西湖的画船、花港的牡丹、曲院风荷的夏风、平湖秋月的夜月、孤山的梅花、满觉陇的秋桂等胜地名苑均曾有过去青春的足迹、天真的笑靥、美丽的情影,同学间的交流情深意切,纯美柔甜,及今思之,不禁神往。这绝妙的城市花园,益智、促学、厚德、冶性、养情,实是造物主的恩赐、学子的情愫寄托。自古江南出才子,或许这灵秀的山川大地恰是其厚积土壤、源头活水,这将永远惠及浙大学子,源远流长,播泽无限。

完成大学教育学本科学业阶段的我连续地在浙江大学教育学院陈学恂先生的门下攻读教育史学硕士、博士达六年。当时在学科梯队组织中除陈先生之外,有邵祖德老师、田正平老师、张彬老师,另外还有琚鑫圭老师与曾钜生老师,队伍整齐,兵强马壮,学术专业与教学上各有造诣特长,既是经师又是人师。如今,陈先生、邵老师及曾、琚二位老师都已先后作古,匆匆离去,使人倍感伤怀。除了陈先生在我毕业二月前辞世使我有缘送行之外,其他老师均因我远在他乡工作而不能瞻仰告别,作为学生是痛心和遗憾的,而对他们最好的怀念与追思,应该是我们的工作成绩与专业发展。母校教育学院的师生共同努力,奉献人生的宝贵力量,已经取得了瞩目的辉煌事业,教育学院依然是国内教育科学的重镇之一,尤其是教育史学研究更是达到了一流的水准,备受海内外称颂。作为一直在外校工作的浙大学子,我对他们由衷地敬仰,也无限地感激。我想,学子有一天重返学校校园,能回忆往事,总结自我的奋斗历程,无愧地说没给母校丢面子,没让老师失望,就已经坦荡自如了。而面对着母校的高大、老师的崇高、后学的优异,这又是多么艰巨的挑战与沉重的负担啊!但身为浙大学子,应该不辜负校训教导,自强不息,厚德载物。我深信,同学们和我一道都在对此加以体悟、践行、提高、超越,这一进程其实就是生命的乐趣。

1991年7月,我离开西溪校区,西迁北转,先赴重庆西南师范大学,而今又到河北大学,南北更替,物换星移。岁月的沧桑使我不复青年,但是心中的母校恩师情结却与日加深。我在出版的著作中曾不时做了心怀的叙述、流露,印证远方学子的感恩与祈盼。古语云:"滴水之恩,当涌泉相报。"我在1997年34岁时便晋升为教授,2001年被评为西南师范大学博导,2004年调入河北大学以后,又是教育学院、人文学院两个学科跨专业的博导,发表作品数字达到800万言。虽然自认为与浙大的地位尚有差距,却还是付出了自己的心血,这点微不足道的贡献应归功于母校的栽培、老师的培养造就,我对此感激不尽。近年完成的四部著作"重庆教育史——从巴国到清代"教育研究书系中对我的导师、师母的追忆文字便是心绪情感的某种体现,现摘引两处,以此管窥一斑:

> "重庆的古代书院与近代改制"这项成果的取得,得到了前辈学者的指导及鼓舞。我的导师陈学恂教授是教育史学家,也是教育界知名学者,是老一代专家。我曾在浙大西溪校区(原杭州大学)求学十载,其中六年跟随导师学习,天性愚讷,领悟稀少,常有愧疚之心。惜先师于我毕业之年,离答辩早一月仙逝。我自此西游北览,缺乏指导与扶持,鲜有成就,先生地下有知,会责备我吗?但自认为性情中人的我,却也还留有专业经营、操作的观念,未甘抛却,总在若即若离地做点事情,合乎《周易》所称"自强不息,厚德载物"的理念,这尚不能聊以自慰,也可袒露于导师,望能给予理解。犹忆20年前的一堂课堂小组教学,导师拿出公整洁净的讲稿讲授《中国教育史专题研究》,谈到古代书院的专

题,提出应该重视挖掘整理书院遗产,不光做通史、断代史的研究,应该加强个案与区域的比较。及今思之,音容笑貌,形象慧眸,情景状态,宛若眼前,活灵活现,挥之弗去。前年岁末,先生的夫人,教育心理学家吕静女士也离我们而去,愁结深深,难以排遣,以酒浇愁,抽刀断水,白发千丈,作为从教多年资质平淡的学生,惟有焚祝心香,遥寄南天。该书出于我与学生之手笔,也可视为同门祖辈徒孙的师徒渊源,谨以此敬献给我们的恩师陈学恂与师母吕静教授,寄托我们永远的思念、哀悼与敬仰,哲人虽逝,风范长存,"魂兮归来"。先生的精神永存,事业不朽![①]

《重庆的教育家与教育人物》是我继《中国近代教育思潮研究》著作出版以后的又一部教育思想史论著。我早年在浙大求学期间,先师陈学恂教授是著名的教育史学家,十分重视思想史的探讨,他自己的谈吐修养也颇能展示哲人学者的涵养与智慧,我从中受到启发很多。作为跟随导师6年之久的学生,才质笨拙,朽木难雕,虽不乏功夫,却成效稀微,实乃愧疚。更为不幸的是,先生于我毕业当年辞世,而前年师母吕静教授——著名儿童心理学家也远离我们,失却恩师教导的我,又远在华北腹心的保定古城,真有漂浮游离之感,但少年农家子弟的坚韧磨炼,恩师的形象人格,我想会给予我一种意志与前引的力量,尽我所能,在有限的人生,无法选择的时空条件下,承续前辈的事业,点滴作为,日渐积聚,以报效一代学者的谆谆教诲,也借以告慰陈师夫妇的在天之灵。谨以此书献给我的恩师陈学恂教授偕吕静师母,寄托弟子永久的追悼、缅怀与思念。[②]

以上所引文字均来自我的著作之"后记"中,"书系"已于2008年10月由西南大学出版社出版。这些发自肺腑的语句或许平淡而稚嫩,然而深深地寄寓了一位远方浙大学子的心怀。我想,一所大学的持续影响力需要各种力量或资源,其中重要的部分便是学生,包括在校的和毕业的所有莘莘学子。广大毕业学生的辛勤工作、执着奉献、创业进取,足以将其学术、精神、文化及方法引入社会,融于时代与民族,散播光芒,弘扬大学的功能。浙江大学也是一样,我们在各地的浙大学子不正是这样的种子与火苗吗?我愿意为之竭诚奋斗!

---

① 吴洪成、张阔:《重庆的书院》后记,西南大学出版社2008年版,第321页。
② 吴洪成:《重庆的教育家与教育人物》后记,西南大学出版社2008年版,第211页。

吴洪成:男,杭州大学教育学系 1985 届本科毕业生,1988 届硕士毕业生,1991 届博士毕业生,现为河北大学教育学院教授、博士生导师。

在杭大教育系修炼"教育头脑"

刘宝剑

1988 年 9 月,我作为杭州大学教育系第一批"专升本"学员,开始了为期两年的脱产学习。那年我 30 岁,是一个 3 岁女孩的父亲,有着 8 年教龄的高中教师,东阳一所完全中学的校长。我们这批学员是经过组织推荐和严格考试才取得入学资格的,有了一定的实际工作经验,迫切需要在理论层面加以梳理和提升。刚入学时,从"叱咤风云"的校长变成了普通学生,从"管别人"变成了"被人管",一下子真有些不适应。看到课程计划上有近 30 门课,而且许多课程是跟普通本科生一起上课、一样考试,觉得学校没有顾及成年人的特点,要求太高,我们曾经向系领导提出过"抗议"。记得有一门课结束前,老师发了很多复习资料,其中有许多名词解释、概念辨析之类的记忆性题目,为了表达心中的"不满",给任课老师以"震慑",我们来了个"上课集体迟到三分钟",结果让老师表明了"复习从严、考试从宽"的态度。每当想起此事,心中颇有悔意,觉得非常对不起老师,对不起杭大教育系。

因为是第一个"专升本教管班",杭大教育系对我们这个班非常重视,精心编制教学计划,安排了一批学术造诣很高的教师任教,如田正平、郑继伟、李志强、周谷平、裴文敏、朱作仁、励雪琴、寿云霞、戚谢美、盛群力、刘力、赵卫平、刘杭玲等。教育系领导对我们的生活也很关心,当时的系主任邵祖德和副书记毛雪非多次到寝室看望我们。班主任邵珊老师对我们更是关怀备至、细致入微,让我们感受到了母爱般的温暖。更重要的是,杭大教育系雄厚的师资力量、严谨的教学管理,尤其是从课堂和书本上获得的新知识、新观点、新方法,使我们步入了一个绚丽多彩的教育殿堂,让我们对自己从事的教育工作有了新的感悟。

我是高考后的第一届师范专科生,没有多少教育学、心理学知识。8 年的中学教学实践,使自己对教育工作有了一些体会,同时也产生了许多困惑。在杭大教育系读书期间,我觉得自己是用脑子来学习的,除了认真听课、按时完成作业,还到图书馆、阅览室看了一些书和杂志,做了许多摘录卡片。最要紧的是,我比较注意将学到的知识、理论、方法与自己的工作结合起来,进行反思、验证或进一步的研究,然后将所思所悟记录下来,有的整理成小论文,其中有三篇还在报刊上发表。

1990年暑假,我拿着本科文凭和教育学学士学位回到了东阳,当上了东阳市教委教育科长,两年后升为教委副主任,1994年2月兼任东阳中学校长,成为当时全省最年轻的重点中学校长,2000年9月调任金华市教育局副局长,2003年12月任省教育厅教研室主任。我从一名普通的中学教师成长为特级教师和硕士生导师,当过校长和市、县两级教育局的领导,如今在省内也算是小有名气了。回顾自己的成长历程,如果说浙师大两年半的学习让我成了一名教育工作者,8年的学校工作经历让我有了一些教育实践体会,那么杭大的学习进修则让我学会了对教育问题的思考,是我专业发展的"换挡加速期"。由衷感谢杭大教育系领导和老师对我的谆谆教导,感谢杭大教育系给了我一个愿意思考也比较善于思考的"教育头脑"。

刘宝剑:男,杭州大学教育学系1990届"专升本"毕业生,曾任东阳市教委副主任、东阳中学校长、金华市教育局副局长和浙江省教育厅教研室主任,现为浙江省教育考试院副院长。

七年之养

王　晨

我是1994年9月到教育学院的前身——杭州大学教育系读书的,如果记得没错的话,应该是9月27日入学的。我们那一级是第一届教育管理专业,属于非师范类,在此之前都称为学校教育专业,属于师范类。我们这一个班一共有30名同学,班主任是姚信老师,后来有一位同学因病退学,只剩下了29名。1998年我们作为杭州大学最后一届毕业生毕业,因为在这一年9月,浙江大学、杭州大学、浙江农业大学、浙江医科大学合并成立了新的浙江大学。毕业工作一年后,1999年9月,我又考回了浙江大学教育学院比较教育学专业,师从徐小洲老师学习比较高等教育。比较遗憾的是,我没能在毕业后马上就读研究生,而失去了成为第一届浙江大学教育学院学生的机会。到我2002年研究生毕业,我在教育学院前前后后度过了近七年的时间,这七年是我一生中最为宝贵的时光,在这七年中,我得到了人生道路上最大的滋养。

大学最为宝贵的是老师和学生。浙江大学教育学院在它的发展过程中,涌现了许多大师。有俞子夷、孟宪承、郑晓沧、陈学恂、王承绪等老先生,也有田正平、徐辉、方展画、周谷平、徐小洲等中青年杰出学者。我们那时候一入学,就陆续听到老先生们的事迹和青年学者们的传奇,同时切实地感受到多年薪火相传、积淀延续下来的严谨求实、开拓创新的院系精神和求真氛围,这一切将我们重重地包融浸润。

在教育学院的七年时间,很多老师给了我们无尽的帮助与温暖的支持。他们不仅授业解惑,而且平易近人,对我们各方面的成长都有着深刻的影响。我们不仅仅获得了知识,更为重要的是在大学这样一种氛围中得到了人生观、思想态度、精神气质、为人处事的熏陶,这是指引我们走向社会、走过人生最为重要的内在品质。

其中有几位老师,令我印象特别深刻。

第一位是王承绪老先生。王先生是学界泰斗,是国内外著名的比较教育学专家。对王先生印象最为深刻的有三点:一是对学问的追寻始终不渝;二是谦和;三是对后辈的关怀和提携。

我读研究生的时候,王先生已经接近九十高龄,但他每周至少两次会来到院里,去资料室查找资料,借书还书。那时候,田家炳书院刚刚落成,还没有安装电梯,资料室又位于田家炳书院的顶层八层。于是,我们就会经常看到王先生在八层的楼梯间上上下下。这种对知识不懈求索的场景,一位年近九十高龄的老人和200多级台阶就成为影响我们一生的人和物。

有一次,参加完一次活动,我送王先生回家,路上我向王先生表达对他的敬仰之情,王先生听了,就淡淡地和我说,他自己没有什么成就,也没做什么贡献,就是翻译了几本书,以后还是需要我们年轻人多做贡献。王先生谦和至此!我许久不知怎么应对,但心底的激荡,至今不能平息。

王先生对后辈的关怀和提携也是让人极为感慨。王先生在年近九十高龄之时,还要求给我们1999级比较教育学专业的硕士生开设一门比较教育学专题研究,每周2小时。每次王先生都会复印大量的资料给我们,指导我们阅读,讲述世界比较教育学发展的历史。而且一讲起课来,王先生就极为投入,一节课下来,脸都会发红,有时候还会气喘。后来,院里考虑到王先生的身体状况,我们这一级之后,再也没有安排王先生给硕士生授课了。所以我们是极为幸运的。

王先生不仅给我们开课,而且还很关注我们的硕士学位论文。他对每个比较教育学专业的硕士生的论文题目都了如指掌,并且都提供了相应的帮助。如我,老先生就曾多次问起我论文的进度,并不吝将他从北京复印来的有关美国教育家赫钦斯的传记资料借与我，对我帮助甚大，让我感激不尽。

第二位是戚谢美老师。我们1994级教育管理专业招生工作是戚老师负责的，所以可以说我们是被戚老师挑选进教育系的。那时他是教育系的副主任，主管学生工作。戚老师对待我们是极为严格的，但那时我们年纪轻，看不出严格下面的爱来。在大学的几年间，每天有学校规定的早跑时间，一般我们都会想着晚点起来，早跑也就不用去参加。但戚老师每天会早起和我们一起去跑步，督促我们，我们是又"恨"又"怕"。但正是在这种督促下，我们锻炼了意志，强健了体魄。后来戚老师有段时间去杭州大学义乌分校和计算机系任职，没人要求我们跑步了，我们还真有点不习惯。后来等到自己当了大学老师，才明白一直坚持早起督促学生跑步，这有多难。这是给我们上的如何当个好老师的生动一课，至今难忘。

第三位是我的硕士导师徐小洲老师。他是对我影响最大的一位老师。他把我从一名对教育是什么一无所知的本科生，逐渐引入教育学术研究的领域，教给我知识，教给我研究的方法，还教给我做学问和做人的道理。他经常教诲我的一句话就是"学做学问，学做人"。

早在本科学习期间，徐老师就给我们上过几门课。其中一门是外国教育史，还有一门是外国教育思想史。他是我们本科学习期间第一位在课堂上让我们阅读英文文献的老师。我还记得当时阅读的是英国中等教育改革过程中一个重要的教育形式第六学级（the Sixth Form）的相关材料。这极大地开阔了我们的眼界，锻炼了外语能力。

在上第二门课的时候，他为了让我们更好地体会思想家们的教育思想，将我们带到了杭州西湖白堤上的中山公园，在绿草如茵、微风习习的一座凉亭中纵论古今，探讨教育的基本问题、教育家的理想、教育与人的关系。这是一种将内容直接展现于形式的教育，这种形式让我们明白了什么是真正的教育，什么是好的教育。后来我将这一情形告诉了我自己的学生，并和他们一起实行之，在春光明媚的花园中围坐一圈，或边走边谈，做逍遥学派，探讨教育，他们也因此都感叹不已，对徐老师心生向往！

1999年，我成为徐老师招收的第一届硕士生，更近距离地感受到了徐老师的风范。徐老师极为勤奋，每天阅读大量的材料，撰写文字。那时，徐老师的成果已相当丰富，有著作和大量的论文发表，而且他也开始担任一些职务，公务繁忙。但有一天，他和我说："王晨，我一天不看书，一天不写点东西，就会有负疚感。所以每天都会抽出时间，再晚也要完成'功课'，有时候就会到凌晨两三点钟。"这一番话,让我极为惶恐,因为和徐老师相比,我们一无是处的学生反而甚为悠闲,甚至懒散。这不能不是一种鞭策。所以,在此后的学习生涯中,乃至工作之后,我都告诫自己,做徐老师的学生,就得学徐老师的样,无论如何,都需要将勤奋这一态度贯彻始终,不得懈怠。

就读硕士期间,徐老师还让我们大量地阅读中外教育名著,实行自由教育的方式。这是极为扎实的学术训练和思维训练。我的一点底子也就是在大量阅读中打下的。后来,徐老师开始交给我们一些研究任务,放手让我们进行锻炼,但同时,他又进行审阅,将详细的意见反馈给我们,让我们在这样一来一往之间极大地锻炼了研究能力,并逐渐形成了独立完成研究所需的素质。我的硕士学位论文也是从这样一个过程中产生出来的,从选题、查找文献、确立框架、撰写成文到最后修改,我们反复地交流探讨。最后,徐老师甚至是逐字逐句地对论文进行了修改。后来,徐老师推荐我去北京师范大学教育学院读博,让我在一个新的平台上获得新的起点。

除了上述三位老师之外,还有很多老师对我们有着莫大的影响。我们的班主任姚信老师,带领我们参加各种活动,全面地发展我们的能力;他到我们宿舍看望、关心我们生活的场景至今依然历历在目,记忆犹新。励雪琴老师不拘一格,多元评价学生,因材施教的做法让我们受益匪浅。还有周谷平老师对中国教育历史和现实问题的敏锐观察和思考,汪利兵老师对中英教育睿智的分析和评价,吴雪萍老师对比较教育学方法的传授,余美玲老师像母亲一样对我们的关怀,刘杭玲老师与我们分享国外访学的心得,吴华老师指导我们参加辩论赛的点点滴滴,刘力老师带领我们进行暑期社会实践的林林总总,甘露老师给予我们教育美学的熏陶,都让我们难以忘怀。

还有同学们,七年间,我们一起成长。教育学院给予了我们知识、能力和精神,我们现在都在各自的岗位上为教育做着贡献,最大的价值莫过于此。

学校和教育学院实际上就给予了我们人生,没有这七年,不能想象我们会是什么样子。教育学院还给予了我们专业或职业,让我们在社会上立足。更重要的是,这样良善的大学教育历程给予我们良善的精神、态度和观念,它让我们将"人"字写得更好。从这个意义上说,教育学院就是我们的精神家园,永远的精神家园。正是这七年从根本上形塑了我们,无论我们走到哪里,成为什么样的人,大学的烙印和滋养将永不消失。

王晨:男,杭州大学教育学系1998届本科毕业生,浙江大学教育学院2002届硕士毕业生,现为北京师范大学教育学部教授。

大学里的"板凳"

沈佳乐

尽管离开母校多年了，但还是常常眷恋留在那里的时光。这种眷恋是不知不觉生出来的，像顽固的蔓草，生长着，攀缘着，扩散着，因为在那里的岁月见证着思想的成熟，也镌刻着生命的成长，还有很多片断，挥之不去……

从绝对自由到相对自由

但凡走进大学的高中毕业生都怀揣着一个"自由"的梦想。家长和老师的期许，多如山海的作业，时时在耳的高考都压抑着青春的冲动。踏入大学校门后，旧有的枷锁烟消云散，所有的禁锢都可以得到解放。1999 年 9 月 9 日，那个五九重逢的日子，我们在憧憬中开始大学生活。我还记得 9 日晚上是个炎热的夏天，再加上对陌生环境的不适应，几乎所有人都辗转难眠，但年轻人还是一拍即合，经久不衰的"卧谈会"从那晚悄然开始了。谈得最多的还是对大学生活的向往，更确切地说，是对"自由"的向往。然而之后长达一周的始业教育让我们对"自由"有了全新的认识。

开学没过多久，系里就专门安排了新老生座谈会，经过和师兄师姐们的一番谈话，才知道大学生活远非我们想象中的那样闲适。早上 6 点进行晨跑是必修课，这对向来爱睡懒觉的我们是个不小的打击。课程安排也十分紧凑，课外阅读的要求量很大，各项教学活动管理规范。不少二、三年级的学生表示，教育系可称得上是本校最严谨的系科，想在这里蒙混过日，恐是十分难的。后来的大学生活确实证明了这一点。那种高中时代追求的"自由"无法在这里实现，然而思想争鸣、学术探讨的自由是无处不在的。

板凳甘坐十年冷

在 1999 级学生入学时，励雪琴教授已光荣退休，因此她不是我们的课程老师。在她桃李满天下的学生中，她恐怕早已忘记我们是谁。但她可能不知道，她的一句话影响了我们的价值观。话还需从高考说起，教育系向来不是专业填报的热门系，因此系里的学生很多是被调剂过来的，要求教育系的学生对专业怀着由衷的热忱确有些强人所难。事实上，很多同学在进校伊始还带着较大的消极情绪。班主任专门请励教授作了一次讲座。讲座的内容大约是对教育学科现状和发展的阐释，刚进大学的我们对此似懂非懂，但那天晚上我就记住了一句话："做学问就要有'板凳甘坐十年冷'的淡定和从容。"励教授坚定而有力的声音让我突然觉得，教育的朴实和深邃都一并在此了。之前年轻的浮躁蒙蔽了我们探求真理的勇气和信心，大学生恐怕只有静心地坐在"板凳"上才能发现大学之"大"。很多同学也认识到了这一点，便安心在田家炳书院的"板凳"上开始我们的求学生涯。

417、413，这两个看似平凡的数字对教育系的学生来说一定不陌生，因为那是我们课程表上出现最多的符号，教育系的大部分课程都安排在田家炳书院的这两间教室里。尽管我也常去书院的其他教室自习，但总觉得417、413的空气里都弥漫着亲切的味道。可能因为如此，每天晚上聚集在那儿的教育系学生特别多，自修，讨论，彼此熟悉地微笑，友谊在那里建立和传播。413后墙的历代教育家简介不知还在不在，他们对教育真理的执着和奉献一直是我们的榜样，这里的后辈在学习他们，也在试图超越他们。4个春秋的斗转星移，我们眼见教室里的桌椅由新到旧，有些甚至破损了，但是在那里习得的知识不会流逝，会跟随我们一辈子。

最后的挫败

2003年6月，大学生活即将结束。SARS还余波未平，不过同学们此时关心的恐怕是离愁别绪还有未来的前程。学业的事情变得无关紧要，大多数人都抱着应付了事的心态想尽快结束最后的课程。然而此时却发生了意想不到的事。"中国教育史"的成绩一公布，大家都大为吃惊，全年级几乎有一半的学生被划在了及格线以下，这对想当然毕业的学生无疑是当头一棒。课程的老师是我颇为敬重的一位教授，他和蔼可亲，讲解历史的时候总是满腹经纶，娓娓道来。用大学故友的话说，他总能把古文解释得"很舒服"。现在想来，他对历史的造诣恐怕不只是博览群书这么简单，还有严谨的态度和实事求是的精神。虽然，当初许多人对他"不近人情"的做法颇有微词，然而事后却在心底里暗暗敬佩他。这个大学生活最后的挫败教给了我们一个很大的道理：做人也好，做学问也罢，都要耐心地坐在那条"板凳"上做好该做的事，否则临门一脚，也会功败垂成。

我们的"田家炳"

田家炳先生捐资建造的田家炳书院是教育学院的大本营，我们在那里度过了最好的青春年华,在我们口中"田家炳"常常成为教室的代名词,这并非不尊重,而是早在心里把这三个字抽象成了求知的殿堂,以至于在别处见到以田家炳先生命名的场所也颇感亲切。坐落在西溪校区的田家炳书院是回字形构造,曾让初来乍到的我搞不清方向,如今当然是熟门熟路了。这就像刚来求学的新生,一度对未来有过迷茫和困惑,但只要能安坐在"板凳"上,总会看清楚前面的路。十年磨一剑,教育系的老师们正是这样默默耕耘着,为我们,也为着心中的教育理想。

沈佳乐:女,浙江大学教育学院教育学系 2003 届本科毕业生,2006 届硕士毕业生。现为浙江省教育科学研究院副研究员。

大事记

1897 年 5 月　浙江大学的前身求是书院成立，林启任总办。求是书院成立后曾改称求是大学堂、浙江大学堂，1904 年根据《奏定学堂章程》的规定改名为浙江高等学堂。

是年　　　　之江大学的前身育英书院成立。育英书院原系美国基督教北长老会于 1845 年在宁波创办的崇信义塾，1867 年迁至杭州改名育英义塾。育英书院成立后分正科、预科，正科为大学程度，1911 年改名之江学堂。

1914 年　　　浙江高等学堂因与民国学制不符而停办。之江学堂改为之江大学。

1920 年 11 月　之江大学获准在美国哥伦比亚特区立案，取得学士学位授予权，设教育学等 15 个系。

1927 年 8 月　南京国民政府试行大学区制，在杭州成立国立第三中山大学，以求是书院旧址为校址，改组浙江工专、浙江农专为工学院和农学院（初名劳农学院），同时筹建文理学院。国立第三中山大学既是高等学府，又行使浙江省教育行政职权。至此，停办 10 多年的浙江高等学堂才恢复建制，并扩充为大学。

1928 年 7 月　国立第三中山大学改名国立浙江大学，随后增设文理学院，分设中国语文、外国语文（先设英文组）、哲学、数学、物理、化学、心理学、史学与政治学、体育学、军事学等 10 个学门。

1929 年 7 月　南京国民政府停止试行大学区制，浙江大学将全省教育行政职权移交给浙江省教育厅。

9 月　　　浙江大学文理学院的中国语文、外国语文、数学、物理、化学、史学与政治学、心理学等学门改称学系，同时增设生物、教育、经济 3 个学系。

1930 年 9 月	浙江省立民众教育实验学校在杭州成立,教育学系教授孟宪承参与筹建,并任校长。
1931 年 10 月	浙江大学文理学院举行教育学会成立大会,教育学系全体学生皆为会员,教育学系教授皆为名誉会员。
是年	之江大学改名为私立之江文理学院,设文、理两院。教育学系隶属文学院。
1932 年 4 月	浙江大学统一行政组织,秘书处下设 6 个课,并在校长直接领导下设立军训部和体育部。
1933 年 4 月	浙江大学设秘书、总务两大处,秘书处下设文书、注册、图书、军训、体育 5 课。
1934 年 10 月	浙江大学军训课和体育课改称军训部、体育部。
1935 年秋	浙江大学教育学系创办浙江大学培育院,进行幼儿教育实验。
1936 年 4 月	竺可桢出任浙江大学校长。
8 月	浙江大学体育部主任舒鸿在德国柏林举办的第 11 届奥运会上出任美国对加拿大篮球决赛主裁判,成为中国历史上第一位奥运会篮球决赛主裁判。
1937 年 9 月	因上海"八·一三"战事发生,杭州局势紧张,浙江大学一年级新生迁至天目山禅源寺上课。
11 月	日本军队在江浙交界处漕泾、金丝娘桥登陆。浙江大学师生离杭迁往建德,开始了辗转内迁的艰难历程。 之江文理学院师生也撤离杭州,经富阳到安徽屯溪,但不久因无法办学暂时停课。
12 月	杭州陷落,浙江大学师生从建德出发迁往江西吉安。
1938 年 2 月	浙江大学师生从吉安迁至江西泰和。
8 月	浙江大学增设师范学院,下设国文、英语、教育、史地、数学、理化等学系。此时文理学院仍设教育学系,但师资归属师范学院。
9 月	浙江大学师生离开泰和,迁往广西宜山。
11 月	经校务会议决定,浙江大学以"求是"为校训,并在学校全面推行导师制,教育学系教授郑晓沧和孟宪承参与拟订《导师任务案》和《训育目标案》。
是年	之江文理学院在上海租界复课。

1939 年 8 月	浙江大学文理学院分立,文学院设中文、外文、教育、史地等学系。
1940 年 2 月	浙江大学从宜山迁至贵州遵义。
是年	之江文理学院经校董事会决定恢复之江大学校名,并将文、理学院改组为文(设中文、英文、政治、教育等学系)、商(设工商管理、国际贸易、银行、会计等学系)、工(设土木工程、建筑工程、化学工程、机械工程等系)3学院。
1944 年 5 月	浙江大学在贵州遵义举行抗战以来第一次规模空前的全校春季运动会。
1946 年 2 月	之江大学在杭州六和塔原址复校。
秋	浙江大学从遵义复员返杭。
是年	浙江大学教育学系部分学生成立进步社团耕耘社。
1947 年 2 月	浙江省教育厅在杭州西湖区设立"浙江国民教育实验区",教育学系教授俞子夷担任实验区指导委员会主任。
1948 年	浙江大学设立体育委员会,以加强体育工作的领导和管理。
是年	浙江大学教育研究所正式成立,郑晓沧任主任。
1949 年 5 月	杭州解放。浙江大学成立临时校务委员会,教育学系教授郑晓沧任临时校务委员会主席。
6 月	杭州市军管会对浙江大学实行军事接管,宣布成立由9名教师、学生代表组成的接管小组,教育学系教授孟宪承和陈立为接管小组成员,同时撤销师范学院,将教育学系并入文学院。 陈立等教授发起成立杭州市新民主主义教育研究会,参与教育改革的讨论。
8 月	浙江省人民政府委任马寅初为浙江大学校长兼校务委员会主任。
1950 年 9 月	浙江大学教育学系根据第一次全国高等教育会议精神,结合师资、课程等具体情况,成立教育学、心理学和方法行政三个教研组。
1951 年 1 月	教育部召开处理接受外国津贴的高等学校会议。会议

决定收回私立之江大学,由中国政府自办。

2月　　浙江省人民政府派文教厅厅长刘丹接管私立之江大学。

10月　　浙江大学文学院中文、外文、教育、历史、人类学等5个学系师生113人到安徽省五河县参加为期两个月的土改工作,陈立任土改工作队大队长。

1952年1月　　浙江省成立高等学校调整委员会,遵照教育部的统一部署,对全省高等学校进行调整。

2月　　以浙江大学文学院与之江大学文理学院为基础,合并创办不久的浙江师范专科学校和浙江中苏友好协会俄文专科学校,成立浙江师范学院,院址设在原之江大学(杭州市六和塔秦望山,现浙江大学之江校区)。教育学系和体育科是浙江师范学院最早设立的系科。

1954年秋　　浙江师范学院体育科迁至体育场路(今浙江日报社所在地)。

1955年2月　　浙江师范学院成立学报编辑委员会,陈立任主任,同时成立学报编辑室。

是年　　浙江师范学院体育科成立生理卫生教研组。

1956年3月　　浙江师范学院举行第一次科学讨论会,历时4天,盛况空前。教育学系教师陈立、陈书、吴嬛、陈学恂、董远骞、张定璋等在会上发言。

是年　　浙江师范学院体育科成立田径教研组、球类教研组、体操教研组、公共体育教研组。

1957年4月　　浙江师范学院迁入杭州松木场道古桥(现天目山路)新校址,体育科仍在体育场路。

6月　　国务院任命陈立为浙江师范学院院长。

反右派斗争开始。浙江师范学院有120名教师、干部和学生被错划成右派。

1958年7月　　新建的杭州大学成立,设中文、新闻、生物、化学、数学、物理6个学系,校址在杭州文三街。

8月　　以浙江师范学院体育科为基础,成立杭州体育专科学校(简称杭州体专),校址在原浙江师范学院体育科所在地。

9月　　省委决定浙江师范学院与新建的杭州大学合并,定名为杭州大学。并校工作于年底完成,共设中文、政治、历史、教育、新闻、外语、化学、数学、物理、生物、地理11个学系。原浙江师范学院教育学系称杭州大学教育学系。

1959年　　杭州大学根据学生体育锻炼的实际情况,开始在校内推行"千分运动"。

1960年4月　杭州体育专科学校和浙江体育进修学校合并,成立浙江体育学院。浙江体育学院设运动和体育两个学系,体育学系由原杭州体专的人员组成。

　　7月　　省委决定杭州大学与省委党校合并(对外挂两块牌子),设政治、经济、教育、中文、历史、外语、新闻、哲学、政治经济学等学系。

1961年9月　杭州大学教育学系从1961年入学的新生开始,学制由4年改为5年。

　　11月　　省委决定杭州大学与省委党校分开。

1962年夏　浙江体育学院和杭州师范学院、浙江教育学院合并,成立新浙江师范学院。原浙江体院体育学系即为该院体育学系。

1962年9月　杭州大学教育学系新设工业心理专业,招收2名研究生。

1964年11月　按照省委的部属,杭州大学组织干部和文科师生(包括一部分理科教师)1000余人去萧山、诸暨两县农村参加社会主义教育运动,即"四清"运动。教育学系师生被安排到诸暨,历时8个多月。

是年　　　浙江大学改体育教学部为军体教研室,开展军事体育(摩托车、自行车、射击、木枪刺杀等项目)教育。

1965年8月　浙江师范学院南迁金华,该院体育学系划归杭州大学建制,但系址仍在体育场路。

　　11月　　杭州大学组织数学、化学、生物、体育4个学系的师生和干部去平湖县参加"四清"运动。体育学系师生于1966年6月返校。

1968年10月　体育学系从体育场路迁入杭州大学本部。

1970年8月　杭州大学体育学系划归省体委建制。

1972 年 1 月	体育学系又重新划归杭州大学建制。
1973 年 9 月	杭州大学体育学系恢复招生(全国高等院校曾于 1966 年 8 月停止招生),招收具有初中以上文化程度的有实践经验的工人、贫下中农、复退军人和上山下乡两年以上的知识青年;教育学系开办教育进修班,招收学员 36 人,均为来自全省 11 个地、县的基层教育干部和中小学教师。
1977 年 6 月	教育部先后两次召开高等学校招生工作会议,决定废除"文革"期间的招生推荐制度,恢复文化考试。
是年	教育学系招收学校教育专业新生 40 名,体育学系招收新生 135 名,于 1978 年 3 月入学。
1978 年 10 月	杭州大学 23 个专业恢复招收研究生,共招收研究生 77 人。教育学系中国教育史专业招收 2 名研究生。浙江医科大学成立电化教育科。
12 月	浙江大学体育部从学校基础部独立,归学校直接领导。
1979 年 3 月	浙江省委任命陈立为杭州大学校长。
10 月	杭州大学体育学系学生杨毅被授予"全国新长征突击手"荣誉称号。
是年	浙江大学成立"电教科",归教务处领导。杭州大学成立电化教育室,隶属教务处教育科。
1980 年 12 月	经浙江省人民政府批准,心理学专业从杭州大学教育学系分出,单独建系。
1981 年 3 月	杭州大学教育学系成立中国教育史研究室、外国教育研究室。
4 月	杭州大学教育学系和心理学系试行系主任负责制。
11 月	杭州大学教育学系的中国教育史(1978 年开始招生)学科点被批准有权授予硕士学位。
1982 年	杭州大学成立高等教育研究室,由浙江省教育厅和杭州大学双重领导。教育部确定杭州大学教育学系为联合国教科文组织"亚洲太平洋地区教育革新为发展服务计划"中心之一,王承绪教授为联合国教科文组织亚太地区顾问委员会成员。

1983 年 6 月	杭州大学教育学系开设教育管理专修科和政治教育专修科,学制均为 2 年。
9 月	教育学系与杭州市天长小学合作,进行为期 6 年的"小学生最优发展"综合实验。
10 月	金锵被任命为杭州大学副校长。
是年	浙江大学教育研究室成立,挂靠教务处。
1984 年 1 月	杭州大学教育学系的课程与教学论(1982 年开始招生)、外国教育史、比较教育学(1981 年开始招生)学科点被批准有权授予硕士学位,比较教育学学科点同时被批准有权授予博士学位。
6 月	浙江省委任命陈立为杭州大学名誉校长。
是年	浙江医科大学得到美国民间健康基金会的资助,在原电化教育设备的基础上组建学习资源中心。
1985 年 9 月	浙江农业大学成立高教研究室,挂靠校办公室。
是年	浙江大学军事教研室成立,是全国重点院校第一批 11 个军事训练试点单位之一。
1986 年 1 月	浙江大学电教科与党委宣传部下属的校报、摄影组、广播台等合并,成立电教新闻中心。
6 月	杭州大学教育学系举行"庆贺王承绪、陈学恂两教授执教 50 年"大会。
7 月	杭州大学教育学系的教材教法研究学科点(1985 年开始招生,1991 年更名为学科教学论)和体育学系的体育理论学科点(后更名为体育人文社会学)被批准有权授予硕士学位,中国教育史学科点被批准有权授予博士学位。
1987 年	杭州大学公共体育教学部从体育学系独立,归学校直接领导。
	浙江大学教育研究室与浙江大学工商管理学院合作,在管理科学与工程学科点招收科技教育管理方向硕士研究生。
1988 年 5 月	浙江大学教育研究室更名为浙江大学高等教育研究所。
6 月	杭州大学教育学系获准招收大专起点的教育管理本

	科班。
是年	浙江大学体育部全面推行大学体育专项课教学，并实施体育俱乐部制。
1990年2月	杭州大学高等教育研究室改名为杭州大学高等教育研究所。
是年	浙江农业大学体育教学部从学校基础部独立，归学校直接领导。
	浙江大学、杭州大学、浙江农业大学被国家教委评为"全国普通高校体育课程评估优秀学校"（全国106所）。
1991年3月	杭州大学教育学系学生创办的"星期日义务家庭教育学校"开学。这是一所大学生教小学生，使小学生增进知识、大学生增长才干的学校。
是年	浙江医科大学体育教学部从学校基础部独立，归学校直接领导。
1992年3月	杭州大学教育学系与高等教育研究所在杭州举办"杭州大学中英高等教育学术研讨会"。
是年	浙江大学承办第二届全国大学生田径锦标赛，浙江大学取得男女团体总分第一名。
1993年4月	杭州大学教育学系王承绪教授获母校英国伦敦大学教育学院荣誉院士称号。
6月	杭州大学教育学系与香港大学课程系、浙江省教育委员会教研室联合举办"浙、港、台义务教育课程讨论会"。
是年	浙江农业大学成立电教中心，属学校直属单位。杭州大学教育学系获准增设教育管理本科专业。
1994年11月	浙江省教育委员会组建浙江省教育科学研究院，杭州大学高教所被纳入省教科院建制，亦称浙江省教育科学研究院高教所。
是年	浙江大学发起组建中国大学生网球协会，并同时举办首届全国大学生网球锦标赛。
1995年6月	浙江省教育委员会和浙江省计经委批准杭州大学教育学系与浙江幼儿师范学校联合举办幼儿教育专业大专班，招收幼儿师范学校3年制应届毕业生。

9 月	杭州大学教育科学研究所成立,与教育学系一套班子,两块牌子,不另设建制。
是年	浙江大学军事教研室被国家教委评为"全国国防教育先进单位"。
1996 年 2 月	徐辉被任命为杭州大学副校长。
5 月	田家炳书院成立暨田家炳先生捐赠仪式隆重举行。香港实业家田家炳受聘为书院名誉院长。
是年	浙江大学、杭州大学、浙江农业大学被国家教委评为全国贯彻《学校体育卫生工作条例》优秀学校。
1997 年	浙江大学高等教育研究所正式招收"高等教育学"硕士研究生,首届招生 4 名。
1998 年 4 月	杭州大学体育科学与技术研究所成立。
8 月	浙江大学承办第一届亚洲大学生网球邀请赛。
9 月	经国务院批准,浙江大学、杭州大学、浙江农业大学、浙江医科大学合并组建为新的浙江大学。
是年	体育学系的体育教学训练学学科点被批准有权授予硕士学位。
1999 年 7 月	新浙江大学教育学院正式成立,由原杭州大学教育学系和体育学系,原浙江大学、杭州大学、浙江农业大学和浙江医科大学的公共体育部,原浙江大学、杭州大学、浙江农业大学的高等教育研究所(室)等部门组成。
是年	教育学系增设教育技术学本科专业。
2000 年 1 月	浙江大学中外教育现代化研究所成立,设有教育史和比较教育学两个博士点。浙江大学军事教研室并入教育学院。
4 月	教育学院召开一届一次"双代会",讨论制订学科建设和事业发展的规划。
11 月	教育学院成立民办教育研究中心,这是国内研究型大学中最早成立的民办教育研究机构。
2001 年 4 月	教育学系成立大学生体能测评与训导基地,该基地既是承担国家自然科学基金项目的具有国际先进水平的科研基地,同时又承担全校学生实践能力和创新能力培养提高的教学任务。

12 月	浙江大学基础教育课程研究中心成立,这是教育部在综合性大学设立的第一个基础教育课程研究中心。
2002 年 10 月	教育史专业商丽浩撰写的博士学位论文《中国教育财政近代化研究》入选全国百篇优秀博士学位论文。
是年	教育学院与杭州市上城区小营街道签订学生实践协议,每年组织学生进行暑期社会实践。
2003 年 4 月	教育学院获准建立国家体育总局体育人文社会学研究基地,这是体育学科在学科建设上取得的又一突破性进展。
8 月	体育学科体育人文社会学专业获博士学位授予权。
9 月	浙江大学成功申报成为国家第三批"教育硕士专业学位"试办单位,并于 2004 年首先在教育管理、学科教学(体育、英语方向)3 个学科领域招生。
11 月	在联合国教科文组织第九届亚太地区教育革新为发展服务计划国际教育年会上,王承绪教授荣获"亚太地区教育革新终身成就奖"。
2004 年 4 月	教育学院召开二届一次"双代会"。
9 月	教育学院成立亚洲教育研究中心,重点关注东亚等地的教育改革与发展动向。
12 月	教育学院学生成立"义工之家",秉承"奉献、友爱、互助、进步"的精神,从事服务社会的活动。
2005 年 8 月	浙江大学现代教育技术中心并入教育学院。教育学院获体育学一级学科硕士学位授予权。
9 月	田正平教授被评为浙江省首批特级专家。
11 月	教育学院成立教师教育基地,以浙江大学优质的教育和学术资源为依托,向全国提供各级各类高层次的教育培训。
	教育学院召开第一次全院党员大会,选举产生新一届党委。
12 月	体育学系增设运动训练和民族传统体育(2013 年后改名为"武术与民族传统体育")本科专业。
是年下半年	教育学院首次采用公开竞争上岗的方式选拔产生了内设各系、部、所、室行政负责人和学院机关的科职岗位。

2006 年 1 月　　教育学院获得教育学一级学科博士学位授予权。

　　2 月　　盛群力教授主持的"教学理论与设计"课程被教育部评为高等学校国家精品课程。

　　3 月　　教育学院与宁波市江东区教育局签署全面合作协议，就师资培训、研究课题、教育国际化、创新型人才实践基地建设等方面进行合作。

　　6 月　　教育学院聘请刘宝剑等 28 位同志为教育硕士、体育硕士专业学位兼职导师。

　　9 月　　教育学院成立浙江大学维果茨基研究中心。

是年　　　教育硕士专业学位新增教育技术学、学科教学(语文、物理)3 个学科点。

2007 年 4 月　　浙江大学法学院的思想政治教育系整体并入教育学院。

　　5 月　　教育学院成立蒙台梭利研究中心。

　　　　　教育学院与香港鲍思高基金会、意大利慈幼会大学分别签订《浙江大学教育学院鲍思高教育奖助学金协议》《浙江大学教育学院与意大利慈幼会大学研究生合作指导项目协议书》《浙江大学教育学院与香港思高人力资源有限公司友好合作框架协议》和《浙江大学教育学院与香港思高人力资源有限公司思高教育研究中心共建协议》。

　　6 月　　教育学专业被列为浙江大学首批"本科特色专业"和建设项目。

　　8 月　　教育史学科点被评为国家重点学科，成为浙江大学文科四个国家重点学科之一。

　　11 月　　教育学院顺利通过教育部本科教学评估专家的全面评估。

　　　　　教育学院成立职业与成人教育研究中心。

2008 年 7 月　　教育学院成立教育技术研究所。

是年　　　教育学院与杭州市下城区教育局签署并开始实施全面合作协议。

2009 年 1 月　　教育学院和宁波市北仑区教育局签订为期三年的合作协议，合力打造"北仑教育现代化强区"，并在北仑区正

	式挂牌"浙江大学北仑教育研究基地"。
6 月	浙江大学决定成立思想政治理论教学科研部(直属学校领导),思想政治教育系由此整建制转出教育学院。
是年	体育学系获批增设"体育产业管理"本科专业(2010 年正式招生,2013 年后改名为"体育经济与管理")。
2010 年 3 月	教育学院召开三届一次"双代会"。
10 月	教育学院在杭州之江饭店主会议厅隆重举行"庆祝王承绪教授百岁华诞"大会。
12 月	教育学院召开第二次全院党员大会,选举产生新一届党委。
2011 年 5 月	浙江大学校友总会教育学院分会成立大会暨首届理事会一次会议隆重举行,徐小洲当选为校友分会会长。
	教育学院与浙江大学继续教育学院(远程教育学院)签署合作办学协议。
6 月	教育学院第二次与下城区教育局签订合作协议。
9 月	教育学院成立教育生态研究所、文琴学前教育研究所。
12 月	教育学院与湖州市教育局签订为期三年的合作协议。
	在学校第十三次党代会上,周谷平分别当选为校党委委员和校纪律检查委员会委员,随后在校党委第一次全会上当选为校党委副书记,在校纪委第一次全会上当选为校纪委书记。
是年	体育学一级学科获批取得博士学位授予权。
2012 年 9 月	浙江大学决定成立公共体育与艺术部(为学校直属单位),公共体育部由此整建制转出教育学院。
是年	教育硕士专业学位新增"科普方向",次年招收首批新生。
2013 年 3 月	教育学院与杭州国际城市学研究中心签订为期一年的合作协议,共建"城市教育"研究平台。
4 月	教育学院第三次与下城区教育局签署为期三年的全面合作协议(2013—2016 年),双方围绕教育干部队伍、实验基地、数字校园和教育品牌等四个方面的建设开展深入合作,共同推进下城区教育现代化的发展。
11 月	教育学院召开四届一次"双代会"。

12 月	教育学院召开第三次全院党员大会,选举产生新一届党委和第一届纪委。
2014 年 2 月	浙江大学发文聘任田正平为文科资深教授(学校第二批共 2 人)。
11 月	教育学院成立学术委员会。
2015 年 5 月	教育学院撤销应用心理交叉学科研究中心,成立课程与学习科学系,由课程与教学研究所、原应用心理交叉学科研究中心和现代教育技术研究所等部门的相关师资整合而成。
11 月	浙江大学教科书研究中心成立。
2016 年 5 月	教育学院校友分会第二届校友代表大会暨理事会二届一次会议隆重举行,徐小洲再次当选为校友分会会长。浙江大学国际教育研究中心成立。
12 月	为优化学术组织结构,教育学院决定撤销亚洲教育研究中心、民办教育研究中心、维果茨基研究中心、蒙台梭利研究中心、职业与成人教育研究中心、教育技术研究所、文琴学前教育研究所、教育生态研究所;同时成立教育研究与评估中心、数字化学习研究所、体育大数据研究所、学习与认知科学研究中心、体育产业与健康管理研究中心。
是年	徐小洲教授获批成为教育部"长江学者奖励计划"特聘教授。
2017 年 1 月	浙江大学决定成立信息技术中心(为学校直属单位),现代教育技术中心由此整建制转出教育学院。教育学院和杭州市高新区(滨江)教育局签署合作办学协议,合作共建浙江大学教育学院附属学校(初中)。
10 月	教育学院召开第四次全院党员大会,选举产生新一届党委和第二届纪委。
12 月	教育学院召开五届一次"双代会"。

第一版后记

　　浙江大学教育学院是 20 世纪末年新浙大成立后才组建的,但其主要组成单位教育学系是我国高校中较早设置的教育系科之一,拥有一批知名教授担任教职,在国内颇有影响;体育学系和公共体育部也是历史悠久,在教学、科研、训练方面成绩显著。经过 80 年的发展、调整和合并,如今的浙大教育学院已是队伍壮大、功能齐全,不仅拥有教育学系和体育学系,还设有高等教育研究所、现代教育技术中心、公共体育部、军事教研室等学校公共教学与科研机构,在从事教学、科研的同时,为学校改革发展、教育教学信息化、校园体育文化、大学生国防教育等方面提供大量支撑与服务。因而,研究教育学院的历史,既可以梳理浙大教育学科发展的基本脉络,承继经验,弘扬传统,也能展示学院自组建以来如何在融合中得到进一步的发展。

　　教育学院院史的编写是在学院党政领导班子的直接关心下进行的;各所属单位及院部各职能部门也给予了大力支持,提供相应的基本史料和信息;教育学系对此更为重视,专门组织部分教师和学生去学校档案馆和浙江省档案馆收集资料。

　　教育学院院史的编写倾注了众多人的心血:教育学系的戚谢美和研究生陆娟君、陈骋等为收集、整理教育学系的史料花费了大量的精力,体育学系的郑志林收集、整理体育学系的史料,沈萍、姚信、吴建绍先后参与学院组建后即第五章的撰写,邵宗杰、王承绪、金锵、董远骞、蒋新、姚廷华、王明海、郑志林、田正平、戚谢美、刘正伟、赵卫平等对院史初稿提出许多宝贵意见,管依群承担了不少具体的组织工作……凡此种种,不胜枚举,难免挂一漏万,在此一并表示衷心感谢!

　　院史虽已完稿,但由于时间精力及水平所限,史料挖掘也不够充分,尚有不少缺憾和欠当之处,恳请读者批评指正。

修订版后记

在筹备 2017 年学校 120 周年校庆之际,浙江大学教育学院于 2016 年 10 月 19 日召开的党政联席会议上做出决定:对 2012 年 2 月出版的《浙江大学教育学院院史》(第 1 版)进行修订,并委托教育史专家赵卫平具体执笔,学院各科室及有关系(所)等相关部门的同志协助配合。

《浙江大学教育学院院史》(第 1 版)记载的内容时间截至 2007 年 11 月,所以修订版的主要任务是把 2008 年至 2017 年这 10 年中学院的各项主要工作加以梳理,总结新鲜经验,传承学院文化,同时激励广大教职工和学生在现有的基础上继续努力,创造学院更美好的明天。修订版对第 1 版的框架结构和主要内容未做变动,只是对个别地方的文字错误等做了订正,在个别地方做了补充,有的地方还添加了注释(脚注),以更好地记载一些具体的历史信息。

院史修订工作启动以后,时任院长徐小洲教授、学院党委书记吴巨慧和新任院长顾建民教授等多次做出具体指示;学院领导和相关同志几次开会研讨;学院还于 2016 年 10 月 26 日向退休教职工发出书面通知,征求对院史修订工作的意见建议,同时征集有价值的相关资料等。田正平、周谷平、徐小洲、刘正伟等教授对《浙江大学教育学院院史》(修订版)的征求意见稿提出了许多宝贵的意见和建议。院部机关的陈红玉、石伟铮、甘露、姚加丽、巫微涟、苏洁等同志也协助做了大量的具体工作。在此一并表示衷心的感谢!

限于时间、精力及水平,《浙江大学教育学院院史》(修订版)中恐还有一些不当之处,敬请读者批评指正。

图书在版编目(CIP)数据

浙江大学教育学院院史 / 赵卫平,张彬主编. —修
订版. —杭州：浙江大学出版社,2019.1
ISBN 978-7-308-18599-8

Ⅰ.①浙… Ⅱ.①赵…②张… Ⅲ.①浙江大学教育
学院—校史 Ⅳ.①G649.285.51

中国版本图书馆 CIP 数据核字(2018)第 204601 号

浙江大学教育学院院史(修订版)

赵卫平　张　彬　主编

责任编辑	吴伟伟 weiweiwu@zju.edu.cn	
责任校对	杨利军　严　莹	
封面设计	黄晓意	
出版发行	浙江大学出版社	
	（杭州市天目山路 148 号　邮政编码 310007）	
	（网址：http://www.zjupress.com）	
排　　版	杭州隆盛图文制作有限公司	
印　　刷	绍兴市越生彩印有限公司	
开　　本	710mm×1000mm　1/16	
印　　张	18	
插　　页	6	
字　　数	318 千	
版 印 次	2019 年 1 月第 1 版　2019 年 1 月第 1 次印刷	
书　　号	ISBN 978-7-308-18599-8	
定　　价	48.00 元	